城市人民公社研究资料选编
学术顾问委员会

主 任：梁 柱

委 员（以姓氏笔划为序）

刘建武　刘德顺

朱川曲　李伯超

李 琳　郭若平

雷国珍

湖南科技大学学术著作出版基金资助项目

湖南科技大学马克思主义学院学术著作资助项目

Chengshi Renmin Gongshe Yanjiu
Ziliao Xuanbian

城市人民公社研究资料选编

第 1 卷

李端祥 编著

人民出版社

作者简介······

　　李端祥　男，湖南湘乡人，现为湖南科技大学马克思主义学院二级教授，博士生导师，湖南科技大学"学术带头人"，湖南省党建理论研究基地首席专家。主要从事于中共党史、中国近现代史等课程的教学。长期致力于"城市人民公社文献的收集、整理与研究"工作。业绩如下：（1）从全国多家国家档案馆、大型图书馆及旧书网站等搜集到近 800 万字的城市人民公社原始资料（已整理且达到出版水平的 600 多万字）；（2）主持完成城市人民公社研究领域的省、国家级课题 3 项（其中省级 1 项，国家社科基金一般和重点各 1 项）；（3）1994 年撰写了城市人民公社研究领域的第一篇学术论文《城市人民公社化运动初探》，此后陆续公开发表城市人民公社研究专题学术论文近 30 篇（其中CSSCI 原刊近 20 篇）。（4）2006 年出版城市人民公社研究领域的第一本学术专著《城市人民公社运动研究》（2012 年出版修订本）、即将出版首套《城市人民公社研究资料选编》（8 卷本，330 万字）。

编著说明

即将出版的《城市人民公社研究资料选编》(8卷本,下称《选编》)是2012年度国家社会科学基金重点项目《城市人民公社文献的收集、整理与研究》两项结题成果《城市人民公社文献选编》(12卷本,主结题成果)与《城市人民公社运动再研究》(专题论文集,副结题成果)的精选部分。它是集"编"与"著"为一体,融"史"和"论"于一身的大型学术著作。编入本《选编》的文献共572篇(其中专题研究论文15篇,档案资料264篇,报刊资料293篇)。其卷本构建如下:

《城市人民公社研究资料选编》

第一卷:《城市人民公社运动再研究》

第二卷:《城市人民公社档案资料》(甲)

第三卷:《城市人民公社档案资料》(乙)

第四卷:《城市人民公社档案资料》(丙)

第五卷:《城市人民公社档案资料》(丁)

第六卷:《城市人民公社报刊资料》(甲)

第七卷:《城市人民公社报刊资料》(乙)

第八卷:《城市人民公社报刊资料》(丙)

本《选编》第一卷《城市人民公社运动再研究》,之所以如此命名,自然包含着与本人第一本拙著《城市人民公社运动研究》(国家社科基金一般项目《乌托邦思想与城市人民公社研究》的最终成果,下称《研究》)的联系与区别。就研究主题而言,是《研究》的延伸与拓展。就研究内容而言,是《研究》中未曾涉及与深入的问题。此卷中的15篇专题论文,自著11篇,本人指导的硕、博士研究生论文4篇(编入本书时作了压缩与修改)。按各自论文发表或刊载先后为序,编入本卷。

第二、三、四、五卷为档案文献资料,共收录此类资料264篇。第二卷收录的是中央部委级(包括协作区)文献资料,以文献制作时间为序,将其依次编排。第三、四、五卷收录的是地方文献资料,从社至省各级都有。以文献制作者为分层标准,将其分成省市(地)级、区(县)社级两个层次,各个层次的文献按时间顺序编排。需要说明的是,由于第三、四、五卷内的文献源自多个省市,而有些文献在标题中并未标明文件的适用范围,所以在编入本书时,编者在文献标题前加注了文献的产地,放在括号内以示区别,如《(上海市)关于积极准备条件,建立城市人民公社的工作规划(草稿)》。这样,能使读者一目了然,便于查阅。

第六、七、八卷为报刊文献资料,共收录1958年至1962年间几十家官方报刊上的城市人民公社文献293篇,以报刊名称为单位,按每种报刊文献刊出的时间为序编排。值此,有两种情况需要说明,一是"(十八)《人民公社好》",不是报纸,也不是期刊,而是书名。当年由中共哈尔滨市委办公厅编辑出版的一本小册子,收集于旧书摊,因为就一本,只能将其编入报刊类。二是有多种报刊的文献篇数较少,将其统一编排在"其他报刊"条目内。

还需说明的是,整理编辑中为保持文献内容原貌,哪怕是读者明显感觉到的疑惑之处,也未作更改。比如文献原件中的数字一般有汉字和阿拉伯数字两种表达方式,在本书中均保持原样,未按统一要求予以处理。在尽量保持文献内容原意的同时,也作了一些必要的修改和添加:(1)对档案文献中一些涉及个人名誉、隐私的人名,本书只标姓,名字用××代替;(2)政治敏感性内容作了技术处理,用□□代替被删除的文字;(3)原文中没有文件名的,编入本书时加了标题,并作题注;(4)对一些文献作者(地厅级及以上人员)作了注解;(5)档案文献来源,应档案馆要求,仅注"原件现存于×××档案馆";(6)每篇文献题目下行居中有一个用汉字表达的日期(文献制作时间)为编者所加;(7)制作日期仅标明月、旬的部分文献,一般放在该月、旬的最后面;(8)文献中涉及的方言,在其后的圆括号内加了注释。

另外,原件中的错字、别字,或不规范的字,本书中分别在〈〉内校正;缺字和不能辨认的字加□号;原文中的通假字、旧式引号,本书都未校改。

城市人民公社研究资料（包括档案资料与报刊资料）是反映城市人民公社历史事件的文字史料，是城市人民公社历史研究的基础。由于城市人民公社是"左"的错误的一种表现，历史已证明，建立城市人民公社为最初探索社会主义建设道路的一次不成功尝试。所以，本书所收录的史料，适宜研究参考使用。正因为如此，对资料的整理编辑提出了更高要求。在工作中始终坚持严谨作风，一丝不苟，力求电子稿与纸质原件高度一致；体例力求清晰，为的是便于读者查阅利用，更准确地了解把握城市人民公社历史原貌。即便这样，疏漏与错误依然在所难免，敬请读者批评指正。

值此《选编》付梓之际，本人深感本书关于资料收集、整理研究、编辑出版任务之艰难。一路走来，离不开单位、师长、同事、学生以及家人的帮助与关心。一桩桩，历历在目；一件件，感恩不尽。

师恩浩荡，大爱无疆。把本套书比作一艘在学海中从此岸到彼岸的航船，启航者是我的研究生指导老师湖南省委党校雷国珍教授，而导航者当属北京大学原副校长梁柱教授、湖南省社科院院长刘建武教授、湖南科技大学党委书记刘德顺教授、湖南科技大学校长朱川曲教授、湘潭大学校长李伯超教授、湖南科技大学副校长李琳教授、中共福建省委党校郭若平教授、湘潭大学谢起章教授，护航者则是国家社会规划办、中央党史研究室、人民出版社、湖南科技大学。

新史料是史学研究创新的根本动力，也是成就本套书稿最基础、最关键、最根本的要素。感谢中央档案馆及北京、上海、天津、黑龙江、吉林、辽宁、河北、河南、湖北、湖南、江西、广东、广西、福建、江苏、浙江、四川、云南、贵州、山西、陕西、甘肃、青海、内蒙古、宁夏、新疆等省会城市档案馆的领导和工作人员，在资料收集时所提供的大力支持与无私帮助。特别要感谢上海市、湖南省、福建省、陕西省、宁夏回族自治区、广西壮族自治区、河南省、沈阳市、南京市、合肥市、哈尔滨市、南昌市、福州市、南宁市、银川市、长沙市、湘潭市、株洲市、长沙市岳麓区、湘潭市雨湖区等档案局（馆）的领导与工作人员，因其受崇尚学术、敬畏历史、共享宝贵资源等崇高精神的驱动，还将已查阅的馆藏城市人民公社资料予以授权出版。倘若没有他们的博大胸怀，本套书远没有现在这样丰富。

常言道:"一个篱笆三个桩,一个好汉三个帮"。感谢《城市人民公社文献的收集、整理与研究》课题组成员吴怀友教授、许彬博士、邹华斌博士、米晓娟老师为课题研究所作的努力与贡献;感谢马克思主义学院徐德刚教授、吴怀友教授、廖和平教授、廖加林教授、吴毅君教授、米华教授、赵惜群教授、刘大禹教授、毛小平教授、李连根教授、朱春晖教授、罗建文教授、尹杰钦教授、宋劲松教授、黄利新教授、杨松菊博士、刘敏军博士、戴开尧副教授、谢忠教授、刘正妙博士、黄爱英博士、韩平博士等对课题研究与本书出版的大力支持。感谢马克思主义学院中共党史硕士点、中国近现代史纲要教研部的专家学者们对课题研究与本书出版的鞭策鼓励及人文关怀。其中李秀亚老师整理本书稿时反映出的扎实的专业功底、精益求精的职业操守、一丝不苟的治学精神、任劳任怨的劳动态度,令人敬佩。另外,由衷感谢湖南科技大学党校副校长彭雪贵先生,在本书整理、出版最需要时候的竭诚相助,有些甚至是雪中送炭。愿好人一生平安。

感谢湖南科技大学马克思主义学院中共党史专业与中国近现代史基本问题方向的硕士研究生为资料整理所付出的艰辛劳动。与此同时,特别感怀我指导的研究生刘洋(博士)、姚二涛(博士)、张家勇、汪前珍、付彩霞、米晓娟、钟俊、盘林、肖楚楚、阳文书、万建军、钟原、李鑫、刘璐、姜陆同学,因其怀有对稀缺历史资源的好奇与敬畏,不惜为本套书各个环节的工作挥洒甘露般的汗水。

本套书能在人民出版社成功出版面世,离不开该社崔继新先生、刘江波先生的独具慧眼、运筹帷幄,离不开高华梓博士为本套书编辑所付出的艰辛劳动。在此,深表谢意。

感谢我的妻子肖金玉,完成本职工作外,包揽了所有家务,让家庭环境井然有序、生活温馨和谐,为的是让我有舒畅的心情、旺盛的精力、充足的时间从事城市人民公社资料的收集、整理与研究工作。常言道,一个成功男人的背后,必定有一个贤慧女人。我算不上成功男人,但背后妻子的贤慧却是不折不扣、名符其实。还有我的儿子李博,虽然学的是金融专业,从事金融工作,但对历史问题,尤其对中国历史感兴趣并有感悟。对我的研究工作很是支持,提出的意见诚恳而宝贵,有些甚至是建设性的。

所有这些,都使我深深感到,本套书能够以现在的面貌出版,其中蕴含了多少人的聪明才智,也凝聚了很多人的辛勤劳动。在此,再次对已提及和未提及的单位和个人,表示诚挚的谢意。

李端祥

2018 年 6 月 20 日

序

《城市人民公社研究资料选编》(8卷本,下称《选编》)终于问世了。这不但对城市人民公社研究者是福音,而且对人民公社史乃至党史、国史研究,以及学术界,都是一个喜讯。

城市人民公社是"大跃进"时期公社化运动在城市的表现形式,它和农村人民公社一样,都是当时党中央及其主要领导人对理想社会模式的一种探索。尽管它是一次不够成功的尝试,且存在的时间短暂,影响也不及农村人民公社那么广泛,但它是党史、国史中不能忘却的一部分。

习近平强调:"历史是最好的教科书,也是最好的清醒剂"。认真研究城市人民公社历史课题,对于还原其"庐山真面目",总结经验教训,推进国家治理体系与治理能力现代化建设,促进新时代中国特色社会主义事业的健康发展具有重要的历史意义与现实意义。

然而,与学界研究农村人民公社已成为党史研究领域"显学"的情形相较,城市人民公社研究既滞后又单薄。问题的症结在于城市人民公社史料奇缺又格外难求。令人欣慰的是,李端祥教授独辟蹊径,独具匠心,攻坚克难,铸就《选编》与读者分享,为推进这一问题的研究创造条件。

编写这样一部书,是一件非常困难的事。其难有三:一是资料收集难;二是编辑整理难;三是公开出版难。据我所知,早在1994年,李端祥教授为完成研究生学业,毕业论文的选题就是《城市人民公社化运动初探》。二十多年来,他潜心致力于城市人民公社史料的收集、整理与研究工作。其间,查阅资料的场馆遍及27个省市区的82家各级国家档案馆,以及国家图书馆和多家高校图书馆等,共收集到的城市人民公社原始史料达800多万字。坚持"整理与研究"并重,成功申报并研究完成了2项国家社科基金课题(一般、重点各1项），编辑整理了500多万字，12卷本的《城市人民公社文献选编》，撰写了一批有较高学术水平，且有影响的论著。在包括学界出现一股浮躁之风的时候，李端祥同志能够不畏艰辛，甘坐冷板凳20余年，其治学的精神是难能可贵的，也是值得人们学习的。

现在的《选编》，就是从12卷本中精选出来的，尤其是纯史料部分。《选编》是"编"与"著"的有效结合，也是"史"与"论"的集中体现。我翻阅了这部大作，觉得特点显著，大致说来，有如下几个：

第一，史料丰富且原始。辑入《选编》的史料557篇（不含研究成果），约310万字。文献制作者上至中央及各部委，下至公社，级级都有，层层反映。中央及各部委文献记载各个时段关于城市人民公社的方针与政策，反映了城市人民公社运动进程的许多珍稀信息，并在当年的城市人民公社运动中起指导支配作用。而各个地方文献的出台，也都是贯彻上级指示的产物，反映了中央与地方热烈而真实的互动。从内容上看，城市人民公社涉及的"一大二公"、政社合一、社办工业、集体生活、公共服务事业、妇女解放、工资分配、财务管理等各项事业，几乎无所不包。文献资料的种类上，分为档案资料与报刊资料两大类。档案文献属首度问世，是典型的原始资料，原始性是它的本质属性。即使是报刊上已经公开过的文献资料，在以往的城市人民公社研究成果中，只有少数被利用过，绝大多数的报刊资料在文献利用功能上依然保持了"一次文献"的原始性质。

第二，史料代表性强且珍贵。文献资料涉及地域除中央机关外，还包括当时建立城市人民公社的省、直辖市和自治区。其中中央及部委机关关于城市人民公社的文献源自几十家各级国家档案馆。这些"东拼西凑"起来的文献资料，一旦集合到一起，不仅能完整、系统地勾勒出城市人民公社的历史进程，而且能够全面、深刻认识上级相关部门寄予城市人民公社这一基层政权组织的初衷与使命。从这个意义上说，即便是史学研究中长期被诟病的纯"政治文本"分析，但在城市人民公社研究领域，这些"政治文本"，或曰"官方文献"，依然是不可或缺的至尊宝典。

第三，"整理与研究"并重且新意迭出。已故党史大家张静如先生说过，"重大史料的出现从而改写历史，是历史研究的常态"。对城市人民公社历史研究何尝不是如此？大量原始资料的收集与整理，对于昔日备受"冷落"的城市人民公社历史的梳理，对于城市人民公社各个问题的探讨研究，都提供了不可或缺的资料支撑。在此基础上形成的专著，还是专题学术论文给人以别开生面、原始创作或"填补空白"之印象。大量原始资料的收集与整理，有助于认识城市人民公社的多样性和复杂性，有助于从某一点或某一方面对既有成就提出挑战，提出新见解和新思想。作者正是凭借扎实丰富的第一手资料，坚持"整理与研究"并重，在研究中提出了不少有创见的新思想新观点。譬如，指出《现代汉语词典》（2013 年版）对"人民公社"定义之误，澄清了城市人民公社化运动是"插曲"，城市人民公社"大多有名无实""只办了点服务性事业"等偏颇性观点。对城市人民公社概念内涵与外延的界定、起落脉络的梳理、影响与作用的评价，不仅体现了较高的学术价值与实践价值，而且也收到抛砖引玉之效果。

史料是史学研究的源泉，资料整理出版是史学研究的基础工程。《选编》只是李端祥教授主持研究的国家社会科学基金重点项目《城市人民公社文献的收集、整理与研究》结题成果中的一部分。虽然如此，依然不失为鸿篇巨著，依然不愧为当前城市人民公社研究领域最权威、最全面、最翔实、唯一的研究资料汇编。可以说，这套城市人民公社的研究资料集，是国内外迄今为止的第一本，填补了当代中国史研究方面的一项空白。《选编》不只是挖掘、整理、保护与传承了党的历史文献，更有价值的是，全面且翔实的文献资料的问世，将揭开城市人民公社史学研究新的一页，无论是对于拓展城乡人民公社史、城乡社会变迁史研究，还是深化中共党史与中华人民共和国史研究，均有着重要意义。当然，由于城市人民公社史料的收集、整理、研究、出版均属开拓性的事业，"万事开头难"之特征尽显其中。因而在每个环节上的工作不可能那么完美无缺，尽如人意。如果说有不足的话，要是能有一些民间史料，特别是口述史料之类的编入，会更锦上添花。真诚地希望将来有机会修订再版，或出续集时加以补充、完善。

古人云："不积跬步，无以至千里；不积小流，无以成江海。……锲而不舍，金石可镂"。《选编》的问世，是作者"踏破铁鞋"恒心，"甘坐冷板凳"耐心，"锲而不舍"雄心的结晶。对这套书的出版，本人真诚地为作者这种坚忍不拔、矢志不移的治学精神而点赞，也为因《选编》的问世，告别城市人民公社史料奇缺又格外难求的历史而高兴。同样，我也相信它会受到史学爱好者以及学术界的欢迎。在该书出版之际，缀数语，以为序。

刘建武

2018 年 9 月 4 日于德雅村

自　序

乐此不疲:城市人民公社文献的收集、整理与研究

即将出版的《城市人民公社研究资料选编》(8卷本)系2012年度国家社科基金重点课题《城市人民公社文献的收集、整理与研究》两项结题成果《城市人民公社文献选编》(12卷本,主结题成果)与《城市人民公社运动再研究》(专题论文集,副结题成果)的精选部分。未能全部出版,固然遗憾。但缓解了学界渴求城市人民公社研究资料的燃眉之急。为此,本人倍感欣慰。却也唤起我回顾与展望城市人民公社文献的收集整理与研究之路。

引言:问题缘起。众所周知,城市人民公社与农村人民公社统称人民公社,城市人民公社与农村人民公社是人民公社不可或缺的组成部分。对于农村人民公社,人们耳熟能详。改革开放以来的40多年里,学术界对农村人民公社的研究不失为风生水起,精彩纷呈,一度成为改革开放以来党史研究的一大"显学"。而对于城市人民公社历史,到20世纪90年代末,人们还知之甚少,连业内人士还会发出有"城市人民公社"一说的疑问。对它的研究就更不用说了。一句话,不论是社会知名度,还是学术研究的热度,都远逊于农村人民公社。造成这种状况的症结在于城市人民公社悄然解体,且时间比农村人民公社解体要早得多,致使流通领域里的城市人民公社数据与信息严重短缺。有人不禁要问,城乡人民公社的不同解体时间与信息的流通有关系吗?回答是肯定的,不仅有,而且非常密切。

对于历史问题的研究,关键是要有可靠的第一手资料。要展开对城市人民公社历史的研究也不例外。问题恰好出在这里,从1962年下半年至1963年上半年绝大多数大中城市人民公社自行解体到1984年农村人民公社最后

终结的20余年里，人们无法从现有"知识库存"中获得城市人民公社的相关数据和信息。因为传播城市人民公社数据和信息的渠道几乎被中断。没有条件，也没有机会使城市人民公社的知识与信息填充到现有"知识库存"里。

人所共知，人是传播信息与知识的主体。具体而言，传播城市人民公社信息和知识的人有两种：一是史学工作者；二是当年城市人民公社运动的亲历者。当然，史学工作者和亲历者并不能截然分开，彼此孤立。因为史学工作者中有一些是当年城市人民公社运动的亲历者成长起来的，还有的史学工作者并不是亲历者，而是在城市人民公社解体后生长起来的。而传播信息并使其众所周知的主导者是史学者，只有这些人才会去关注城市人民公社历史，并对其进行学术研究。

然而，从绝大多数城市人民公社自行解体到改革开放前的这个期间内，意识形态领域的政治空气相当浓厚，阶级斗争学说统领一切，政治运动成为学术研究的代名词，学术研究俨然是一块"烫手的山芋"。学者们对其的态度不是著书立说，而是明哲保身。不过，其间也产生了大量有关人民公社的作品，大致可以分为两种情况：一是以艺术的情节和比较夸张的数字宣扬农村人民公社的优越性；二是解读中共中央有关农村人民公社的精神。而城市人民公社的过早消失，自然不在作品的宣扬与解读视野内。1984年，以家庭联产承包责任制为主的农村改革获得了巨大成功，学者们乘着学术研究坚冰被打破的东风，着眼现行政策分析，把农村人民公社作为家庭联产承包责任制的对立面或作为其历史背景展开论述。20世纪90年代中后期以来，"三农"问题备受瞩目，对农村人民公社的研究也随之"渐入佳境"。这个时候的城市人民公社退出历史舞台已有30余载，学界对此的态度是，老的史学者（亲历者）无暇顾及，新的史学者（后来者）不会顾及。在此背景下，城市人民公社历史自然就成了无人问津的"陈芝麻旧事"。

至于传播信息的另一个群体，就是当年城市人民公社化运动的亲历者，他们只是茶余饭后，用故事形式传播给周边的人们，影响极其有限。久而久之，城市人民公社相关信息失传就在情理之中了。

人们常说，"忘记过去，最好的办法就是时间与新欢"。这一条不像格言的格言，对城市人民公社历史似乎非常适用。的确如此，经过1963年绝大多数大中城市的人民公社自行消失到 1984 年农村人民公社制度彻底解体的 20 余年时间忘却,又有随之而起的农村人民公社研究热潮,学界很自然地将昔日如火如荼的城市人民公社化运动抛至九霄云外。正如陶渊明所说的"不知有汉,无论魏晋"。就是这时间与新欢,导致了现有"知识库存"中城市人民公社数据与信息的严重短缺。

直到 1993 年,《建国以来毛泽东文稿》(下称《文稿》)问世,《文稿》收录了毛泽东 1958 年至 1960 年关于城市人民公社的指示和精神,从中感知城市人民公社确有其事,并且是大事,是一项重要的城市基层制度安排。同年,薄一波《若干重大决策与事件的回顾》一书出版,书中首次披露了河南省及一些典型的城市人民公社兴办情况。该书传递的城市人民公社化运动信息,不过区区几百字,但它确实起到了抛砖引玉的作用。随着城市人民公社档案资料的陆续解密开放,城市人民公社的研究成果零星浮现,城市人民公社文献资料的收集、整理与研究也逐渐得到学术界的关注和重视。

这项工作,我起步于 1993 年,而最初关注城市人民公社问题,则可以追溯到我的大学年代。回顾这漫长的收集、整理与研究之路,从时间上来考察,可以分为四个阶段:

(一)萌发阶段(1982—1991)。从教学参考资料中受到启发。1981 年 9 月,我荣幸地考上了当年享有"北北大,南湘大"美誉的全国重点大学——湘潭大学,所学专业为中共党史。大学期间,全面、系统地学习了马克思主义理论与中国共产党历史。专业教科书《中国共产党历史讲义》(下册)(下称《讲义》)记述了 1949 年中华人民共和国成立到 1981 年中共十一届六中全会召开这 32 年的中国共产党历史。其中对农村人民公社化运动的记述不惜浓墨重彩,而对于"波澜壮阔"的城市人民公社化运动却只字不提。

当然,只字不提不等于没有一点蛛丝马迹。《讲义》清楚地表明人民公社是毛泽东亲自构思和发动起来的,办人民公社的初衷是要迅速改变旧中国贫穷落后的面貌,把全体中国人民引向共产主义的康庄大道。正如《讲义》引述《中共中央关于在农村建立人民公社问题的决议》最后一段所说:"人民公社是建成社会主义和逐步向共产主义过渡的最好的组织形式"、"共产主义在我国的实现,已经不是什么遥远将来的事情了"①。这两个论断不仅强调了人民公社的重要地位与光明前途,而且从中领会到人民公社的适用范围是全中国的城乡社会,生活在"共产主义天堂"里的是全体中国人民。专业教材如果只把人民公社制度的建立局限于农村,把农村人民公社与人民公社混为一谈,把城市置于公社组织之外,肯定是一种误解。

读大学的时候,老师一再强调看专业历史,一定要结合相关参考资料阅读,也就是说要读相关原著。这是一条不成文的纪律或规矩,更是一种重要的学习方法。这一点终身受用。就是在学习专业历史时,结合学习了当时历史系配发给我们的参考书——《中国社会主义革命与建设史教学参考资料》(中国人民大学中共党史系资料室编)。书中编入了关于人民公社的两个重要文件。一个是上文已经提及的中共中央北戴河会议上制定通过的《中共中央关于在农村建立人民公社问题的决议》。另一个是中共八届六中全会上讨论通过的《关于人民公社若干问题的决议》(下称《决议》)。这两个文献,特别是后者,学界称之为中共中央关于人民公社问题的纲领性文献。

《决议》说:"人民公社现在在各民族农村中(除西藏和某些个别地区以外)已经普遍建立起来了,在城市中也开始进行一些试验。城市中的人民公社,将来也会以适应城市特点的形式,成为改造旧城市和建设社会主义新城市的工具,成为生产、交换、分配和人民生活福利的统一组织者,成为工农商学兵相结合和政社合一的社会组织。但是城市和农村有所不同。一则城市的情况比农村复杂。再则社会主义的全民所有制在城市中已经是所有制的主要形式了,工人阶级领导的工厂、机关、学校(除一部分职工家属以外)已经按照社会主义原则高度组织化了,因而城市的公社化不能不提出一些同农村不同的要求。三则目前城市中的资本家和知识分子中许多人的资产阶级思想还相当浓厚,他们对于成立公社还有顾虑,对于这一部分人,我们也应当有所等待。因此,在城市中应当继续试点,一般不忙大量兴办,在大城市更要从缓,只作酝酿工作。要等到经验多了,原来思想不通的人也通了,再大量兴办起来。"②这段

① 《中国共产党历史讲义》(下册),山东人民出版社1983年版,第188—189页。
② 中国人民大学中共党史系资料室编:《中国社会主义革命与建设史教学参考资料》(上册),中国人民大学出版社1981年版,第558—559页。

话算不上长篇大论,内容却十分丰富,至少提供了如下几方面的信息:(1)《决议》出台前(1958年8月至1958年11月底),人民公社已经在部分城市办起来了。(2)给城市人民公社以确切定位。(3)城市人民公社在当时的环境下只能继续试办,大办时机还未成熟。(4)人民公社在城市的普遍建立将不可避免。虽然如此,各种版本的《中国共产党历史》(现代部分)却没有关于城市人民公社历史的任何记载。出现这种情况,既不合理,也不合情,在逻辑上更说不通。我作为中共党史的专业学习者因此产生过不少困惑与迷茫。同时,也引起了我对城市人民公社历史近似朦胧的问题意识。便多了一个心眼,留意这方面的信息披露。

1987年7月下旬(建军60周年前夕),受怀化地委党校(笔者毕业后工作单位)的派遣,到北京参加一个中共党史培训班的学习,为期十五天。学习收获暂且不论,意外惊喜倒是不小,即买到了一本《怎样研究社会主义时期党史》的论著,书中约有200字关于城市人民公社化运动的叙述,其内容是:"大办城市人民公社,大办城乡公共食堂。1960年3月中央要求各地采取积极态度,放手发动群众试办各种形式的城市人民公社,要求在上半年普遍试点,下半年全面推广。到1960年7月底,全国大中城市已建立了一千多个人民公社,参加人民公社的人口占城市人口总数的77%,这是继1958年农村人民公社化运动后又一次大刮'共产风'。城市公社所举办的各种事业,几乎都是'白手起家',依靠平调侵犯个人的财产。"①虽廖廖数语,我却喜出望外,如获至宝,之前的疑惑似乎释放了一些,同时也增加了几分自信。即便如此,也只能"望社兴叹"(一个"老少边穷"地区的党校,馆藏图书资料状况可想而知)。真是"昨夜西风凋碧树,独上高楼,望尽天涯路"。

(二)起始阶段(1993—1994)。误打误撞,从当年的报刊中获得城市人民公社的第一批资料。1992年,我考入中共湖南省委党校,成为中共党史专业的研究生。入学不久,指导老师交给我一个任务,撰写一篇关于"城市人民公社化运动始末"的专题文章(2万字左右)。对于这个题材,曾经谋面,颇有

---

① 中共河南省委党史资料征集编纂委员会编:《怎样研究社会主义时期党史》,河南人民出版社1986年版,第348页。

"踏破铁鞋无觅处，得来全不费工夫"之感。当然，这只是一个题目，如何写作？一头雾水，一片茫然，原因是资料极度缺乏。且不说公开刊物上没有这方面的专题论述，党史国史书籍中只言片语的记述也不曾有过。到哪里找资料，怎么找资料，这是当时遇到的第一道难题。

找资料难，资料难找，难于"蜀道"，并非危言耸听。有这么一件小事，至今记忆犹新。1993年某期《中共党史导读》(当年湖南省委党校图书馆期刊阅览室现刊)刊登了1960年3月9日《中共中央关于城市人民公社问题的批示》(下称《批示》)的信息。但只有一个篇目，仅此而已。为了寻找《批示》内容及相关线索，几乎找遍了党校馆藏的相关图书，但都无功而返。

"塞翁失马，焉知非福"。《批示》内容没找着，但在过刊阅览室，笔者发现了当年报道在《人民日报》《工人日报》《文汇报》上的一些关于城市人民公社化运动的新闻报道。这些文章是为鼓动宣传城市人民公社而作，其政治性质不言而喻，时代特征与局限性也特别明显。但在客观上表现出来的方方面面的内容还较丰富，比如说，城市人民公社的优越性、社办工业、公共食堂、解放妇女、经验介绍、时政热点、风土人情、典型事例等等。正是凭借这些凸显"正能量"的宣传资料，凑合着完成了老师交给的艰巨任务。写到此处，有个问题也必须作个简单交代。1993年，湖南省委党校中共党史教研部与境外一学术机构合作搞一个项目，即编写出版新中国成立后中共党史专题报告。《城市人民公社化运动始末》就是其中的一个专题。遗憾的是此项目后来不了了之。因"祸"得福，变废为宝。笔者的研究生毕业论文就是在《城市人民公社化运动始末》的基础上完成的，只是题目改成了《城市人民公社化运动初探》。此文由于选题新颖、论据原始、学术价值较高，虽为初探，还是获得了导师们的较好评价，被评为该年度中共党史专业研究生优秀毕业论文。时光荏苒，岁月如梭，回首20多年前的这一段学习经历，无论是对本人的学术生涯，还是城市人民公社史研究，都具有里程碑式的意义。

(三)拓展阶段(2002—2011)。拓宽收集管道，推出更多研究成果。1994年研究生毕业后，我来到湘潭师范学院任教。这里虽然是正规的高等院校，但专业图书数据，尤其城市人民公社历史方面资料的稀缺更是不堪想象。不谈别的，单说"大跃进"时期的《人民日报》就残缺不全。要查阅城市人民公社的专题资料只能是一种奢望。所以把思维固定在这狭小的范围内，要继续研究城市人民公社问题，难度很大，甚至于不可能。正是在这样的资料背景下，2002年，笔者带着自拟《城市人民公社化运动研究》课题到北京大学马克思主义学院访学，拜梁柱教授为师。访学一年，其间还遇上了"非典"。时间虽短，收获颇丰：

1.在老师的悉心指导下，提高了对城市人民公社历史的理性认识，明确了对城市人民公社问题研究的基本方法，理顺了城市人民公社问题研究的思路途径。

2.增加了许多城市人民公社的报刊文献资料。访学的第一个学期，大部分时间是在北京大学图书馆、国家图书馆、中国人民大学图书馆里度过的，翻阅了1958—1964年间的每一张报纸、每一本社科杂志，凡是载有城市人民公社知识与信息的数据，都将其整篇复制；另外，还找到了一些城市人民公社的图书数据，如《城市人民公社工作经验汇编》《郑州市怎样办城市的人民公社（问答）》《北京城市人民公社的成长》《人民公社无限好——庆祝城市人民公社特辑》《城市人民公社大放光彩》《城市人民公社讲话》等。这些图书数据是在"大跃进"年代，为了宣传城市公社而编辑出版的简短资料汇编。虽然它们的政治性很强，但每篇文献都从不同方面反映了城市人民公社化运动的壮观场景。

3.发掘收集了沉睡在官方档案馆里的城市人民公社文献资料。我为能在上述多家图书馆里得到内容丰富、品种齐全的城市人民公社报刊图书数据而庆幸，但不免有些隐忧，这些资料毕竟为宣传、鼓动而作，政治倾向尤为突出，反映了城市人民公社"波澜壮阔"的历史场面，传播的是所谓的"正能量"。而城市人民公社运动的曲折经历，内在深层的历史问题没有揭示；反映普通百姓心声，来自"历史现场"的"民间社会图景"也很少涉及。而且这些只描述了城市人民公社的优越性，公社前景如何美好，那都属"一面之词"。如果按照报刊上所提供的信息展开研究的话，自然反映不出城市人民公社历史的本来面目，得不出令人信服且合乎逻辑的结论，达到不了"以史为鉴""资政育人"之目的。所以，我想如果能找到其他方面资料，用以弥补报刊数据之缺陷，该有多好啊。究竟用何法子，到何方去找，胸中无数。当时唯一的做法就是多翻多看,希望从相关的书籍中找到一些有用的线索或信息。有一天,在一本叫作《中华全国总工会七十年》(中国工人出版社 1995 年版)的专著中,发现载有中共中央批转全国总工会党组《关于当前城市人民公社发展情况和几个问题的报告》的信息。遗憾的是除了文件名,内容却只有不到 50 个字的介绍。尽管如此,笔者当时依然很激动,高兴得几乎叫喊起来,并感叹"功夫不负有心人"。为找到这份重要文件,笔者四处奔波,首先到全国总工会找,无功而返;而后到北京市档案馆查,结果也是"馆无此件"。

常言道:"有心栽花花不发,无心插柳柳成荫"。在我查找上述文献资料时,就再现了这句格言的深刻哲理。要找的文献没找着,却在不经意间,发现北京市档案馆的档案目录中,有一个叫"北京城市人民公社"的专题,若干个卷宗里珍藏着许多关于城市人民公社的文献资料。此后的两个月里,除了节假日,北京市档案馆是我必去的地方,哪怕是顶严寒、冒风雪,也从未间断。在这里,摘抄、复制了较多的城市人民公社档案文献资料。北京城市人民公社档案文献资料的发掘意义,不仅在于找到了北京城市人民公社的历史见证,而且为查找其他省市的人民公社档案资料提供了思路与示范。在这之后(访学期间),顺藤摸瓜,笔者查阅了中央档案馆及黑龙江、吉林、辽宁、天津、河北、河南等省的省市级档案馆 20 多家,摘抄和复制了大量而又珍贵的城市人民公社档案文献资料。尤其令笔者兴奋的是,在这些档案馆里收集了中共中央及各部委下发的几十个关于城市人民公社方针政策性的文献资料。

在访学的一年里,大部分时间用于城市人民公社文献资料的收集,其余的时间基本上是对它们进行整理研究。这方面小有收获:论文《城市人民公社运动始末》登载在《中共党史资料》2003 年第 3 期;以《城市人民公社运动研究》为题申报 2003 年湖南省社会科学基金项目,获准立项(立项不资助)。这些成果为城市人民公社问题的进一步研究与资料整理打下了一定的基础。

历史问题研究的深入与创新,不仅在于新的观念、新的方法,还要有新的资料,新资料是产生新学术增长点的关键。2004 年,以《城市人民公社问题研究》(会评专家将其改为《乌托邦思想与城市人民公社研究》)为题,申报当年的国家社科基金项目,获准立项。这是国家社科基金开评以来城市人民公社研究领域的第一项,当然,也是唯一的一项。该课题立项的意义不仅只是学术界认可城市人民公社历史的存在,充分肯定本人立项前为此所付出的艰辛努力,而且为搜集更多的城市人民公社资料,推出更好的城市人民公社研究成果提供了较为优越的条件。同时,也意味着对城市人民公社的研究由个人行为发展到团队行为,即"集体式收集""集体式整理""集体式研究"和集体分享丰硕的研究成果。

开展课题研究的第一件事是长距离、大范围查找、收集更多更丰富的城市人民公社文献资料。为此,我们利用课余时间与寒暑假,不顾舟车劳顿,奔走于大江南北,长城内外。先后奔赴上海、浙江、江苏、江西、山东、四川、重庆、贵州、湖北、广东、广西、湖南等省市的近 30 家档案馆,查阅、摘抄、复制了大量的城市人民公社档案文献资料。

人们常说,"手里有粮,心里不慌"。这话既朴素,又有深刻的哲理。搞历史研究尤其如此,"资料"就是"粮食"。有了丰富的第一手数据,就等于有了足够的粮食。要研究什么问题、解答何种疑难、撰写学术论文,再不至于"望社兴叹"了。几年来,始终坚持"整理与研究"并重,整理发现问题,研究解决问题,二者互为照应,互为因果。这样,哪怕是"笨媳妇",也能煮出"香米饭"来。举例如下:

专著:《城市人民公社运动研究》(湖南人民出版社 2006 年版)。

论文:《城市与农村人民公社化运动比较研究》(《当代世界与社会主义》2004 年第 5 期);《城市人民公社化运动的兴亡与历史教训》(《求索》2004 年第 7 期);《毛泽东与城市人民公社化运动》(《求索》2005 年第 2 期);《城市人民公社成因探析》(《广西社会科学》2005 年第 2 期);《对北京城市人民公社历史的考察》(《北京党史》2005 年第 1 期);《城市人民公社社办工业研究》(《湘潭大学学报(哲学社会科学版)》2005 年第 1 期);《论城市人民公社》(《湖南科技大学学报(社会科学版)》2005 年第 5 期);《论城市人民公社化运动的历史必然性》(《当代世界与社会主义》2007 年第 2 期);《关于毛泽东城市人民公社思想的历史考察及思考》(《当代世界与社会主义》2011 年第 3 期)。

上述成果公开刊出后,在学术界引起了一定反响,产生了不少社会效益。

1.转载与收录。《关于毛泽东城市人民公社思想的历史考察及思考》《城市与农村人民公社化运动比较研究》被人大复印中心全文转载在《中国现代史》2004年第5期和2012年第1期;《对北京城市人民公社历史的考察》被《除旧布新·曲折探索》(中共北京市委党史研究室编,中共党史出版社2007年版)全文收录。

2.专家评价。《城市人民公社运动研究》出版后,引起了学界的高度关注,同行专家对此作出了高度评价。辛逸教授指出:"进入新世纪以来,人民公社研究另一个明显的进展是李端祥在城市人民公社研究方面所做出的贡献。他的《城市人民公社运动研究》一书是第一本研究城市人民公社运动的专著"①。学者吴志军的评价是:"李端祥2006年出版专著《城市人民公社运动研究》(湖南人民出版社)关注人民公社政策史的研究,成为人民公社宏观史研究的代表性著作"②。吴克明教授说:"《城市人民公社运动研究》一书的出版,填补了世界社会主义运动史上城市人民公社运动事件研究的一项空白,既是作者十多年来艰辛探讨的结晶……全书在拓新性、全面性和针对性等几个方面具有鲜明的特色"③。

3.社会效益。我指导的研究生是直接的受益者,这也叫作"近水楼台先得月"。从2006年开始至今已有近10个学生的毕业论文就是运用了本人搜集的城市人民公社资料,结合自找的相关文献资料,顺利完成了他们的学业。其中有对某个省市的微观研究,也有对某一个问题的宏观研究。特别值得一提的是《城市人民公社是有名有实的基层政权组织——对〈中国共产党历史第二卷(1949—1978)〉(下册)中一个"论句"的考证》一文,运用史料之翔实、全面,非一般硕士学位论文所能比拟的。

(四)深入阶段(2012年至今)。2012年,我以《城市人民公社文献的收集、整理与研究》为题,申请该年度国家社科基金重点项目,获准立项。这就为城市人民公社文献的收集、整理与研究的深入提供了极为有利的条件。在

---

① 辛逸:《人民公社研究述评》,《当代中国史研究》2008年第1期。
② 吴志军:《人民公社宏观史研究的学术史分析》,《北京党史》2010年第2期。
③ 吴克明:《世界社会主义运动史事件研究的拓新之作——评李端祥教授的专著〈城市人民公社运动研究〉》,《湘潭师范学院学报(社会科学版)》2007年第6期。

前期收集、整理与研究的基础上,主要做了三方面的工作。

1.城市人民公社档案文献资料的深度收集。所谓"深度收集"包含两层意思,也可以说是两项工作。其一,收集前面未及自治区(新疆维吾尔自治区、宁夏回族自治区、内蒙古自治区)的城市人民公社档案文献资料。前面收集城市人民公社文献之所以未能涉及新疆、宁夏、内蒙古这三个自治区,偏远是一个重要因素,另外就是怕扑空,因为在已收集到的资料中极少有这三个自治区城市人民公社化运动的信息披露。其二,重复查阅多家省市档案馆。为什么要重复查阅? 为的是得到更多、更全、更需要的数据。如上海市档案馆是查阅城市人民公社资料次数最多的地方之一。因为上海市档案馆里的城市人民公社文献资料具有丰富、全面、系统、开放度高且数字化技术先进等特点,每查阅一次都会有新的收获。其实,不厌其烦地走进同一个城市,或同一家档案馆,是为了考证某个问题。比如说,河南省郑州市就去过5次,而且一查就是一星期。这又为何? 因为河南省是人民公社的发源地,还是"三年困难"的重灾区。发源地为什么会是河南省,而不是河北省,也不是北京市,或黑龙江省?另外,郑州市于1958年8月下旬,在全国大中城市中率先实现了人民公社化,但第一个城市人民公社的版本就有4个之多,究竟谁是第一个? 还有一个就是搞清楚文献的来源。有些文献在第一次查阅时不够细心,导致文献来源缺失或有疑点。诸如此类,都需要考证,需要多次查阅。当然,有些问题即便有刨根问底的毅力,也不一定能收到心想事成之效果。

截止到去年《城市人民公社文献的收集、整理与研究》结项,历时24年(1993年至2017年),140多次查阅中央档案馆及当年建立过城市人民公社的27个省、直辖市、自治区的各级国家档案馆(县城档案馆除外)82家。此外,还查阅多家大型图书馆,收集到城市人民公社档案资料与报刊资料,共800多万字。

2.城市人民公社文献资料的深层整理。实话实说,把收集来的城市人民公社文献资料进行规范、深层整理,是重点课题立项后才开始的。整理后的最终成果名称为《城市人民公社文献选编》(12卷本,下称《选编》)。在此之前,所谓的整理是为研究服务,为研究而进行。立项之后的整理,是为满足项目结题基本要求,以编纂出版为目的。深层整理分两步:有序化整理与内容整理。

（1）有序化整理，主要做了三项工作。其一，树立"整体、全局、现代"理念，以个体服从整体为原则，统领《选编》。这些文献形成背景、文献来源、行文格式很复杂。比如，原件的落款、文献制作时间的表达，千姿百态。单独行文，可以各有各的风格与特征，但在《选编》中必须只能是一个格式、一个标准，不能有两样。有许多这样的问题需要从整体出发、全局考虑，以确保《选编》的编辑质量与整体印象。所谓"现代"理念，指用"现代"的标准校勘《选编》。比如说，用简化字替换繁体字。

其二，选材录入。由于财力、人力、精力所限，只能筛选上述所收文献中的部分，将其录入，转换成电子文档。这项工作做起来既巨大又艰难。工作效率低下，录入成本高昂是本项工作的显著特点。因为选取录入的资料百分之八十几为档案文献资料，当年制作时纸质较差，有些档案缺乏应有保护，加上收藏时间较久，字迹隐隐约约，有的压根就看不清。另外，用手工制作的档案文献，尤其是会议记录，书写潦草、字迹模糊，阅读分辨难度很大。单为录入，耗费了大量的人力、物力。

其三，编制体例。最初的体例是按专题编排，这样做的好处是能突出《选编》的学术性，并且方便专题研究查阅、利用。但问题是文献来源与产地涉及面广，将同一性质而不同地方的文献硬拼在一起，导致文献的产地模糊，这样会不利于查阅利用，甚至会误导读者。再说，按专题编排难免同质文献过多，容易引起视觉疲劳。还有就是城市人民公社运动整体效果较差，也就是说在文献目录中很难反映出城市人民公社的普遍性。尽管在最初的体例安排上耗费了很多的精力与时间，最终还是忍痛割爱。

现在的《选编》为分类编排体，即把著、档案文献、报刊文献分开编排。具体情况在编著说明中详细说明。在此不作赘述。

（2）内容整理，即校勘原件（原纸质文献的复印件，下同）。什么叫校勘？校，指的是校对，校订，校正。勘，意思是比勘，查勘，勘正。校勘就是进行校对、查考，修正错误。校勘有校对之意，但与平日之校对不完全相同。平日之校对，只拿原稿校清样，总用不同的两个本子互校，而校勘可以用两个本子互校，也可以不用两个本子互校。校对，只要两本相校就行，不必去查考，而校勘需要进行查考，除校文字、标点、行款外，还要校内容。本《选编》的内容整理

— 12 —

之所以叫校勘,就是因为不仅要以原件为依据校正电子文档,还要校正原件本身与生俱来的问题与"整体"观念下所作的校正。

其一,校正录入过程中新增的错误是首要任务。前面已经说过,由于城市人民公社档案文献的特殊性,录入的难度很大。即使是清晰度很高的现代文献,录入时也难免出现错误。所以,在录入年代已久的档案文献过程中出现文字增减、衍漏、标点错乱等现象尤为突出。要校正新增错误,还必须以原件为底本,一字一句,一丝不苟,确保与原件的基本一致。为何是基本一致,而不是完全一致?下面(其二)的说辞予以回答。

其二,校正原件中本来有的讹误,不容忽视。任何文献,包括城市人民公社文献,尤其是一些来自基层的档案文献,在制作过程中,免不了会有讹误之处。比如说,数字标题在文章中的用法一般是按一、(一)、1、(1)的顺序排列。但在选录的城市人民公社文献中,有的是按(一)、一、1、(1)的顺序排列。显然,后一种排列不符合正确的行文规则;还有的手写文献,把"整"写成"大"字下面一个"正"字,正副的"副"写成"傅"或"付",极不规范,都必须校正。还有一些文献中的表述涉及社员名誉,或者隐私,有些还可能是冤假错案。对于这些,需作技术处理,以免引起不必要的麻烦。

其三,资料整理取得重大突破。历史资料对于历史研究的重要性,怎么强调都不会是拔高。"兵马未动,粮草先行"的道理,对于历史研究来说是完全适合的。具体对城市人民公社史研究而言,较之于农村人民公社史研究逊色许多。其症结在于,城市人民公社数据的奇缺。可喜的是,本人的工作没有白费,整理编辑成的《城市人民公社文献选编》(12卷本)已顺利结项,并得到了结项鉴定专家的充分肯定,称之为:"这本有关城市人民公社的资料集,在国内外均为首本,填补了学术界的一项空白。"

(3)城市人民公社问题的深入研究。如果说中国特色社会主义道路有起点、有始发站的话,对城市人民公社这种理想模式的探索,毫无疑问属于这条道路上的起点,或者说始发站。在这里,毛泽东等开国领袖们吹响了探索社会主义道路的号角,也迈出了向"共产主义"进军的第一步。虽然"壮志未酬",跌跌撞撞,且不了了之;但它毕竟是一段城市发展的历史,城市人民公社主导了这段历史。常言道:"麻雀虽小,五脏俱全"。大中城市人民公社历史虽然短暂,但内容极为丰富,深刻地反映了中央与地方、干部与群众、城市与农村的真实互动。从学术角度讲,学科无所不包,因而研究空间巨大。

这些年来,我和我指导的研究生,在城市人民公社问题的学术探讨与研究上,算是恪尽职守,做了一些工作,但也不得不坦言,研究有待深入。这个问题在重点课题立项后,作了尽可能的弥补与努力。主要体现在以下方面。

其一,探究。比如说,"城市人民公社公共食堂""城市人民公社与妇女解放"等问题。它们在城市人民公社的大规模实践中是重要主体,是学术研究中的重头戏,且受到学术界的高度关注(农村人民公社问题研究就如此)。对此,本人也有强烈的研究欲望。以往由于时间与资料不足之故,未能如愿。重点课题立项后,湖南科技大学与我所在的马克思主义学院,给我们提供了优越的条件,因此便可潜心研究上述问题,也推出了有分量的研究成果,如《城市人民公社公共食堂起因探折》(《湖南科技大学学报》2014年第6期)、《论城乡人民公社公共食堂的共同特征》(《当代世界与社会主义》2014年第4期)、《城乡人民公社公共食堂差异比较》(《党史研究与教学》2015年第1期)、《城市人民公社与妇女解放》(《党史研究与教学》2014年第3期)。还指导了硕士学位论文《城市人民公社公共食堂研究》的写作。

其二,考证商榷。改革开放后的前20年中,由于城市人民公社问题的信息和数据严重缺失,致使了解它的人很少,包括行业内学者。因此产生出对"人民公社"与"城市人民公社化运动"的不少误判。比如:《现代汉语词典》(2013年版)把"人民公社"定义为"农村人民公社";有学者说,1960年持续"大跃进"背景下的全国城市人民公社化运动是"插曲";还有学者说,城市人民公社"只办了一点服务性事业"。针对这些观点,我们凭借丰富的城市人民公社文献资料,秉承"以理服人"信条,恪守"论从史出"原则,撰文考证、商榷,澄清是非,正本清源。

结语:学术展望。综上可见,昔日很是"冷清"的城市人民公社史研究日益受到学界重视。准确地说,无论资料整理,还是学术研究,都取得了可喜成绩,并呈上升态势。虽然如此,但缺陷犹存。一是资料利用及整理的局限性大。城市人民公社资料内涵应包括"官方文献"与"民间史料"。但就目前已有成果中的资料支撑,或是《选编》中的资料属性而言,存在着"一边倒"的现象,即注重的是"官方文献",或自上而下的"政治文本"。而与之相对应并反映百姓心声、体现底层社会图景的"民间史料"却很少涉及。二是研究视野较窄且欠深入。已有研究成果注重城市人民公社历史还原且内容刚性,而对城市人民公社一些深层次且理性的问题,比如制度设计、基层权力构建及治理等很少触及;跨学科、多视角研究成果尚少。三是研究路径较单一且有"冷门"。已往成果均聚焦的"大历史"——大中城市人民公社史,而对"小历史"(小城市)——城镇人民公社史毫无关注,说它是"冷门"或"盲区",一点都不为过。总而言之,对城市人民公社历史的研究,有待深化和创新。如何深化和创新城市人民公社历史研究? 笔者陋见,应从以下几方面去努力。

(一)开辟新领域:收集整理研究城市人民公社"民间史料"

谐语有云:"上穷碧落下黄泉,动手动脚找东西"。史料是史学研究的生命之源,对各种史料的收集、整理和分析迄今仍是史学接近历史"真实"的最佳途径。毋庸置疑,城市人民公社"官方文献"的收集与整理确实取得了显著成效。之所以如此,本人二十多年的默默耕耘,有苦劳亦有功劳。结项评审专家已作了高度评价,在此无须赘述。但值得注意的是,城市人民公社史料的另一个不可或缺部分——"民间史料",迄今无学者问津。"民间史料"产生于当年的城市人民公社场域与亲历者之间。其内涵大致包括口述史、底层台账、民歌民谣、唱本剧本、图片照片、私人记录、遗址遗物等。这一块蕴藏的史料极其丰富,是一个尚待挖掘和开发的新领域。

众所周知,新资料是培植新学术增长点的关键。尽管城市人民公社在资料收集与整理方面已取得了丰硕成果,但就其资料属性来说,基本上是"自上而下"的"官方文献"。即便上述《选编》中有些文献出自公社本身并具民间史料属性,但它们依然是"自上而下"视角下的产物,与底层民众的自我"书写与记录"等还是不太一样。为此,必须着重加强对民间史料的收集与整理,只有让大量珍藏在民间的原始史料得以呈现,将有助于减少甚至克服以往研究中自上而下的分析路径所带来的弊端,并找回缺失的多样化的民间社会图景。实际上,搜集整理城市人民公社民间史料的过程,也就意味着研究者将从追求"宏大叙事"或分析"政治文本"转向从百姓个体出发,在"历史现场"中解读文献,从细微处探究历史。总而言之,对民间史料的挖掘、抢救已时不我待,加强这方面的研究工作,其学术价值与重要意义不言而喻。

(二)拓宽新视野:跨学科多视角研究城市人民公社及相关问题

当前,学术界关于城市人民公社的研究成果,其视野主要集中在历史学、政治学这两个学科,将视野瞄准于其他学科进行研究的成果还很少。这样势必导致研究过程中的"单边行走"或"简单重复"问题,这是学术创新研究之大忌。事实上,城市人民公社历史,所涉内容非常丰富,涵盖政治、经济、文化、社会、管理、教育等众多方面。就学科而言,它包括经济学、政治学、管理学、历史学、社会学、人类学等多个学科与研究领域。其实,方法就是思想。在城市人民公社研究中,如果沉溺、致思于某一两个学科,将造成对该问题学术研究的原地踏步,甚至故步自封,难有新突破。可以大胆地设想,研究者将视野或视角扩大至诸如最近广受学界追捧的历史人类学、历史社会学等,定会大大深化和助推城市人民公社历史研究。

(三)重拾新途径:挖掘开发城关镇人民公社历史研究

鲁迅说过,"其实地上本没有路,走的人多了,也便成了路"。内中含义深邃。可对城市人民公社历史研究来说,却是一种相反的情形,有一条"康庄大道"——小城市人民公社,或城关镇人民公社研究之道,学术界至今别说是"走",连看它一眼的意识都没有过。

如前所述,城市人民公社历史有"大历史"和"小历史"之分。所谓"大历史"就是中国境内(除西藏)大中城市(地级及以上城市)的人民公社历史。而"小历史",是指小城市(县城及镇)的人民公社历史。可能有人会问,小城市人民公社历史,或是大中城市人民公社历史,同属城市人民公社历史范畴,为何非要有"大""小"之分?理由有三:

其一,二者相较有差异。就拿解体来说,大中城市的人民公社绝大多数于1963年前后解体,而小城市人民公社的解体与农村人民公社的解体基本同步。再者,小城市人民公社的数量比大中城市人民公社的数量可能要多近1倍。正因为如此,引发学界思考和研究的问题很多,比如,何种体制使其得以稳定与持续前行?它的历史进程怎样?小城市人民公社社办工业的发展巩固对改革开放后乡镇企业的崛起有何影响?对当下"乡村振兴战略"的实施有何启示?如果把它们放在同一个定义域内,不仅不能准确表达各自的丰富内涵,更重要的是小城市人民公社历史有可能被永久湮没在历史的长河中,其后果不堪设想。

其二,为学术界重新开发这条学术新途径提供便利。就迄今城市人民公社历史研究状况而言,学术界专注大中城市人民公社历史研究,而对小城市公社——城镇人民公社历史毫无关注,是"一扇"名副其实的研究"冷门"。把"小历史"概念提出来,学者们可以直奔主题,拓荒这条昔日的"康庄大道"。

其三,为深化和创新城市人民公社研究所必需。审视 21 世纪以来,学者们提出的"范式借鉴""加强地域史与学术史研究"等主张,给城市人民公社史研究指明了方向,更为开发挖掘城市人民公社"小历史"研究提供了方法论认识。重点关注城市人民公社"小历史",并将其呈现,不仅有利于城市人民公社历史的全面还原,而且还有利于拓宽学术视野、创新研究方法、增加学术增长点、培植学术新人等。

总而言之,迄今在城市人民公社历史资料整理与学术研究方面都取得了不俗成绩,尤其是《城市人民公社研究资料选编》(8 卷本)的问世,填补了该领域资料整理出版的空白。至此,能否认为城市人民公社历史研究就"船到码头车到站"?答案是否定的。因此,笔者有理由而且信心百倍地认为,无论是资料的收集整理与出版,还是学术研究,都存在着巨大的空间与潜力。虽然困难重重,但只要我们研究者坚守"衣带渐宽终不悔,为伊消得人憔悴"的治学精神,城市人民公社历史研究的明天就一定会是"众里寻他千百度。蓦然回首,那人却在,灯火阑珊处"。

总 目 录

第 一 卷

城市人民公社运动再研究

自著篇——

学生篇——

第 二 卷

城市人民公社档案资料（甲）

第 三 卷

城市人民公社档案资料（乙）

（一）省、市（地）级城市人民公社资料

（二）区（县）、社级城市人民公社资料

第 四 卷

城市人民公社档案资料（丙）

（一）省、市（地）级城市人民公社资料

（二）区（县）、社级城市人民公社研究资料

第　五　卷

城市人民公社档案资料（丁）

（一）省、市（地）级城市人民公社资料

（二）区（县）、社级城市人民公社档案资料

第 六 卷

城市人民公社报刊资料 (甲)

(一)《人民日报》

（二）《工人日报》

第　七　卷

城市人民公社报刊资料（乙）

（三）《大公报》

（四）《文汇报》

（五）《北京日报》

（六）《天津日报》

（七）《新华半月刊》

（八）《财经科学》

（九）《中国经济问题》

（十）《教学与研究》

第 八 卷

城市人民公社报刊资料（丙）

（十一）《前　线》

（十二）《人民音乐》

（十八）其他报刊

目　录

城市人民公社运动再研究

自著篇——

学生篇——

城市人民公社运动再研究

城市人民公社运动始末 *

对于农村人民公社运动人们都很熟悉,但对于城市人民公社运动就很陌生了。什么叫城市人民公社?当时认为:城市人民公社就是城市劳动人民在共产党和人民政府的领导下,自愿联合起来的社会基层组织,是改造旧城市、建设社会主义新城市的工具,是社会主义逐步向共产主义过渡的最好的组织形式①。它的要素是:组织生产全民化;家务劳动社会化与生活集体化;妇女的解放。城市人民公社运动在"大跃进"时期,确实是一场"汹涌澎湃、波澜壮阔的群众运动"②,是人民公社运动不可分割的组成部分。本文拟对城市人民公社运动发生、发展、消亡的历史过程作一初步的考察与梳理。

城市人民公社运动从开始到结束,大体经历了四个阶段。

一、1958 年 4 月到 1958 年 8 月,是城市人民公社建立的准备阶段。在中共八届三中全会和南宁会议上,毛泽东严厉批判了 1956 年的反冒进,并且提出要恢复多快好省的方针和《农业发展纲要四十条》。为了贯彻多快好省的方针,1958 年初的农村各地开展了大规模的兴修水利与农田基本建设,举办农业机械化事业和水利发电事业,相当广泛地出现了打破社界、乡界乃至县界,集中调拨劳力,实现连片协作、小社并大社的现象。农村人民公社已是含苞待放、呼之欲出。而城市也为公社的建立进行了一系列的准备工作。

第一,对城市个体、私营经济与私有出租房屋进行彻底的社会主义改造,

---

* 本文原刊于《中共党史资料》2003 年第 3 期。
① 北京市档案馆:1 号全宗,28 号目录,18 号案卷。
② 李颉伯:《工人阶级和城市人民公社》,《新华半月刊》1960 年第 9 期。

把它们纳入到国营或集体经济的轨道。1958 年 4 月,中共中央发出《关于继续加强对残存的私营工业、个体手工业和小商小贩进行社会主义改造的指示》。《指示》承认个体、私营经济在一定范围内的作用,但是又认为:它们"存在着很大的盲目性和资本主义的自发倾向,其中一小部分还是资本主义经济"。因此,要与资本主义自发势力进行斗争。《指示》严格规定:对资本主义性质的工业,原则上是不允许继续存在;对个体手工业户(除一些特种手工业外)都要组织他们加入手工业合作社;对小商小贩,要把他们组成合作小组、合作商店或者使他们成为国营商业的代购和代销人员①。到城市人民公社建立之前,大多数的个体手工业、小商小贩已转产过渡到地方国营工厂和合作社工厂,走上了集体化的道路。

与此同时,对城市残存的资本主义经济——私有出租房屋用"国家经租、依租定租"的办法进行了彻底的社会主义改造,把出租房屋交由国家统一管理和使用。所谓"国家经租、依租定租"就是房主把出租房屋交给国家房产管理部门统一管理、统一修缮和统一调配使用,而国家按月付给房主固定的租息,若干年后,出租房屋就归国家所有。这样可以起到由国家直接控制房屋实行统一经营管理的作用,而且将来也可以直接过渡为社会主义的全民所有制②。

第二,大规模调整职工宿舍,"向共产主义迈进一步"。1958 年上半年,一些工厂、矿山、企业对职工宿舍进行了大规模的调整,如阳泉市、鞍山钢铁厂等。大规模调整职工宿舍就是以厂、矿、坑口和车间等基层生产单位为中心,划分了住宅区。同一单位的领导干部、职工和家属,都集中到本单位的住宅区里去居住。党、工会和青年团组织,也搬到住宅区里去办公。同时,集体宿舍又按照不同的工种和班次分配。这样做主要是便于"把职工和他们家属的社会生活全面地组织起来;干部和群众能打成一片,使群众中的社会主义和共产主义的思想觉悟、道德风尚茁壮地成长起来"。调整职工宿舍"给工厂、城市的建设和改造提供了新的途径"。因此,《人民日报》发表社论给予充分的肯

---

① 中华全国手工业合作总社、中共中央党史研究室编:《中国手工业合作化和城镇集体工业的发展》第二卷,中共党史出版社 1994 年版,第 111—115 页。
② 《全面完成社会主义改造》,《人民日报》1958 年 8 月 6 日。

定:上述做法"将大大加速社会主义建设事业和向共产主义过渡的进程",为矿区建立"人民公社直接作了重要的准备"①。中共中央政治局候补委员康生视察阳泉时对以生产单位为中心调整职工宿舍给予很高评价:这种做法"为建立城市的人民公社创造了前提条件,为将来向共产主义过渡打下了基础"②。

第三,把全体街道居民组织起来,大办工业,兴办各种生活服务组织,组织生产服务合作社,作为"城市中组织人民公社的基础"③。1958年上半年以来,全国各行各业的"大跃进",已是日甚一日。为了适应"大跃进"的形势与全民大办工业的要求,各城市的街道居民、厂矿、企业、机关、学校、职工与干部的家属在党的领导下兴办了各种各样的工厂。其从业人员大多数是妇女。街道居民,以及工人的家属和闲散劳动力成立了各种生产小组,解决了社会生产劳动力不足的困难。但同时,也出现了一系列新的问题,妇女参加生产劳动以后,孩子没人带,饭也没人做,缝补浆洗也无暇顾及,于是街道党组织又开始酝酿与妇女参加生产相适应的生活服务组织,如公共食堂、幼儿园、托儿所、拆洗缝补等集体组织。在原来街道居民委员会的基础上,建立了生产服务合作社,把居民的生产、生活服务和居民工作全面地组织起来。如天津市在成立公社之前,就建立了生产服务合作社449个。上海不叫生产服务合作社而叫里弄委员会,其功能和性质与合作社基本相同。在城市人民公社化之前,上海的2300多个居民委员会,合并成为940多个里弄委员会,参加各项社会劳动生产的居民达85.6万人,约占里弄121.8万人的70%。

二、1958年8月到1960年2月,是城市人民公社的试办阶段。1958年5、6月间,毛泽东提出:"我们的方向,应当逐步地有次序地把工(工业)、农(农业)、商(交换)、学(文化教育)、兵(民兵,即全民武装)组成为一个大公社,从而构成中国社会的基本单位。"8月上旬,毛泽东到冀、鲁、豫三省视察。6日,

---

① 《向共产主义迈进一步——阳泉国营煤矿调整职工宿舍加强党的政治思想领导的经验》,《人民日报》1958年10月22日。
② 《向共产主义迈进一步——阳泉国营煤矿调整职工宿舍加强党的政治思想领导的经验》,《人民日报》1958年10月22日。
③ 郑季翘:《把街道居民组织到生产劳动中去》,《红旗》1958年第11期。

他在视察河南省新乡县七里营人民公社时说："看来，'人民公社'是一个好名字，包括工农兵商学"，公社的特点是"一曰大，二曰公"。9 日，毛泽东在山东视察时又指出："还是办人民公社好；它的好处是，可以把工、农、兵、学、商合在一起，便于领导。"①8 月 13 日，《人民日报》发表此消息后，农村转入小社并大社与直接办人民公社的热潮。这股热潮迅速波及城市，城里人由此受到了很大的启发和冲动。既然农村可以建立人民公社，城市也毫无疑问可以建立人民公社。郑州市纺织机械厂在河南省厂矿企业中最早举起了人民公社的红旗。这个公社在 1958 年 6 月开始筹建，8 月宣布成立。紧接着，郑州市管城区红旗人民公社于 1958 年 8 月 15 日正式成立。率先在农村实现人民公社化的河南省还是一马当先，在省辖的 9 个城市里建立了人民公社，到 11 月，全省 9 个省辖市共建立人民公社 356 个（后来为了适应"大"的要求，合并了不少），入社人数 2532390 人，参加公社的人员占这 9 个市总人口的 92.8%②，基本上实现全省城市人民公社化。在其他城市也先后建起了一些人民公社。当时颇有影响的哈尔滨市香坊人民公社于 1958 年 9 月 27 日建立。北京市石景山中苏友好人民公社是首都的第一个人民公社，于 1958 年 8 月建立。天津市第一个人民公社于 1958 年 9 月 19 日在鸿顺里诞生。阳泉矿区人民公社于 1958 年 10 月 1 日建立。据不完全（除新疆和云南外）统计，到 1960 年 3 月，在全国 168 个大中城市里先后建立了 598 个公社。公社人口达 1889.9 万人③。

上述试办起来的 598 个城市人民公社的组织形式基本上有三种类型：以大型国营厂矿为中心组织起来的公社 141 个，占 23.6%。如北京市石景山中苏友好人民公社是以国营大工厂为中心的人民公社，包括石景山钢铁公司、石景山发电厂以及特殊钢厂等十多个国营、地方国营大工厂和八宝山、古城、五里坨、西黄村四个农业生产大队④。以街道居民为主体加上一部分市郊农村生产大队组成的公社 423 个，占 70.7%。如河南省郑州市管城区红旗人民公

① 新华社：《毛泽东视察山东农村》，《人民日报》1958 年 8 月 13 日。
② 郑州市档案馆：1 号全宗，14 号目录，1085 号案卷。
③ 北京市海淀区档案馆：1 号全宗，112 号目录，127 号案卷。
④ 新华社：《北京石景山中苏友好人民公社全面跃进》，《人民日报》1960 年 4 月 9 日。

社就是以街道居民为中心组织起来的公社,共有 6 个分社,社员 18729 人。以机关、学校为中心组织起来的公社 34 个,占 5.7%①。如河南省郑州市七一人民公社,就是以省直机关职工和家属为主,吸收附近农村的农民组织起来的。这个公社有 62286 人(原始统计有误——笔者注),其中国家机关干部、学生就有 38941 人,占总人口的 62.5%;家属有 20884 人,占 33.6%;农民有 2542人,占 3.9%②。

对于城市人民公社的建立和发展,党中央、毛泽东一开始是谨慎的,保持了比较冷静的头脑。在农村已经公社化的情况下,城市人民公社还在试办,党中央主要是考虑到下列情况:第一,城市不同于农村,情况比较复杂;第二,城市中所有制的主要形式已经是全民所有制,工人阶级领导下的工厂、机关、学校(除一部分职工家属外),已经按照社会主义原则高度组织化了,因而城市人民公社将提出一些与农村不同的要求;第三,目前城市中的资本主义和知识分子中的许多人资产阶级思想还相当浓厚,对成立公社还有顾虑,应当等一等他们③。毛泽东对城市人民公社问题也明确批示要"采取积极的态度,在城市中试行人民公社"。④ 当然,试办不是不办,只是条件尚未成熟,"等到经验多了,原来思想不通的人也通了,再大量兴办起来"⑤。

"大跃进"、农村人民公社化运动引起一系列严重的后果。中央和地方的许多领导都在执行中觉察到了若干"左"的错误。从 1958 年 11 月第一次郑州会议开始,党中央、毛泽东召开了一系列会议纠正已经觉察到的"左"的错误。如纠正"共产"风、浮夸风;提出要"划清两种所有制的界限"、"反对急于过渡"等问题。但是还没有从根本上认识到"大跃进"、人民公社的错误。因此,纠"左"的局限性很大,也不可能从根本上消除"左"的错误。试办中的城

---

① 北京市海淀区档案馆:1 号全宗,112 号目录,127 号案卷。
② 河南省档案馆:AD 号全宗,H 号目录,16 号案卷。
③ 中共中央文献研究室编:《建国以来重要文献选编》第十一册,中央文献出版社 1995 年版,第 600 页。
④ 中共中央文献研究室编:《建国以来毛泽东文稿》第七册,中央文献出版社 1992 年版,第 517 页。
⑤ 中共中央文献研究室编:《建国以来重要文献选编》第十一册,中央文献出版社 1995 年版,第 600 页。

市人民公社和着纠"左"的节奏,在 1959 年进行了整顿。从北京的情况来看,主要是整顿"坏人坏事、违法乱纪、资本主义经营、贪污浪费、官僚主义"①。分三批进行,一月一批,1959 年底结束。

三、1960 年 3 月到 7 月,是城市人民公社化运动阶段。1959 年 7 月 2 日到 8 月 16 日,中共中央在庐山相继召开政治局扩大会议和八届八中全会,会议的前期是继续纠"左"。7 月 14 日,彭德怀给毛泽东写信,这封信被毛泽东误认为是"向党进攻"的右倾思潮。于是,毛泽东放弃纠"左",转而反击他认为已构成主要危险的右倾机会主义,错误地开展了对彭德怀和持有相同意见的黄克诚、张闻天、周小舟等人的批判。庐山会议中断了经济工作中继续纠"左"的进程,前期已被纠正的"左"的错误又重新抬头,致使国民经济形势进一步恶化。

在前两年"跃进"已经造成严重后果的情况下,1960 年 1 月 2 日《人民日报》刊登了《开门红 满堂红 红到底》的社论,提出:"1960 年是在过去两年连续大跃进的基础上争取更好更全面跃进的一年。"②1 月 17 日,中共中央在上海举行政治局扩大会议并确定 1960 年钢产量为 1840 万吨,同时提出要在 8 年内完成人民公社从基本队有制过渡到基本社有制的设想。毛泽东在会上的发言中进一步打气说:"人类历史 100 来万年中,资产阶级统治的 300 年是一个大跃进。资产阶级都能够实现大跃进,无产阶级为什么不能实现大跃进?"③

试办了一年多的城市人民公社在这种背景下迎来了高潮。1960 年 2 月下旬,中华全国总工会党组写了一份《关于哈尔滨市香坊人民公社的发展情况的报告》呈送党中央和毛泽东。1960 年 3 月 8 日,毛泽东在这份报告上写了这样的批语:一是肯定城市人民公社的出现是"不可避免的,也是很好的"。二是关于城市人民公社运动宣传的规定:"(北京、上海、天津、武汉、广州五个大城市)慢慢挂上公社牌子,则是可以的。除这五个大城市外,其他一切城市则应一切一律挂牌子,以一新耳目,振奋人心"。三是规定了具体的步骤:"上

---

① 北京市档案馆:1 号全宗,28 号目录,18 号案卷。

② 《开门红 满堂红 红到底》,《人民日报》1960 年 1 月 2 日。

③ 顾龙生编著:《毛泽东经济年谱》,中共中央党校出版社 1993 年版,第 512 页。

半年全国城市普遍试点，取得经验，下半年普遍推广"。而且要求"各城市应派一书记率领几个干部到哈尔滨、天津、郑州等处参观那里的人民公社"①。第二天，中共中央根据毛泽东批示的内容对全国总工会党组的报告作了更加详细的批示。批示内容如下：

一是肯定各种形式的人民公社在进行试办时表现了各自的优越性。中央认为对于城市人民公社的组织试验和推广，应当采取积极的态度。二是指出了城市人民公社实际上是以职工家属及其他劳动人民为主体，吸收其他一切自愿参加的人，在党委领导和职工群众的积极赞助下组织起来的。它是以组织生产为中心内容，同时组织各种集体生活福利事业和服务事业。三是对城市里富裕、有思想顾虑的人仍坚持"有所等待"的主张②。

1960年3月24日中共中央在天津召开会议。毛泽东就城市人民公社的问题作了重要讲话。他说："城市人民公社普遍化。不管大城市，中等城市，小城市，一律搞人民公社。这个问题，我在郑州会议的时候是右倾机会主义"③。毛泽东对城市人民公社的态度几乎转了180度的大弯。从1958年下半年以来，毛泽东对城市人民公社的问题处于一种想办又怕办的矛盾心理。之所以"想"，是城乡一起跑步进入共产主义是"大跃进"题中应有之义，正所谓"手心手背都是肉"；之所以"怕"，是怕出"毛病"，"怕刮'共产'风"。在1959年3月党中央召开的第二次郑州会议上，毛泽东曾力劝那些好事者们在城市不要搞公社化。但是后来的情况发生了变化，率先实现城市人民公社化的河南省并没有出"毛病"，紧跟其后的黑龙江省、河北省、重庆市都实现城市人民公社化，也"没有出事"。在矛盾被暂时掩饰的情况下，毛泽东认为，经过一年多试验的城市人民公社终于成功了。一块长期搁在他心里的"石头"终于落了地。这也成了毛泽东对城市人民公社从有分寸的支持到全力支持变化的依据。毛泽东的上述讲话预示着一场轰轰烈烈的城市人民公社化运动即将

---

① 中共中央文献研究室编：《建国以来毛泽东文稿》第九册，中央文献出版社1996年版，第54、55页。

② 中共中央文献研究室编：《建国以来重要文献选编》第十三册，中央文献出版社1996年版，第60页。

③ 顾龙生编著：《毛泽东经济年谱》，中共中央党校出版社1993年版，第516页。

正式开始。

　　1960 年 3 月 31 日,《人民日报》刊载了国务院副总理李富春《关于 1960 年国民经济计划草案的报告》,正式宣告:"现在,全国各城市正在大办人民公社",它"不仅有利于生产建设的发展,而且有利于城市社会生活的彻底改造"①。同一天,《人民日报》发表了《一定要继续跃进　一定能继续跃进》的社论,指出:"事实已经证明,城市人民公社同农村人民公社一样,具有伟大的生命力,它的成长将是我们实现 1960 年以及今后的继续跃进的一个新的重大的积极因素"②。

　　3 月 30 日至 4 月 10 日,全国人大二届二次会议在北京举行。在会上,许多代表特别是各大城市的主要负责人、各部委负责人、省委主要负责人通报了大办城市人民公社的情况。北京、上海、天津、武汉、广州五大城市的市委书记在大会发言中说,这五个城市"从 1958 年起开始试办了城市人民公社。一年多以来的实践,证明人民公社这种组织形式在大城市也是完全适合的,和农村人民公社一样,表现了它的巨大优越性","事实说明,城市人民公社不仅能促进生产高速度发展,而且还是彻底改造旧城市使之适合于现阶段的社会主义建设和未来的共产主义理想的重要工具……这五个城市今后首先办好以街道为中心的人民公社,同时也逐步办好以厂矿、机关、学校为中心的人民公社,逐步分批地实现全市的人民公社化"③。中华全国总工会副主席李颉伯在会上说:"全国各省、市、自治区,按照自愿的原则,已经建立了一批城市人民公社,公社人口近 2000 万人。河南、河北、黑龙江等省多数城市,已经基本上实现了人民公社化。现在,城市人民公社正在迅速地大量地成立起来,已经开始形成汹涌澎湃、波澜壮阔的群众运动。可以预料,在不太长的时间里,全国城市将基本上实现人民公社化。"④这些论证与发言,对城市人民公社化运动的开展起了推动作用。

---

① 李富春:《关于 1960 年国民经济计划草案的报告》,《人民日报》1960 年 3 月 31 日。
② 《一定要继续跃进　一定能继续跃进》(社论),《人民日报》1960 年 3 月 31 日。
③ 万里等:《建立城市人民公社具有伟大历史意义——北京、上海、天津、武汉、广州五大城市人民群众欢欣鼓舞迎接人民公社》,《人民日报》1960 年 4 月 10 日。
④ 李颉伯:《工人阶级和城市人民公社》,《新华半月刊》1960 年第 9 期。

党中央发出关于城市人民公社问题的批示,特别是毛泽东天津讲话以后,城市人民公社运动的发展达到了高潮。各城市的街道办事处、生产合作社纷纷合并而成为城市人民公社,变成"政社合一"的政权组织。里弄委员会、街道居委会变成了人民公社的分社。不到五个月的时间,全国的城市基本上实现了人民公社化。据中华全国总工会调查统计,截至1960年7月底,在全国190个大中城市里,已经建立了1064个人民公社。其中以国营厂矿企业为中心的435个,以机关、学校为中心的104个,以街道居民为主体的525个。公社人口已达5500多万,占上述城市人口总数的77%。城市中已有850多万闲散劳动力组织了起来(其中妇女劳动力达580多万人),约占上述城市闲散劳动力总数的87%。社办、街办的工业生产单位已达91000多个,从业人员320余万人;公共食堂已达76000多个,入伙人数1700多万人,加上国营企业、机关、学校办的食堂,共达170000多个,入伙人数4300多万人,占上述城市人口的60%;托儿所、幼儿园已达123000多个;服务站已达89000多个,服务人员65万多人①。

四、1960年8月至1964年下半年,是城市人民公社的整顿、缩减与消亡阶段。全国城市人民公社化运动带来了严重的后果:一是在大办社办工业和生活服务组织的过程中,招进了大批流入城市的农村人口为工人,造成城镇人口膨胀,增大了城市各种消费品供应的紧张局势。在大办城市公社工业的过程中,仅北京市就增加了18139人,占北京市生产服务人员总数的15.14%②。二是造成了有些群众对公社的对抗情绪,特别是原来有顾虑、有钱的那一部分人的恐慌,他们纷纷取出银行的存款。北京、上海、广州等大城市出现了抢购风,抢购风引起物价上涨,甚至"引起骚动"③。三是城市人民公社一哄而起,很多都是怕落后于形势,为了赶时髦,各方面都缺乏必要的前提和条件。因此,管理混乱、组织松散、经济困难等问题明显暴露出来。

1960年5月中旬,中华全国总工会党组召开各省、市、自治区工会主席会议。会上汇报和研究了两个多月来城市人民公社化运动发展的情况和工作中

---

① 中央档案馆:中央传阅档6/1076。
② 北京市档案馆:1号全宗,28号目录,33号案卷。
③ 《西方报刊对我人代会的反应》,《参考资料》1960年4月9日。

出现的一些问题,并针对问题提出了具体的建议。决定对城市人民公社进行必要的整顿和巩固工作。会议结束后,中华全国总工会党组向中共中央报送了《关于当前城市人民公社发展情况和几个问题的报告》。6 月 8 日,中共中央批转了这个报告,要求各地和有关部门"参照执行"①。

根据党中央的指示,各城市对公社进行了整顿。整社工作从 6 月中旬开始。当时认为,城市人民公社之所以出了问题,是因为阶级敌人的破坏与右倾保守,所以整顿是以"不断革命、持续跃进"为中心内容的"思想革命运动"。整顿的目的是"整顿和纯洁干部队伍","保证党对公社各项工作的绝对领导权"。以北京市宣武区的 7 个人民公社为例:这 7 个人民公社通过整社,先后共"撤换了干部 653 人,其中包括各类问题的人员和整社试点中揭露出的贪污分子及有嫌疑人员 46 人,坏分子 17 人,对其中情节严重的 10 人进行了处理,其余都下放农村劳动"②。

这次整顿持续了两个多月,到 8 月上旬基本结束。整社工作没有达到预期目标,情况愈来愈严峻。9 月 3 日,中华全国总工会党组向中共中央报送了《关于整顿和巩固城市人民公社问题的报告》,报告认为:现在各大中城市中可能组织的闲散劳动力,一般的已经基本上组织起来了,城市人民公社的各项事业也有了很大的发展。为了巩固这个时期大发展的成绩,切实地解决大发展过程中出现的一些新问题,城市人民公社一般应暂时停止发展。集中力量在今后四五个月内认真进行整顿和巩固工作,大体经过 3 年时间,把城市人民公社普遍地建立和健全起来③。9 月 18 日,党中央批转了这个报告,并希望各公社"参照办理"④。

在城市人民公社整顿和巩固的过程中,"大跃进"与农村人民公社化运动带来的严重后果在国民经济各个领域中突出地表现出来,经济形势十分严峻。面对这种形势,中共中央于 1961 年 1 月召开八届九中全会,决定对

---

① 蒋毅:《中华全国总工会七十年》,中国工人出版社 1995 年版,第 383 页。
② 中共宣武区委党史办公室等编:《北京市宣武区大事记》第一卷,中共党史出版社 1996 年版,第 85 页。
③ 李国忠主编:《中国共产党工运思想文库》,中国工人出版社 1993 年版,第 1206 页。
④ 中央档案馆:中央传阅档 7/10760。

国民经济采取"调整、巩固、充实、提高"的八字方针。这对城市人民公社的整顿朝着现实的方向发展起了重要作用。城市人民公社通过整顿明确了如下问题:

第一,城市人民公社的政权性质问题。当初的目标是要把城市人民公社办成一个"政社合一"的政权组织。根据几年的实践,证明要做到"政社合一"是困难的,甚至是不可能的。经过整顿后的城市人民公社实际上是以街道劳动妇女为主体的社会主义集体经济组织。公社是政社分开,不但是两块牌子,而且是两套人马,公社和街道办事处各有自己的工作对象和工作内容。

第二,关于所有制和社办工业问题。一是所有制问题。国营工业企业退出公社以后,社办工业实际上只剩下街道工业了。虽然社办工业是在国家和国营企业的大力支持下成长起来的,但是仍然是集体所有制的经济,而不是全民所有制经济。这是因为公社的生产资料,主要是依靠公社生产服务人员的劳动,依靠内部的积累购置起来的,国家和国营企业在公社成立时期支持的机器、设备和资金等,绝大部分已经作出偿还。二是社办工业问题。在大办城市公社工业初期,社办工业出现过生产方向不明、太多太滥、贪大求洋、质次价高等一系列问题。从1960年下半年开始,针对存在的这些问题进行了整顿,减少了不少社办工厂,明确了公社工业的生产方向是以生产小商品为主,质量也有所提高。以后,又从生产结构上进行了调整。

第三,公共食堂问题。在大办公社时,公共食堂一哄而起,它是作为生活集体化、家务劳动社会化的标志与共产主义因素的体现。从1960年6月开始到1961年底,经过几次整顿,进一步贯彻入伙自愿、退伙自由的原则,该合的合,该散的散,食堂入伙人数大大减少,伙食品质也有所提高。以北京为例,到1961年6月底,全市还有622个食堂,58750人入伙(入伙人数不包括工厂和托儿所食堂)①。

1961年6月19日,中共中央颁发了《关于城乡手工业若干政策问题的规定(试行草案)》(下称《规定》),明确了手工业生产合作社是手工业的主要组织形式,有些城市也可以以人民公社工业为主要组织形式。不论采取哪种组

---

① 北京市档案馆:1号全宗,28号目录,32号案卷。

织形式,原则上都要实行入社自愿、退社自由、经济民主、自负盈亏,反对不讲经济核算的"吃大锅饭"的做法,反对依赖国家包下来的"铁饭碗"思想①。《规定》下达后,有些城市人民公社的手工业与公社工业分开,归手工业局领导。另外,有许多家庭拖累较重,原来有思想顾虑的人也陆续退出了社办工业。

1961 年 9 月 15 日,中共中央在《关于当前工业问题的指示》中指出:"全民所有制的国营工业和集体所有制的城市人民公社,不能合在一起。已经合在一起的,必须分开。"②按照中央的指示,国营企业都退出了城市人民公社,这时候的城市人民公社就只有以机关学校为中心和以街道居民为主体的公社形式了。

1962 年 5 月 27 日,中共中央、国务院在《关于进一步精减职工和减少城镇人口的决定》中指出:"城市公社工业有 154 万人,同样有农村公社工业企业的那些弊病,基本应当停办。少数确实比较好的,就是消耗原料、材料、燃料少,成本低,品种合乎需要,产品质量好,劳动生产率高的,可以转为手工业合作社或者地方工业,逐步改归当地手工业和工业管理部门直接领导;其余的转为个体经营或者家庭副业。"③根据这个指示,城市人民公社对社办工业进行了整顿。但是各城市的做法不一样。有些城市人民公社遵照中央的精神把社办工业交给了手工业合作社,直接归手工业局领导,如沈阳市。而有的如天津市的做法是,先抓公社工业的关、停、并、缩改,后转手工业合作社。该市 51 个公社,有 762 个工厂,保留 403 个,占总数的 53%;关掉 359 个,占 47%。生产人员由 76853 人减为 9868 人。到 1964 年 3 月才转交给手工业合作社,归区手工业局直接领导。而北京城市公社工业到 1964 年 5 月还属公社领导,没有转交给手工业合作社。1964 年 4 月 28 日北京市委城市人民公社工作小组(1961 年 6 月成立,由一名副市长任组长,专门领导城市人民公社的工作)在

---

① 中共中央文献研究室编:《建国以来重要文献选编》第十四册,中央文献出版社 1997 年版,第 436 页。

② 中共中央文献研究室编:《建国以来重要文献选编》第十四册,中央文献出版社 1997 年版,第 627—628 页。

③ 中共中央文献研究室编:《建国以来重要文献选编》第十五册,中央文献出版社 1997 年版,第 464—465 页。

给市委的一份报告中说:"根据北京市的情况,如果不把公社工业交出,转合作社的办法,而用加强对公社工业的集中统一管理,坚持民主办企业,改进分配制度等办法,同样可以做到。"①

1962 年 10 月 6 日,中共中央、国务院颁发了《关于当前城市工作若干问题的指示》(下称《指示》),指出:有些城市人民公社或者街道举办的一些基础较好,确实适合需要的工业企业、修理服务单位以及托儿所、幼儿园、小学等,可以继续办下去,其中有条件的还可以吸收一部分闲散劳动力,参加生产和工作。《指示》下达后,对于那些凑数、追求"大"和"公"拉起来的修理服务生活组织、托儿所、幼儿园进行了整顿和裁减。

城市人民公社的社办工业有的转入手工业局,有的仍留在公社内;生活服务组织、托儿所、幼儿园等也大为减少。公社食堂也自然减少。据北京市委城市人民公社工作小组 1964 年 9 月 8 日的资料统计,截至 1964 年 6 月,北京市还有公共食堂 104 个,比 1960 年 9 月的 1836 个下降 94.4%。在 104 个食堂中,街道食堂 46 个,工厂食堂 58 个②。这个统计资料是北京市委城市人民公社工作小组统计的最后一份资料。收到最后一份档的时间是 1964 年 10 月 28 日,这份文件是 1964 年 10 月 23 日酒仙桥公社党委写给"市委工委公社小组的一份关于撤销管理区,改变公社管理体制的请示报告"③。到此为止,北京市委城市人民公社工作小组完成了它的历史使命。这就意味着北京城市人民公社运动走到了终点。在笔者目前查到的城市人民公社运动的材料当中,北京城市人民公社运动持续时间最长,结束最晚。权且把它作为城市人民公社运动彻底消亡的标志。这虽然有以偏概全之嫌,但也确实具有代表性。

城市人民公社运动结束了它短暂的历程,并且是以失败而告终。这种结局,一开始便注定了,不可避免。过分地夸大人的主观能动性在改变生产关系过程中的作用是导致这场悲剧发生的主要原因和深刻教训。

---

① 北京市档案馆:1 号全宗,28 号目录,45 号案卷。
② 北京市档案馆:1 号全宗,28 号目录,45 号案卷。
③ 北京市档案馆:1 号全宗,28 号目录,47 号案卷。

对北京城市人民公社历史的考察[*]

北京城市人民公社是全国城市人民公社的重要组成部分。北京是城市人民公社坚持得最久的城市之一,而且创造了一种城市人民公社的新模式。

什么叫城市人民公社? 当时北京市制定了《北京市城市人民公社试行简章(草案)》(下称《简章》)。《简章》在总则中规定:城市人民公社是城市劳动人民在共产党和人民政府的领导下,自愿联合起来的社会基层组织。它是一种没有私有制残余,实现财产共有制度,作为桥梁逐步过渡到共产主义的城市社会基层组织,同时也是共产主义社会城市的基本单位;它的主要任务是尽可能地发展生产、最大限度地组织城市居民参加集体生产劳动与集体生活。

北京城市人民公社从开始到结束的全过程,和全国城市人民公社及其运动一样经历了准备、试办、公社化、整顿与消亡四个阶段。

1958 年上半年至 1958 年 8 月:北京城市人民公社的准备阶段

这一阶段主要是做了两件事。

第一,对私有出租房屋进行社会主义改造,彻底铲除私有制的残余,把它们纳入到北京市房屋直接经营管理的轨道。

北京对私有出租房屋改造的形式同全国其他城市一样,采用"国家经租、依租定租"的形式。也就是房主把出租的房屋交给国家房产管理部门统一管理、统一修缮和统一调配使用,国家按月付给房主固定的租息。"国家经租、依租定租"的形式不仅适合于私房改造,"而且将来也可以直接过渡为社会主义的全民所有制"①。北京市对私有出租房屋的改造,于 1958 年 7 月底 8 月

---

* 本文原刊于《北京党史》2005 年第 1 期,2007 年全文转载于由中共北京市委党史研究室编的《除旧布新·曲折探索》一书。

① 《全面完成社会主义改造》,《人民日报》1958 年 8 月 6 日。

初基本完成。

第二,把城市居民和闲散劳动力组织起来,大办街道工业。兴办各种生活服务组织。1958 年上半年开始,全国各行业的"大跃进"已是日甚一日。1958 年 9 月,北京市委成立了北京市街道工作委员会,各街道相应成立了街道党委会,专门组织和领导街道居民的生产和集体生活。

1958 年底,北京市 4 个城区(崇文、宣武、东城、西城)共有居民 190 多万人,"大跃进"以来参加工厂、企业作学徒工、壮工与售货员的有 31200 多人,留在街道上的劳动力 220471 人(96% 是家庭妇女),已经参加街道各种生产和福利事业的 114486 人,占劳动总数的 52%,参加各项生产的 97433 人,集中生产的 47727 人,分散生产的 49706 人。①

随着街道居民组织生产高潮的出现,街道食堂也大量兴办起来。1958 年 6 月,街道开始组织生产时就建立了公共食堂。1958 年 7 月 10 日,北京市召开了全市街道居民"大跃进"大会,全市组织了 330 个食堂,有 199 名工作人员,7700 人入伙。1958 年底,食堂发展到 896 个,有 2816 名工作人员,59700 人入伙。② 至此,街道居民基本上组织起来了,这就为城市人民公社的建立奠定了基础。用当时《北京日报》的话说叫作"水到渠成,瓜熟蒂落"。③

1958 年 8 月至 1960 年 3 月:北京城市人民公社的试办阶段

1957 年冬,全国兴起了大搞农田水利建设的热潮,并出现跨越社乡县的协作行为,毛泽东对此很赞赏,认为大社人多力量大,可以办一些大的事业。1958 年 3 月的成都会议又发出了小社并大社的意见,要求把小型农业合作社合并为大型合作社。之后,各地出现了小社并大社的热潮。

正当农村小社并大社之际,毛泽东提出:"我们的方向,应该逐步地有次序地把工(工业)、农(农业)、商(交换)、学(文化教育)、兵(民兵,即全民武装)组成为一个大公社,从而构成我国社会的基本单位。"1958 年 8 月上旬,毛泽东在冀、鲁、豫三省视察。8 月 6 日他在视察河南省新乡县七里营人民公社

---

① 北京市档案馆:1 号全宗,28 号目录,13 号案卷。
② 北京市档案馆:1 号全宗,28 号目录,32 号案卷。
③ 《首都的第一个城市人民公社——石景山中苏友好人民公社调查报告》,《北京日报》1960 年 4 月 9 日。

时说:"看来,人民公社是一个好名字,包括工农兵商学",公社的特点是"一曰大,二曰公"。8月9日,毛泽东到山东视察,听取省委书记处书记谭启龙汇报历城县北园乡准备办大农场时说:"不要搞农场,还是办人民公社好,和政府合一了,它们的好处是,可以把工农商学兵合在一起,便于领导。"①毛泽东视察三省农村的情况,新华社很快作了报道,"人民公社"的名字立即传遍全中国。而农村掀起了小社并大社直接办人民公社的热潮。这股热潮迅速传到城市。城里人由此受到了很大启发,既然农村可以建立人民公社,城市也同样可以建立人民公社。北京率先举起城市人民公社红旗的是石景山钢铁厂。1958年8月,首都第一个城市人民公社——石景山中苏友好人民公社诞生了。"石景山中苏友好人民公社的总面积是75平方公里。包括石景山钢铁公司、石景山发电厂、特殊钢厂等十来个国营、地方国营大工厂和八宝山、古城、五里坨、西黄村等农业生产大队。总人口中,农民占14%左右,职工和他们的家属以及少数商业、服务业、手工业、文教卫生事业人员占86%左右"。② 石景山人民公社是以国营大工厂为中心组织起来的城市人民公社。

北戴河会议之后,全国农村掀起了公社化高潮,到1958年9月底,全国74万个农业生产合作社改组成2.6万个人民公社。农村实现了人民公社化。在全国农村实现公社化的过程中,北京市在"城区4个重点办事处的试点"③的基础上相继成立了4个公社,它们是:宣武区椿树人民公社、崇文区体育馆路人民公社、东城区北新桥人民公社、西城区二龙路人民公社。这几个公社基本是以街道居民为主体组织起来的。

在毛泽东"试办"思想的指导下,1959年北京的城市人民公社没什么发展,停留在原来的基础上。而上述试办的几个人民公社,1959年进行了整顿,整顿的内容是"坏人坏事、违法乱纪、资本主义经营、贪污浪费、官僚主义"。④整社分三批进行,到1959年底结束。

---

① 新华社:《毛泽东视察山东农村》,《人民日报》1958年8月13日。
② 《首都的第一个城市人民公社——石景山中苏友好人民公社调查报告》,《北京日报》1960年4月9日。
③ 北京市档案馆:1号全宗,28号目录,32号案卷。
④ 北京市档案馆:1号全宗,28号目录,18号案卷。

1960 年 3 月至 5 月：北京城市人民公社化运动阶段

1960 年 3 月 9 日，中共中央下发了《关于城市人民公社问题的批示》（下称《批示》）。《批示》内容如下：一是肯定各种形式的人民公社在进行试办时表现了它们的优越性。中央认为对于城市人民公社的组织试验和推广应当采取积极的态度。二是指出了城市人民公社实际上是以职工家属及其他劳动人民为主体，吸收其他一切自愿参加的人，在党委领导和职工群众的积极赞助下组织起来。它是以组织生产为中心内容，同时组织各种集体生活福利事业和服务事业。三是对城市里经济富裕、有思想顾虑的人仍坚持"有所等待"的主张。《批示》特别强调："关于组织城市人民公社的消息都不要登报，也不要组织群众性的庆祝游行。"①

1960 年 3 月 31 日，《人民日报》刊载了国务院副总理李富春《关于 1960 年国民经济计划草案的报告》，正式宣告："现在，全国各城市正在大办人民公社。"同一天，《人民日报》发表了《一定要继续跃进　一定能继续跃进》的社论，社论断言："城市人民公社运动的新的巨大的发展，是一个有伟大历史意义的事件，它不仅将使城市家庭妇女从家务劳动中解放出来，为城市生产建设事业的发展创造更有利的条件，而且是城市中进一步组织人民经济、文化生活和彻底改造旧城市的很好的组织形式。事实已经证明，城市人民公社同农村人民公社一样，具有伟大的生命力，它的发展将是我们实现 1960 年以及今后的继续跃进的一个新的重大的积极因素。"②从此，各大报刊用醒目的标题宣传城市人民公社的消息，介绍黑龙江、河南、重庆等地一些城市实现公社化的典型材料。这样不仅冲破了中央 1960 年 3 月 9 日批示中关于城市人民公社不要登报的精神，而且给各城市造成了一种巨大的政治压力。

1960 年 4 月 1 日上午，中共北京市委召开了城郊区街工委书记会议，会议主要讨论北京城市人民公社的具体实施办法。

根据会议精神，北京市采取了两条具体措施，一是加大宣传力度，二是实际行动。在宣传方面：一方面，在报上大张旗鼓地宣传。1960 年 4 月 9 日，《北

---

①　中共中央文献研究室编：《建国以来重要文献选编》第十三册，中央文献出版社 1996 年版，第 59—60 页。

②　《一定要继续跃进　一定能继续跃进》（社论），《人民日报》1960 年 3 月 31 日。

京日报》报道了首都第一个城市人民公社——石景山中苏友好人民公社的典型事迹。同一天,《人民日报》以《北京石景山中苏友好人民公社全面跃进》为题把该公社作为典型推向社会。当日,《文汇报》也以《石景山中苏友好人民公社显示无比优越性和生命力》为题进一步宣传该公社。

另一方面,中共北京市委将一份《关于城市街道人民公社工作问题的报告》(下称《报告》)呈报给毛泽东和党中央。《报告》反映了北京市委如何组织城市人民公社的7个问题:(一)首先组织生产,然后组织生活。(二)首先组织城市的"贫农、下中农",即首先组织经济上需要和政治上有觉悟的人入社。(三)在开始组织公社的时候,不要贸然打乱城市政权的基层组织系统,如派出所、街道办事处、居民委员会等。在公社还没有严密地把城市一切居民用新的形式组织起来的时候,就首先把这些原有的专政机构和秩序打乱,是有害无益的,它只会对专政的物件有利。因此,我们决定暂时都按街道办事处的范围组织街道公社(每个社约5万到8万人),建立党委统一领导,并且在行政上实际建立政社合一的领导,但不对外宣布。(四)目前,街道公社应该单独办,一般地不要同机关、工厂、大专学校合起来办。原因是后者条件不同,享受的待遇不同,收入也有差别。(五)北京街道公社的所有制,现在占统治地位的,实际上是全民所有制。(六)公社工资水平,应加以控制,不要过高。(七)打算在所有公社正式宣布成立,并且加以整顿巩固后,今后再发展一批。① 中共中央批转了中共北京市委这个报告,在批示中对这个报告充分肯定,高度赞扬。批示中肯定:"北京市委关于城市街道人民公社工作问题的报告很好。报告中所提出的政策、步骤等问题,对目前正在发展城市人民公社的地区是有着普遍的指导意义的。特将北京市委的报告转发各地,希望很好地研究并参照执行。"②

在实际工作中,各个街道成立公社的工作紧锣密鼓地进行。从1960年4月9日至4月14日,新建了12个城市人民公社。《北京日报》③在头版登载了此消息。这12个公社是:福绥境、前门、交道口、新街口、西长安街、厂桥、安

---

① 湘潭市第二档案馆:2号全宗,1号目录,27号案卷。
② 湘潭市第二档案馆:2号全宗,1号目录,2号案卷。
③ 《本市又建立十二个城市公社》,《北京日报》1960年4月16日。

定门、龙潭、德胜门外、丰盛、天坛、东花市公社。

同年 4 月 23 日,北京市最后一批公社宣布成立。这些公社是:东城区朝阳门公社、东四人民公社、和平里人民公社,崇文区永定门外公社、崇文门外人民公社,宣武区白纸坊人民公社、天桥人民公社,西城区展览馆路人民公社。到此为止,全市共建立城市人民公社 38 个,基本上实现了北京市的人民公社化。其中 1958 年建立的 6 个。1960 年 4 月份以来建立的 32 个。以大工厂为中心的 3 个(石景山、清河、酒仙桥),以街道居民为主体的 35 个。4 个城区原拟建立 34 个公社,除月坛一个单位外,其余 33 个均已全部建立。4 个郊区(门头沟、海淀、丰台、朝阳)共建立了 5 个公社。各公社基本上按街道办事处的范围建立,一街一社。38 个公社共有人口 249 万人,平均每社 6.5 万人,其中人口在 5 万人以下的 7 个,5 万至 10 万人的 29 个,10 万人以上的 2 个。公社和街道办事处是两块牌子、一套干部,实际上是政社合一。

已经建立的 38 个公社,共有适龄闲散劳动力 34.1 万余人,其中已组织起来的 24.3 万人,占 71%。全市公社共有工业生产组织 3422 个,生产人员 17.9 万余人。其中工厂 906 个,生产人员 11.2 万余人;生产小组 2516 个,生产人员 6.7 万余人。全市公社办的托儿组织 2883 个,收托儿童 14.9 万余人;食堂 3533 个,就餐人数 32.9 万余人;服务组织 2432 个,服务人员 2.6 万余人。[①]

办社高潮过后,中央对城市人民公社曾经有指示,暂停发展。但是北京市还有一些街道尚未建立公社,所以在 1960 年 5 月以后是边整顿、边发展。到 1960 年底,北京的城市人民公社由 38 个发展到 48 个。[②]

1960 年 6 月至 1966 年:北京城市人民公社整顿和消亡阶段

北京建立城市人民公社也是一哄而起,不到一个月的时间,就基本实现了城市人民公社化。公社化造成了许多严重的后果:一是在大办社办工业和生活服务组织的过程中,招进了大批流入城市的农村人口为工人,造成城镇人口膨胀,增大了城市各种消费品供应的紧张局势。北京市共增加了 18139 人,占

---

① 北京市档案馆:1 号全宗,28 号目录,23 号案卷。
② 北京市档案馆:1 号全宗,28 号目录,34 号案卷。

生产服务人员总数的 15.14%。① 二是造成了有些群众对公社的对抗情绪,特别是原来有顾虑、有钱的那一部人怕"共产",怕公共食堂。于是,纷纷取出银行存款,将钱购买大量的食品,甚至是抢购。抢购风引起物价上涨,物资供应进一步紧张。三是城市人民公社一哄而起,各方面都缺乏必要的前提和条件。因此,管理混乱、组织松散、经济困难等问题明显暴露出来。

根据党中央整顿城市人民公社的指示,北京城市人民公社进行了内部整顿。北京市委认为:城市人民公社存在着各种问题是因为"首先是部分生产、服务单位领导成分严重不纯",公社的领导权没有绝对掌握在党的手里。"其次是有些生产、服务单位,在经营方针上存在比较严重的资本主义倾向。""第三,贪污浪费问题。"同时认为"这些问题只是好形势中一个指头的问题,但是危害性很大,必须及时加以解决"②。

整顿的内容:"纯洁领导成分,反对资本主义经营倾向,反对贪污浪费"等。根据这些情况,北京市从 1960 年 5 月开始对公社基层领导人员和重要部门工作人员普遍进行了政治审查和整顿清理。据 4 个城区调查,在 32972 个领导人员和重要部门工作人员中,有五类分子、伪军政警宪人员、资本家及其他有各种政治历史问题的 4947 人,占被审查人员的 15%。其中需要撤换的 3888 人,占被审查人数的 11.8%。到 1960 年 6 月下旬为止已撤换了 3165 人,占应撤人员的 81%。以后陆续进行了撤换。③

这次整社持续了两个多月,到 1960 年 8 月上旬基本结束。整社工作没有达到预期目标,国民经济形势愈来愈严峻。1960 年 9 月中央又要求:集中力量在今后四五个月内认真进行整顿和巩固工作,大体经过三年时间,把城市人民公社普遍地建立起来。④ 根据这个精神,北京市规定整社的内容是:"向全体社员进行社会主义与共产主义教育,开展两条道路的斗争,反对坏人的破坏活动,反对贪污盗窃,反对资本主义经营,反对铺张浪费,反对官僚主义,以达到纯洁队伍,树立'贫农、下中农'领导优势,提高社员政治觉悟,改进领导作

---

① 北京市档案馆:1 号全宗,28 号目录,33 号案卷。
② 北京市档案馆:1 号全宗,28 号目录,23 号案卷。
③ 北京市档案馆:1 号全宗,28 号目录,34 号案卷。
④ 李国忠主编:《中国共产党工运思想文库》,中国工人出版社 1993 年版,第 1206 页。

风,提高企业管理水平,使城市人民公社从政治上、思想上、组织上、制度上进一步巩固起来。"①

中共中央于 1961 年 1 月在北京召开八届九中全会,决定对国民经济采取"调整、巩固、充实、提高"的八字方针。"八字方针"的提出成为国民经济起死回生的转折点,也为真正调整与纠正城市人民公社问题上的"左"倾错误与过急行为起到了极其重要的作用。

"八字方针"颁布后,整顿城市人民公社由整顿领导不纯与经营性质问题转到了有关检查、认识与纠正公社几个带根本性、方向性的问题上。

1961 年,毛泽东提倡大兴调查研究,又把该年叫作"实事求是年"。北京市城市人民公社工作小组通过调查研究,重新认识了城市人民公社,对城市人民公社的定位低调了许多,而且纠正一些过去认为是非常正确的"左"的行为。

第一,城市人民公社的政权性质问题。在过去的一段时期内,曾经把城市人民公社实质上搞成一个政社合一,由社会主义逐步向共产主义过渡的基层单位。根据几年的实践与经验,在当时的情况下,这样做是有困难的,甚至是不可能的。这主要是由于当时的城市人民公社只包括城市人口中的很少一部分,在大多数城市人口特别是作为政权领导阶级的广大职工未入社的情况下,不可能也不应该行使政权组织的职能。因此,"目前各公社实际上仍然是政社分开,不但是两块牌子,而且是两套人马,公社和街道办事处各有自己的工作对象和工作内容。现阶段的城市人民公社基本上是一个以街道劳动为主体的社会主义经济组织"②。

第二,所有制性质问题。原来认为,城市人民公社是以全民所有制为主体,集体所有制是很小的一个成分,并且要迅速将集体所有制过渡到全民所有制,实现共产主义。根据几年的实践证明,这是根本无法达到而又不可企求的空想。因而认为:"公社集体所有制是主要的,公社以下集体所有制是部分的,公社领导下的个体所有制,是社会主义经济的必要补充。"③

---

① 北京市档案馆:1 号全宗,28 号目录,23 号案卷。
② 北京市档案馆:1 号全宗,28 号目录,34 号案卷。
③ 北京市档案馆:1 号全宗,28 号目录,34 号案卷。

第三,公共食堂问题。在大办公社时,公共食堂一哄而起。采取没收购粮本、鸣放、辩论等强迫手段要求社员参加公共食堂,公共食堂曾经当作必须坚守的"社会主义阵地"而勉强维持。同时,公共食堂也是作为生活集体化、家务劳动社会化的标志与共产主义因素的体现而盛行一时。从1960年6月到1961年底,通过几次整顿,真正贯彻入伙自愿、退伙自由的原则,该合的合,该撤的撤,至1961年6月底,北京40多个城市人民公社里还有622个食堂,48750人入伙(入伙人数均不包括工厂和托儿所食堂)。① 截止到1964年6月,全市还有公社食堂104个,比1960年9月的1836个下降了94.4%,104个公社食堂中,有街道食堂46个,工厂食堂58个。全市除东城、西城、宣武三个区外,其余各区都已没有街道食堂。②

第四,集体生活福利问题。原来认为,把街道居民组织起来参加集体生活能促进家务劳动的集体化和社会化,还能实现妇女的真正解放,是真正的共产主义开始。公社初期,组织起来的生活服务组织不讲经济核算,实行由公社包起来的办法。这样,不但没有使生活服务组织健康发展,反而出现了"助长了工作人员的依赖思想,不关心经济核算,许多单位赔钱"③的不良局面。通过几次整顿,树立了有利于生产、方便群众、服务于劳动者的经营方针,贯彻自愿参加、独立核算、自给自足的原则。该撤的撤、该并的并。如1960年6月全市托儿组织有2883个,1965年上半年北京城市人民公社社会主义教育运动时下降到505个,下降了82.4%,入托的儿童由14.9万余人减少到5227人,下降了96%。这些托儿所、幼儿园是在公社管理和领导之下,和现在的托儿所、幼儿园已经没有本质上的区别了。

第五,关于社办工业问题。当时的指导思想是:公社办工业是实现由社会主义过渡到共产主义的必要手段,通过大办工业为过渡到共产主义奠定雄厚的物质基础。过去公社办工业也是一哄而起,因而存在着方向不明确、太多太滥、贪大求洋、质次价高等诸多严重问题。北京市从1960年下半年开始对公社工业进行了整顿。从1961年下半年开始,又根据中央关于精简城镇人口的

---

① 北京市档案馆:1号全宗,28号目录,32号案卷。
② 北京市档案馆:1号全宗,28号目录,32号案卷。
③ 北京市档案馆:1号全宗,28号目录,34号案卷。

指示,动员了几批约 2000 多名有条件还乡的生产人员回去参加农业生产。同时还清理了公社工业和国营企业之间的经济关系,建立和健全了一些企业管理制度。

1962 年 5 月 27 日,中共中央、国务院在《关于进一步精减职工和减少城镇人口的决定》中指出:"城市公社工业有 154 万人,同样有农村公社工业企业的那些弊病,基本应当停办。少数确实比较好的,就是消耗原料、材料、燃料少,成本低,品种合乎需要,产品质量好,劳动生产率高的,可以转为手工业合作社或者地方工业,逐步改归当地手工业和工业管理部门直接领导,其余的转为个体经营或者家庭副业。"①根据中共中央这个指示,各地城市人民公社对社办工业采取了相应的措施,进行了整顿。而北京城市公社工业到 1964 年 5 月还属公社领导,没有转交给手工业合作社。北京城市人民公社与社办工业自始至终,相伴相随。

第六,关于"四清"运动问题。1965 年 3 月 13 日,北京市委下发了《北京市城市人民公社和街道居民社会主义教育运动部署设想(草稿)》(下称《设想》)。《设想》的内容是:(一)工作对象和范围包括公社机关、公社企事业单位的干部、生产服务人员以及街道居民。涉及全市近郊七个区和石景山办事处共有人民公社 44 个和没有成立人民公社的办事处 24 个,干部 2207 人。(二)运动的时间和工作部署,全市计划分四批(每批 17 个公社和办事处),第一批拟从 1965 年 8 月开始。每批大约用 5 个月的时间,预计 1967 年上半年搞完。具体分为三个阶段:一是学习 23 条,干部洗澡下楼"放包袱";二是"四清";三是建设。②

北京城市人民公社的"四清"运动首先在宣武区椿树人民公社试点。在试点中清查出贪污盗窃、投机倒把的有 76 人,贪污、盗窃、投机倒把金额 2.1 万元,其中 1000 元以上、5000 元以下的 4 人。"清查出逃亡、漏划等长期隐藏的地、富、反、坏分子 26 人。"③

---

① 中共中央文献研究室编:《建国以来重要文献选编》第十五册,中央文献出版社 1997 年版,第 464—465 页。

② 北京市宣武区档案馆:15 号全宗,150 号案卷。

③ 北京市宣武区档案馆:15 号全宗,9 号案卷。

　　北京城市人民公社的"四清"运动在试点以后,是否按照其《设想》进行,笔者再没有找到这方面的材料来论证这一点,不仅如此,有关北京城市人民公社1965年9月以后的其他材料,笔者找遍了北京市的有关地方,都没有发现。是不是北京城市人民公社到此结束? 按理说,应该不会。因为它不会这么戛然而止。有人说,北京的城市人民公社延续到了"文化大革命"中建立各级"革命委员会",取代了城市人民公社和街道办事处。这种说法应当说有一定的道理。因为从1966年开始了"文化大革命",起初,北京市的各级政权几乎瘫痪,这一段的档案材料基本上处于断层,无从查起。

　　不管怎样说,北京的城市人民公社在全国各个城市中,尤其是大城市里坚持时间最长,管理和领导比较严密,并具有其特色。但是,北京城市人民公社还是逃脱不了短命与消亡的结局,这种结局一开始就注定了,其原因是:过分地夸大人的主观能动性在改变生产关系过程中的作用。我们应当吸取这个深刻的历史教训。

"人民公社"概念考析*

对于"人民公社"一词,人们是耳熟能详的。在学术界对于人民公社的研究可说是风生水起,轰轰烈烈,成为中共党史研究领域中的"一大显学"①。纵览其研究成果,相当多的学者对于"人民公社"概念的使用与表述并不如人意,甚至混乱。本文将就此进行揭示与考析。

一、"人民公社"表述的误区

第一,"人民公社"概念表述混乱。

有些学者在其研究农村人民公社问题的著作与论文中,把"人民公社"与"农村人民公社"混为一谈,想怎么用就怎么用。例如有一篇文章为《怎样理解人民公社化运动的影响》②,文章论述的是"人民公社化运动严重束缚了广大农民的自由"、"人民公社化运动消灭了竞争,影响了农民对技术进步的要求追求"、"人民公社化运动严重降低了农民的生活水平"。很显然,作者把"人民公社"与"农村人民公社"、"人民公社化运动"与"农村人民公社化运动"完全等同起来,而对于"城市人民公社"、"城市人民公社化运动"是一无所知。又如,《人民公社分配体制的思考》③一文,论文的题目是对于"人民公社"分配体制的思考,文章自始至终论述的是农村人民公社的分配制度。对

＊　本文原刊于《湘潭大学学报(哲学社会科学版)》2012 年第 2 期。

① 吴志军:《人民公社宏观史研究的学术史分析》,《北京党史》2010 年第 2 期。
② 郭友刚:《怎样理解人民公社化运动的影响》,《历史学习》2008 年第 1 期。
③ 刘丽等:《人民公社分配体制的思考》,《安徽农业科学》2008 年第 1 期。

于城市人民公社的分配制度丝毫没有思考。尤其值得指出的是,文中又有几处表述指的是"人民公社"的分配制度。这表明作者们对"人民公社"的真正涵义缺乏了解,把"农村人民公社"与"人民公社"完全等同起来。又如《人民公社化运动及人民公社问题研究综述》①一文也有类似的问题,这篇文章的学术价值暂且不论,值得称道的是大标题与小标题始终保持了逻辑上的一致,论题是《人民公社化运动及人民公社问题研究综述》,小标题说的是"人民公社化运动的由来""人民公社化的严重后果""人民公社体制的演变过程"等。但从论述的内容来看,也没有涉及城市人民公社化运动与城市人民公社问题。而且在文章中时而指"人民公社",时而指"农村人民公社"。总之,表述比较随意。还有《试探人民公社实践的教训》②《人民公社备忘录》③,还有《人民公社化运动研究刍论》《人民公社研究概述》等,诸如此类,不胜枚举。

论文如此,著作亦如此。就拿《人民公社狂想曲》④《人民公社化运动研究》⑤两本著作来说吧,这两本书虽均以人民公社命名,却主要探讨与阐述的是农业集体化运动到农村人民公社化运动的过程及其因果关系,而城市人民公社的内容难以寻觅。还有许多,这里就不赘述了。

第二,对"人民公社"的定义以偏概全。几乎所有词典对"人民公社"的定义都存在此问题。本人仅以《现代汉语词典》为例。因为它出了 7 版(截至2008 年 6 月,包括试用本),发行量巨大,使用频率较高,影响更深广。《现代汉语词典》关于"人民公社"一词作了这样的定义:"人民公社"是"1958—1982 年我国农村中的集体所有制经济组织,在高级农业生产合作社的基础上建立,实行各尽所能、按劳分配的原则。一般一乡建立一社、政社合—……"⑥《档案天地》2009 年第 2 期刊载了潘淑淳题为《人民公社》的文章,文章一开

---

① 张寿春:《人民公社化运动及人民公社问题研究综述》,《当代中国史研究》1996 年第 3 期。
② 张雅丽:《试探人民公社实践的教训》,《毛泽东思想研究》2000 年第 6 期。
③ 李梅芳:《人民公社备忘录》,《当代经理》(下旬刊)2006 年第 6 期。
④ 林蕴晖、顾训中:《人民公社狂想曲》,河南人民出版社 1995 年版。
⑤ 安贞元:《人民公社化运动研究》,中央文献出版社 2003 年版。
⑥ 中国社会科学院语言研究所词典编辑室编:《现代汉语词典》,商务印书馆 2006 年版,第 1146 页。

头给"人民公社"下了这样的定义："人民公社,即农村人民公社,中国农村中同基层政权机构相结合的社会主义集体所有制的经济组织,也是农村社会的基层单位。"①按照上述定义,不仅可以断定"人民公社"只有"农村人民公社"一种形式,而且"人民公社"等于"农村人民公社"。

二、"人民公社"称谓的由来及拓展

上述关于"人民公社"概念的表述与定义既不严谨,也不科学,非常不妥当。因为人民公社不仅仅只有农村人民公社,还有城市人民公社。"人民公社"一词源于农村,后来拓展到城市,对"人民公社""农村人民公社""城市人民公社"的表述在当时的中央文件里是非常准确的。

第一,"人民公社"最初特指"农村人民公社"。

"公社"这个名称在马克思主义先哲们的著述里经常使用,而且是一个非常响亮的名词,空想社会主义者们也没少用。但是把它称为具有中国特色的"人民公社",这是河南人的创造。"人民公社"的称谓确实起源于农村。在"公社"前冠以"人民",还颇费了一番周折。

我国第一个农村人民公社——嵖岈山卫星人民公社是这样出炉的。

嵖岈山,在河南省遂平县西 10 余公里处,现为 4A 级景区。"人民公社"就诞生在这里。1958 年 4 月 16 日上午,遂平县委把原鲍庄、杨店、槐树和土山这四个小乡的二十七个高级农业生产合作社合并成了一个大社。合并后的大社的名称怎么定呢? 当时遂平县委农工部部长陈丙寅认为:"咱们办大社是向苏联老大哥学习的,他们有集体农庄,咱们的大社也该叫集体农庄。"遂平县委副书记赵光说:"起名字要带点先进性,苏联的卫星上了天,引得人人都朝天上看,应在集体农庄之前加上卫星二字才带劲。"最后大家一致同意定名为卫星集体农庄,这就是"农村人民公社"的最初模型。

卫星集体农庄成立的消息不胫而走。时任中共中央书记处书记、国务院副总理谭震林,正在河南指导工作并获此消息,便迫不及待要弄个水落石出。

---

① 潘淑淳:《人民公社》,《档案天地》2009 年第 2 期。

5月5日,他在省委会议室里接见了"卫星集体农庄"的倡导者遂平县委主要负责人并听取汇报,陪同旁听的还有新乡县七里营的农民代表。汇报结束后,谭震林说:"你们建立的集体农庄……依我看倒是和巴黎公社差不多(娄本耀听到此处,眼前忽地一亮,意识到自己创造了什么)。因为你们有公安、武装和外交等政权组织,又包揽整个经济,实行政与社合一,到底叫什么名字好,我做不了主,还要向毛主席汇报。"娄本耀此刻已意识到自己创造的新事物的价值,把"巴黎公社"一词反复咀嚼品味,连夜通知陈丙寅等人把"卫星集体农庄"改叫"卫星公社"。

1958年5月中旬,时任《红旗》杂志副总编辑的李友九到嵖岈山采访调查,李友九对陈丙寅说:"你这个公社大有发展前途,但名称不合适,没有显出个性,对谁都适用,最好将地名加进去,以便显出与众不同,你们这儿什么地方最出名?"陈丙寅说:嵖岈山最出名,唐朝时就有了,现在有个小村名叫嵖岈山,但太小了,又偏僻,安插不了公社这么个大机关。李友九说:"村小不要紧,名字可以叫嵖岈山公社,社址仍留在杨店不动,只是,公社是谁的呢?"陈丙寅豁然开朗地回答:"中国是人民的中国,嵖岈山也是人民的,应该加上'人民'二字!"他们二人的意见取得一致后,忙将事实上改名不到十天的"卫星公社"又改为"嵖岈山卫星人民公社"。"人民公社"就这样诞生了。1958年7月1日出版的《红旗》杂志,陈伯达在《全新的社会,全新的人》一文中透露了"人民公社"这个名称。8月上旬,毛泽东的冀、豫、鲁之行充分肯定和赞扬"人民公社好"、"公社的特点是一大二公"。8月13日,《人民日报》登载了此消息。从此,"人民公社"风靡全国。后来的人们沿用了这个称呼。

这里值得注意的是,陈丙寅发明的"人民公社"是特指,即嵖岈山卫星人民公社。他根本不会想到后来的轰动效应。陈伯达则不同,他作为中共中央政治局候补委员、毛泽东的政治秘书,在中共中央的机关刊物上透露"人民公社"这个新概念、新事物,既是对嵖岈山卫星人民公社的肯定与赞扬,更是对中国未来城乡基层政治与经济组织的憧憬与向往。所以,陈伯达文章的题目叫作《全新的社会,全新的人》。那么,毛泽东对"人民公社"的赞美具有双重意义就更加明显。一是现实意义。就事论事,站在七里营等农村人民公社的土地上赞美人民公社。从语法的角度来说当然不要加农村。否则就是重复。二是战略意义。毛泽东不仅仅只是非常喜欢"人民公社"这个称呼，尤其相信"人民公社"既是通向共产主义的桥梁和纽带，又是未来共产主义社会的最理想的社会基层政治与经济组织。既然是未来社会，人民公社决不只是在农村搞，城市也一定会搞起来。让城乡人民一起过上共产主义生活，这是中华人民共和国缔造者的当然责任与强烈愿望。这不是笔者的猜想。其实，毛泽东早就有把公社办成城乡基层政治与经济组织的想法。还是在1958年5月19日陆定一在中共八大二次会议上的关于《马克思主义是发展的》发言中就透露了这一点。陆定一说："毛泽东、刘少奇对几十年后我国的情景时曾有这样的设想：那时我国的乡村中将是许多共产主义的公社，每个公社有自己的农业、工业，有大学、中学、小学，有医院，有科学研究机关，有商店和服务行业，有交通事业，有托儿所和公共食堂，有俱乐部，也有维持治安的民警等等。若干乡村公社围绕着城市，又成为更大的共产主义公社，前人的'乌托邦'想法，将被实现并将超过"①。

第二，"人民公社"由农村拓展到城市。

1958年8月上旬，毛泽东视察了河南省的部分农村，并且高度赞扬"人民公社"这个新鲜事物。当时陪同毛泽东视察的有河南省委主要领导。河南省委的主要领导们一方面分享了毛泽东对人民公社喜爱的好心情。另一方面，他们在第一时间预感到人民公社将要迎来一个大发展、"大跃进"的良机。于是，当毛泽东离开河南后，立即紧急动员，雷厉风行，在河南省的郑州市组织成立了各种类型的公社，并且在8月16—18日3天内，实现了郑州市的公社化。管城区红旗公社就是该市乃至全国率先建立的第一个城市人民公社，它的全称叫作"管城区红旗人民公社"。公社成立的同时诞生了第一份城市人民公社文献，即《郑州市管城区红旗人民公社情况介绍》。

为什么那样顺利呢？原因之一是在公社名称的取舍问题上根本不要花工夫。"农村人民公社"给城市公社提供了现成的模式，就是在人民公社的前面

---

① 薄一波：《若干重大决策与事件的回顾》（下卷），中共中央党校出版社1993年版，第732页。

加上所在区域或厂矿的名称,组成了×××人民公社。例如郑州市的其他公社:二七区"七一人民公社""郑州市纺织机械厂人民公社"。随后在其他城市成立的公社也是依样画葫芦。如哈尔滨市的"香坊人民公社"、天津市的"鸿顺里人民公社"、重庆市的"七星岗人民公社",以致后来在全国190个大中城市里成立的一千多个城市公社,无一例外。农村成立的公社叫农村人民公社,城市成立的公社叫城市人民公社,城市人民公社与农村人民公社是一对"双胞胎",谁也离不开谁,谁也代替不了谁。如果在"人民公社"与"农村人民公社"之间画上等号,把"人民公社"定义为"农村人民公社",那么城市人民公社往哪里摆,又怎么称呼?

第三,当时的中共中央档在论及"农村人民公社""城市人民公社""人民公社"时表达非常准确、泾渭分明。

1958年8月29日通过的《中共中央关于在农村建立人民公社问题的决议》中明确指出:"在目前形势下,建立农林牧副渔全面发展、工农商学兵互相结合的人民公社,是指导农民加速社会主义建设,提前建成社会主义并逐步过渡到共产主义所必须采取的基本方针。"[①]而且对建立公社的规模、若干经济政策、公社的名称、所有制和分配制度等一系列问题作了明确的规定。该档中所论述的人民公社专指农村人民公社。

1958年12月,正当农村人民公社化运动如火如荼之际,城市人民公社化运动跃跃欲试之时,中国共产党八届六中全会通过了《关于人民公社若干问题的决议》(下称《决议》)。对于此《决议》且不论它的政治性质,而文中有关概念的表达是准确的、思路是清晰的,可以叫条分缕析。对农村人民公社的产生和发展,《决议》指出:"一九五八年,一种新的社会组织像初升的太阳一样,在亚洲东部的广阔的地平线出现了,这就是我国农村中的大规模的、工农商学兵相结合的、政社合一的人民公社……农村人民公社制度的发展,还有更为深远的意义。这就是:它为我国人民指出了农村逐步工业化的道路,农业中的集

----

① 中国人民大学中共党史系资料室编:《中国社会主义革命与建设史教学参考资料》(上册,校内用书),中国人民大学出版社1982年版,第544页。

体所有制逐步过渡到全民所有制的道路……"①在农村人民公社大发展,且形势"看好"的前提下,对可能来临的城市人民公社化运动作了这样的判断:"城市中的人民公社,将来也会以适合城市特点的形式,成为改造旧城市和建设社会主义新城市的工具,成为生产、交换、分配和人民生活福利的统一组织者,成为工农商学兵相结合和政社合一的社会组织。"②分别论述了农村与城市人民公社以后,顺理成章是总结,《决议》断言:"人民公社是我国社会主义结构的工农商学兵相结合的基层单位,同时又是社会主义政权组织的基层单位。根据马克思列宁主义的理论和我国人民公社的初步经验,现在可以预料:人民公社将加快我国社会主义建设的速度"③,并且将成为两个过渡的最好的形式。经过了一年多的试办,认为大办城市人民公社的时机已经"成熟"。因而在 1960 年 3 月 9 日,中共中央下发了《中共中央关于城市人民公社问题的批示》。此《批示》明确指出:"城市人民公社实际上是以职工家属及其他劳动人民为主体,吸收其他一切自愿参加的人,在党委领导和职工群众的积极赞助下组织起来的。"④这一切表明:先有农村人民公社,后有城市人民公社。"人民公社"称谓由最初的农村人民公社拓展到城市人民公社。

由此可见"农村人民公社"是"人民公社"的重要组成部分,但不是人民公社的全部。"人民公社"是"农村人民公社"与"城市人民公社"的合称,是一个集合概念,"农村人民公社"与"城市人民公社"同是"人民公社"的子概念。"人民公社"比"农村人民公社"的外延要大,"农村人民公社"比"人民公社"的内涵要丰富。

---

① 中国人民大学中共党史系资料室编:《中国社会主义革命与建设史教学参考资料》(上册,校内用书),中国人民大学出版社 1982 年版,第 558 页。
② 中国人民大学中共党史系资料室编:《中国社会主义革命与建设史教学参考资料》(上册,校内用书),中国人民大学出版社 1982 年版,第 558 页。
③ 中共中央文献研究室编:《建国以来重要文献选编》第十一册,中央文献出版社 1995 年版,第 600 页。
④ 中共中央文献研究室编:《建国以来重要文献选编》第十三册,中央文献出版社 1996 年版,第 60 页。

三、"人民公社"概念表述混乱与
以偏概全的原因

学界对"人民公社"概念的表述与定义为什么会陷入误区呢？寻根究底，原因主要来自主观与客观两个方面。

主观方面：很多人不知道城市里建立过人民公社，压根就没有城市人民公社的意识。我在搜集资料和研究的过程中曾经遇到过这样的两件小事：一件是到某省的档案馆去查城市人民公社的资料，当问到工作人员时，她说："好像没有，是什么时候的？我怎么就没有一点印象呢？"另一件是在研究的过程中，曾经就某些问题向知名的中共党史方面的专家求教，使我意外的是，专家也发出疑问，还有城市人民公社吗？这两件小事足以说明人们对于城市人民公社及其公社化运动的认知程度。既然什么也没有发生过，就没有必要分得那么具体与细致了。如果是这样，"农村人民公社"与"人民公社"当然能画等号。

客观方面：传播城市人民公社知识与信息的管道几近空白。这既是客观原因又是导致主观原因发生的症结所在。发生在我国20世纪50年代末60年代初的城市人民公社及公社化运动是城市发展史上的一个大事件，距今已有半个世纪。对于这一大事件，如果单从人们对它的知晓、了解的途径来说只有两条，即直接途径与间接途径。直接途径是指65岁以上且还健在的城市老人亲身经历了城市人民公社化运动，这些人对城市人民公社可能印象深刻且记忆犹新。遗憾的是，这些亲历者把城市人民公社的信息永远封存在他们的记忆里，没能成为一种供人们共享的宝贵资源与财富。

间接途径是指后来的人们了解城市人民公社的知识与信息只能靠书籍、报刊等。可惜的是，很长一段时间，后来的人们从书籍、报刊中几乎得不到城市人民公社的知识与信息。据我所知，到目前为止，所有的历史教科书上没有有关城市人民公社的知识与信息。本人的大学、研究生学历均是中共党史专业，不夸张地说，是正宗的科班出身。在这多年的专业学习中未曾见到，也未接触到城市人民公社的知识与信息。从事专业学习和研究的人如此，就更不用说那些非专业的人士了。图书馆、书市 2006 年之前基本上是没有城市人民公社的专门资料(专题、专著)的。至于有些书籍里即便有城市人民公社的信息和知识,学者们或许没看到,或许没能引起格外注意。这里值得特别指出的是当年的报刊对城市人民公社与公社化运动进行了大张旗鼓的宣传报道,从宣传的力度来看,与农村人民公社化运动相比一点也不逊色。对于这些宣传报道,后来的学者如果不是为了研究的特别需要,是不会想起那些"陈年老账"的。实际上,当年的宣传报道,对于绝大多数人来说有和无没什么差别。

正因为上述情况,导致了后来的人们只知道农村人民公社,不知道城市人民公社。而人民公社又只有农村人民公社一种形式,这就可以认定"人民公社"与"农村人民公社"是对等关系。

人民公社已成历史。"人民公社"也成为人们的口头禅,如果用在茶余饭后的闲聊、街谈巷议的胡扯,那也无关紧要。但用在历史著作、学术论文、学术数据等方面,对于"人民公社"的表述,要力求准确、严谨。从逻辑关系来说,"人民公社"与"农村人民公社"、"城市人民公社"不是同一关系,而是包含关系。绝不能把"人民公社"与"农村人民公社"混为一谈,也不能把"人民公社"、"农村人民公社"、"城市人民公社"视为一体。先师云:"读书未遍,不得妄下雌黄"。如果这样,只能是误导读者,贻害后人,损伤自己。

论城乡人民公社公共
食堂的共同特征*

"城乡人民公社公共食堂",顾名思义,指的是城市人民公社与农村人民公社中的食堂,是同一事物出现在不同地域的公社组织中。公共食堂是人民公社重要而不可或缺的组成部分,同人民公社与生俱来,学术界从不同的角度,用不同的方法对其进行了方方面面的探讨与研究,成为人民公社问题研究的一大热点。但值得特别注意的是,以往的成果①集中在农村公共食堂,而对城市公共食堂只字未提。农村公共食堂固然值得重视,而城市公共食堂绝不能偏废。本文主要以城市人民公社档案数据为依托,论述城乡人民公社公共食堂(为了行文简便,以下略去"城乡人民公社")的共同特征,借以揭开城市人民公社公共食堂的神秘面纱,以便人们全面了解公共食堂,更期待学者们进一步关注与研究城市人民公社。

一、公共食堂产生和发展的依据与实践同源

1845 年 2 月,标志着科学共产主义诞生的《共产党宣言》还未问世,恩格斯已于《在爱北裴特的演说》中对"共产主义"或"公社"作了具体、详细、诱人的论述。谈到公共食堂时,恩格斯指出:"我们拿做饭来说,在现在这种分散经济情况下,每一个家庭都单独准备一份所必需的,分量又不多的饭菜,单独备有餐具,单独雇佣厨子,单独在市场上,在菜场里向肉商和面包商购买食品,

---

* 本文原刊于《当代世界与社会主义》2014 年第 4 期。
① 代表性的主要有罗平汉、张曙光、李锐、王道、李春峰、柳森等学者的文章。

这白白占据了许多地方,浪费了不少物品和劳动力!可以大胆假设,有了公共食堂和公共服务所,从事这一工作的三分之二的人就会很容易的解放出来,而其余的三分之一的也能够比现在更好、更专心完成自己的工作。"①显而易见,恩格斯对公共食堂是十分赞赏的。他认为公共食堂可以克服资本主义社会因物品私有而不断加剧的人与人之间的隔阂和不信任,甚至是社会的危机和矛盾;节约劳力与资源,提高社会效益;所以,建立公共食堂就是"共产主义"或公社一个不可缺少的环节。

列宁是共产主义实践的先行者,他把公共食堂定性为共产主义的"幼芽""标本"。他说:"我们对于这方面已有的共产主义幼芽给予了足够的关心吗?还是这句话:没有,没有。正是这些平凡的、普通的、既不华丽、也不夸张、更不显眼的设施,在实际上能够解放妇女,减少和消除她们在社会生产和社会生活中的作用方面同男子的不平等。"对于这些"幼芽",列宁坚信"在无产阶级国家政权的支持下,共产主义的幼芽不会夭折,一定会茁壮地成长起来,发展成为完全的共产主义"②。只可惜,列宁的预言并未能如愿,他所说的这些"幼芽",很快"夭折"在萌芽之中。

毛泽东履列宁之后尘,在城乡人民公社里进行了大规模的公共食堂实践。中共八大二次会议前夕,毛泽东透露了办公社(包括公共食堂)的设想。1958年4月底,刘少奇、周恩来、陆定一(时任中共中央宣传部部长)和邓力群到广州,向毛泽东汇报筹备党的八大二次会议的情况时,毛泽东同他们谈了公社与中国未来社会情景的设想。据陆定一回忆:"那时我国的乡村中将是许多共产主义的公社,每个公社……有托儿所和公共食堂,有俱乐部,也有维持治安的民警等等。若干乡村公社围绕着城市,又成为更大的共产主义公社,前人的'乌托邦'想法,将被实现并将超过。"③

毛泽东的上述设想,刘少奇在第一时间(上述汇报结束回京,路过郑州火车站——作者注)把它透露给了河南省委第一书记吴芝圃,并授意他在河南

---

① 《马克思恩格斯全集》第2卷,人民出版社1957年版,第613页。
② 《列宁选集》第4卷,人民出版社2012年版,第20页。
③ 逄先知、金冲及主编:《毛泽东传(1949—1976)》(上),中央文献出版社2003年版,第826页。

试验一下。1958 年 11 月，在第一次郑州会议上，刘少奇回忆说："公社这个名词，我记得，在这里（郑州火车站），跟吴芝圃（时任河南省委第一书记）同志谈过。……下了火车，在这个地方，大概有十几分钟，跟吴芝圃同志说，我们有这样一个想法，你们可以试验一下。他热情很高，采取的办法也很快（吴芝圃插话：那个时候，托儿所也有了，食堂也有了，大社也有了，还不叫公社），工农商学兵都有了，就是不叫公社。"①

吴芝圃没有辜负刘少奇的信任与重托，把河南省办成了人民公社与公共食堂的试验场与示范基地。1958 年 7 月间，河南省在并大社的基础上，迅速掀起了人民公社化热潮。8 月 13 日河南省委向中央的电话汇报中说，全省已建立公社 1463 个，占计划总数的 52.43%。② 同一天，《人民日报》公布了毛泽东视察冀鲁豫三省与称赞"还是办人民公社好"的消息，更使吴芝圃等河南省委领导备受鼓舞，愈加坚定了他们把人民公社化运动做大做"强"的决心与信心。

8 月 15 日，河南省委下达指示："在城市也要举办人民公社"，中共郑州市委"立即研究，全面号召"③，管城区清真寺街的党组织和居民群众积极响应毛主席的号召，贯彻省、市委的指示精神，在郑州市管城区成立了全国第一个城市人民公社——红旗人民公社。这个社有 9213 人，1828 户，其中汉民 773 户，回民 1055 户。全社共办公共食堂 28 个，有 1329 户，4593 人参加。④ 1958 年 9 月中旬，郑州市实现了人民公社化。全市共建立公共食堂（包括工厂、企业、机关、学校等单位的职工食堂）1337 个，在食堂吃饭的 431606 人，占全市总人数的 84.5%；未在食堂吃饭的 85745 人，占 15.5%；其中食堂的管理和炊事人员 10676 人，平均每个炊事员负担 41 人炊事工作。⑤

当公共食堂蓬勃发展之时，毛泽东对它倍加呵护，高度赞扬，推崇备至。

---

① 薄一波：《若干重大决策与事件的回顾》（下卷），中共中央党校出版社 1993 年版，第 732 页。
② 薄一波：《若干重大决策与事件的回顾》（下卷），中共中央党校出版社 1993 年版，第 738 页。
③ 郑州市档案馆：1 号全宗，14 号目录，1084 号案卷。
④ 郑州市档案馆：1 号全宗，14 号目录，1085 号案卷。
⑤ 郑州市档案馆：1 号全宗，14 号目录，1085 号案卷。

1958 年 8 月 17 日至 30 日，毛泽东在北戴河主持召开中共中央政治局扩大会议。会议间，毛泽东多次论及公共食堂，他说："搞公共食堂，取消自留地，鸡、鸭、屋前屋后的小树还是自己的，这些将来也不存在了。粮食多了，可以搞供给制，还是按劳付酬。……不论城乡，应当是社会主义制度加共产主义思想。我们现在搞社会主义，也有共产主义的萌芽。学校、工厂、街道都可以搞人民公社。"①并判断"大概十年左右，可能产品非常丰富，道德非常高尚，我们就可以从吃饭、穿衣、住房子上实行共产主义，公共食堂，吃饭不要钱，就是共产主义"②。

1958 年 11 月 28 日到 12 月 10 日，中共八届六中全会在武昌举行。12 月 7 日，毛泽东为印发《张鲁传》写了批语："道路上饭铺里吃饭不要钱，最有意思，开了我们人民公社公共食堂的先河。"③闭幕的前一天，12 月 9 日毛泽东作了长篇讲话，谈到公共食堂时说："食堂、托儿所、公社，看来会巩固，但也要准备有些垮台。巩固和垮台两种可能性都有。我们党也有两种可能性：一是巩固，一是分裂。我们中华人民共和国也有两种可能性：胜利下去，或者灭亡。"④可见，在毛泽东看来，公共食堂的巩固与否，是关乎党和国家存亡、命运攸关的大事。

1960 年初，许多农村公共食堂在严重缺粮的情境中得以恢复，逃荒、浮肿病、饿死人的现象因此变本加厉。面对这种严峻形势，毛泽东对坚持办公共食堂的态度依然如故。不，是更加强硬。从 1960 年 3 月 6 日到 3 月 18 日，短短 13 天，毛泽东对公共食堂连下几道"金牌"，强调所有形式的公共食堂都必须大办。3 月 6 日，在《中共中央批转贵州省委〈关于目前农村公共食堂情况的报告〉》中批示道："贵州省委关于目前农村公共食堂情况的报告，写得很好，

---

① 逄先知、金冲及主编：《毛泽东传（1949—1976）》（上），中央文献出版社 2003 年版，第 831 页。

② 薄一波：《若干重大决策与事件的回顾》（下卷），中共中央党校出版社 1993 年版，第 742 页。

③ 中共中央文献研究室编：《建国以来毛泽东文稿》第七册，中央文献出版社 1992 年版，第 627—628 页。

④ 逄先知、金冲及主编：《毛泽东传（1949—1976）》（下），中央文献出版社 2003 年版，第 831 页。

现在发给你们研究,一律仿照执行,不应有例外。"①3 月 15 日,又在《中央关于加强公共食堂领导的批语》中强调:"请你们对这个极端重要的公共食堂问题,在今年一年内,认真大抓两次,上半年一次,下半年一次,学贵州河南等省那样作出科学的总结,普遍推行。……工厂、矿山、街道、机关、学校、团体、军队的公共食堂,一律照此办理。"②

二、入伙公共食堂,名曰自愿,实则强制

《嵖岈山卫星人民公社试行简章(草稿)》第十七条规定:"公社要组织公共食堂、托儿所……不愿意参加食堂和托儿所的听其自便。参加食堂的,也可以自己另备小菜。"③新疆维吾尔自治区人民公社公共食堂试行章程也明确规定"必须坚持'积极办好,自愿参加'和勤俭办食堂的方针"④。上述两个章程,对于社员参加公共食堂有着雷同的表述,这就是"自愿参加"、"听其自便"等。从字面上理解,基本合乎情理。本来应该如此,群众选择到家里吃饭,还是到食堂吃饭,这是个无关紧要的生活问题。可是,在人民公社化运动过程中,参不参加、办不办好公共食堂,却被看成是一个很大的政治问题。当时的《人民日报》指出:"办好公共食堂,不仅是一件极其重要的经济工作,也是一项十分重大的政治任务。每个人民公社都应该把公共食堂办好。"⑤既然是政治任务,那就由不得社员群众愿不愿意了。确切地说,如果不愿意,那就是政治问题,立场问题,甚至是阶级敌人了,随时都可以给抵触者戴上"反革命"的帽子。

事实上,不管是农民,还是城市居民,其中有些人对公共食堂是有想法、顾虑的。据包头市的数据记载,在加入公共食堂时有部分人"对个体的生活习

---

① 中共中央文献研究室编:《建国以来重要文献选编》第十三册,中央文献出版社 2011 年版,第 37 页。
② 乌鲁木齐市档案馆:1 号全宗,3 号目录,481 号案卷。
③ 中共中央文献研究室编:《建国以来重要文献选编》第十一册,中央文献出版社 2011 年版,第 343 页。
④ 乌鲁木齐市档案馆:1 号全宗,3 号目录,481 号案卷。
⑤ 《办好公共食堂》(社论),《人民日报》1958 年 10 月 25 日。

惯改变有顾虑,怕孩子入托儿所带不好,受气。顾虑公共食堂吃不好,照顾不了老人和孩子。这部分人占总人数的 20% 左右;对党的方针政策不大了解,对公社的优越性有怀疑,有抵触情绪,因而在公社化运动中存在杀猪宰鸡,卖房屋,卖缝纫机,从银行提取存款,大吃大喝,挥霍浪费的现象。"①

那么,对于这些人采取怎样的办法,使他们"乖乖"地加入食堂? 一般来说是两种做法:一是辩论批斗。郑州市红旗人民公社党委认为,大办人民公社,是一次革命斗争,如有些人抱有观望、疑问,闷闷不乐,停滞不前,消极等待的态度,就不是兴无灭资的态度。这些都必须通过整风,大鸣大放,大争大辩来解决。② 于是,他们就依靠贫苦户,依靠一切进步力量,开展两条道路问题的大辩论,发动群众,就地取材,就地开辟战场,就地辩论,就地进行较量,严肃地批判一切错误认识。通过辩论,思想问题基本上解决了,进而变消极为积极,他们说:"不扒炉灶,思想就不算坚决"。于是"第四组 13 户富裕户不到半小时就把炉灶全扒光了"③。另据这个公社的马寨群众反映:"居委会张主任上欺下压,动不动就是'辩你一下,贴你大字报,插你白旗,叫派出所拘留你,整天阳奉阴违叫群众给他端饭,叠被子,端尿盆'"④。通过上述方式,使受斗者威风扫地,颜面尽失,无地自容。俗话说:"树活一层皮,人活一张脸"、"好死不如赖活"。最终,为了尊严,为了活命,不得不就范。二是没收购粮证,限制自由。据四川省自贡市的一份资料反映:市粮食局规定居民粮食由街道食堂统一购买,不在食堂搭伙的不得直接到粮店购粮,这个规定就使街道居民参加食堂人数骤增,由原来搭伙的 60%—70% 增长到 98%—99%,有的街道的居民全部参加了食堂。食堂掌握了粮食,实际上是掌握了居民的生存权。不仅如此,在退伙方面还作了很多限制,退伙的要"三证明",病人要医生证明,学生要学校证明,职工要单位证明;还要经"两批准",走亲戚要居民主任批准,退全月伙食费要街道办事处批准。⑤ 这样一来,

---

① 内蒙古档案馆:17 号全宗,6 号目录,18 号案卷。
② 郑州市管城区档案馆:1 号全宗,3 号目录,90 号案卷。
③ 郑州市管城区档案馆:1 号全宗,3 号目录,84 号案卷。
④ 郑州市管城区档案馆:1 号全宗,3 号目录,145 号案卷。
⑤ 四川省档案馆:1 号全宗,11 号目录,4035 号案卷。

上级的意图、指令实际上成了死命令,正确的要执行,错误的也要执行。愿意的要做,不愿意的也非做不可。正如刘少奇 1961 年 4 月 19 日所说:"食堂是强制组织起来的,就不是社会主义的阵地,而是平均主义的阵地。"①

三、公共食堂是干部大搞"特殊化"的温床

公共食堂初期,以"一大二公"为契机,把个人的生活物资及其家庭财产统统集中在公社的相关部门,公社干部因此成了实际上的财富拥有者。这就为公社干部和伙食管理者们大搞"特殊化"提供了极为有利的条件,公共食堂成了管理者大搞"特殊化"的温床。其表现形式有:

首先,公社干部和炊管人员生活特殊,多占群众利益,群众吃稀的,他们吃稠的,群众吃孬的,他们吃好的。河北省静海县子牙公社的大黄庄、东坛头管理区的干部们是这样搞特殊的:"社员吃红薯面掺菜、掺秸秆淀粉(用玉米等农作物秸秆制作的淀粉),公社干部吃净米净面,或掺点家菜。社员吃菜无油,干部吃炒菜、吃油。公社在王尔庄白占土地,种了许多菜,每个公社党委成员可以分菜 1000 多斤。管理区的干部也如法炮制,把粮食从队里领出来开小灶,有的管理员干部虽然不单独开伙,却在各个食堂吃串饭,哪个食堂好就在哪里吃。……有一个大队支部书记,在食堂随便吃,随便拿,还得给他用净米净面单独做饭。吃红薯不吃头,不吃尾,不吃皮,光吃心,群众将他扔掉的头、尾、皮捡起来吃。"②

郑州市人民公社有些食堂炊管人员,孩子去食堂吃,老婆往家拿,自己在伙上又经常烙油饼吃好菜。有一个食堂,群众给管理员贴大字报说:"管理员你讲讲良心,为什么我们吃稀,你吃稠?"③还有的说:"一人进食堂,全家都沾光"④。不仅如此,有些干部竟玩起了"钓鱼执法",把从社员那里得到

---

① 金冲及主编:《刘少奇传》(下卷),中央文献出版社 2008 年版,第 794 页。
② 罗平汉:《中国 1958:一桌五亿农民的"大锅饭"——全国大办公共食堂始末(下)》,《时代文学》2007 年第 5 期。
③ 郑州市档案馆:1 号全宗,14 号目录,1084 号案卷。
④ 四川省档案馆:1 号全宗,11 号目录,4035 号案卷。

的罚款用来大吃大喝。郑州市凤凰台的干部向群众规定了一条："谁的猪往地里跑，谁抓住罚款归谁"。此案共发生40余起，罚款150元，群众分得45元，其余干部花了个净光，群众反映说："干部没钱吃酒时就出孬点，硬把人家猪圈打开，将猪往地里撞，然后抓住罚款，拿到钱就下酒馆"①。

其次，贪污生活物资。人所共知，公共食堂是生活物资的集散地，而生活物资的管理者们却利用管理之特权，置普通社员的死活于不顾，干起了贪污、盗窃等偷鸡摸狗的行当。昆明市城市人民公社办公室的一篇调查材料很能说明问题。该市城市人民公社办公室调查了五华、金马、盘江、长春4个公社的部分干部和公社所属事业单位的职工贪污情况。调查的结果是：问题很严重，贪污的面很广。长春公社48个食堂采购员和会计出纳员有贪污行为，财产除公社的各项公款外，最突出的就是粮票、大米和各种副食品。盘江公社26个街道食堂的负责人中，有22人多占私分过副食品和贪污过粮食，占86.4%。也还有贪污布票、糖票、糕点票和肥皂票等。金马公社的李彩英从1959年至1960年7月即贪污盗窃和受贿价值五百余元的副食品和粮食食品。盘江公社金马街回族食堂负责人纳秀华、采购员桂如玉利用搬运大米的机会，贪污盗窃粮食七百余斤。②

四、公共食堂的整顿措施基本一致

公共食堂办起来后几个月的实践证明，它并不像原来设计与宣传的那样："共产主义胜天堂，公共食堂是桥梁"；而事实中却是"问题百出，困难重重"。正因为如此，在公共食堂存在的艰难岁月中，整顿不断，如影随形。当然对食堂的整顿是与公社的整顿结合进行的。整顿的目的是为了挽救食堂危机，固守公共食堂这一所谓的"社会主义阵地"。整顿措施主要是如下几项：

1.组织整顿，保证党对公共食堂的绝对领导。一是"政治进食堂，干部下伙房"。当时人们认为，食堂越办越差，粮食越来越少的主要原因是干部不积

① 郑州市管城区档案馆：1号全宗，3号目录，145号案卷。
② 昆明市档案馆：1号全宗，1号目录，2061号案卷。

极领导;党没有掌握公共食堂的绝对领导权;组织不纯,坏分子有意搞垮公共食堂等。基于这样的认识,许多地方提出了"政治进食堂,干部下伙房"的解决办法。具体做法就是清理队伍,纯洁组织,保证党对食堂的领导。例如:河南省的信阳、洛阳、许昌三个专区,清洗各类不纯分子或不称职的管理、炊事人员28000多人。二是领导干部(尤其是书记)分工负责,包干办好食堂;选派热心服务、公道能干、联系群众的党员、团员和贫农、下中农的积极分子到食堂去担任管理员、炊事员和其他工作,树立起贫农、下中农的领导优势。如西宁市要求城西、城东区委与城市各人民公社党委"都应有一个党委副书记或副社长专门负责抓食堂工作,并且选派一批好的党、团员或积极分子担任食堂管理员、炊事员"。三是各城乡人民公社还尝试了建立健全民主管理制度,特别是建立粮食管理制度与伙食管理委员会、炊管人员的培训等工作。

2. 纠正"共产风",清退社员财产,减少群众对共产主义的误解。公共食堂建立的过程,也是"共产风"猛刮的过程。在农村,"共产风"刮得严重的地方,劳动力大量外流,耕畜家禽家畜大量宰杀,农具大量损坏,营养性疾病严重流行,土地耕作粗放或大量荒芜,产量一减再减。在城市,人们思想极其混乱,上海就有百把万干部怕"共产",有的市民怕废除票子,怕归公,因而提款的多,发生了抢购。① 显然,"共产风"不仅严重破坏社会生产力,而且严重增加了群众对共产主义的误解,贬低了共产主义在中国劳苦大众心中的崇高地位,动摇了人们对共产主义的坚强信念。所以,在第二次郑州会议上,毛泽东对公社化运动中的"共产风"进行了严厉的批评,并要求清算退赔。此后,毛泽东又几次指示要算旧账。于是,在全国城乡人民公社首次纠正"共产风",清退无偿占有社员财产的工作。例如,西宁市截止到1959年4月底,全市"已退还食堂占用社员房屋1205间,各类灶具4016件,社员表示十分满意。西岔生产队原来仅食堂占用社员房屋就有403间,停伙后一次即退还了371间,退还了灶具406件,并且还退还了房租等1450元。"②这是一则个案,但它却折射出首次清理"共产风"的工作取得了初步成效,风头也有所收敛。然而,并没

---

① 薄一波:《若干重大决策与事件的回顾》(下卷),中共中央党校出版社1993年版,第809页。

② 西宁市档案馆:1号全宗,280号案卷。

能从根本上解决问题,"共产风"的大戏不断上演,并越演越离奇。正如湖北省沔阳县委的报告中所指出的:"'共产风'从一九五八年下半年以来,虽然年年在处理,但始终没有停止,还是日复一日、年复一年地在刮,而且越来越严重。……到后来,正如群众所说的:'见钱就要,见物就调,见屋就拆,见粮就挑'。"①

3. 设法解决粮食紧缺问题。粮食严重紧缺是公共食堂问题的焦点,围绕这一问题,党中央以及各公社想了很多办法,采取了许多措施。第一,强调供给制的同时,实行依人定量,节约归己。第二次郑州会议后,在纠正"共产风"的问题上取得了一些阶段性的成果,但是,食堂的粮食紧缺状况并没有好转,而是日趋严重。于是,中共中央于1959年4月召开了八届七中全会。全会通过了《关于人民公社的十八个问题》(下称《问题》)。《问题》在肯定供给制的同时作了这样的规定,公社的食堂可以在口粮依人定量的基础上实行饭票制度,每月结算一次,社员节余的粮票可以从食堂换出粮食或者现金,归自己所有。

1959年5月10日,中央又肯定中共湖北省委"实行粮食供给制应当采取按人定量,发给饭票,凭票吃饭的办法,粮食可以放在食堂,也可以发到社员家中,可以在食堂吃饭,也可以在家中吃饭,完全由社员决定,不要勉强。有的地方,群众要求只办农忙食堂也应当允许"②的做法。同时,还认可"房前屋后的空地,允许由社员自种蔬菜、饲料,收入全部归社员个人所有"③的方案。这样就在食堂的形式上与社员愿意在哪吃饭等方面比以前要灵活了许多。换句话说,社员群众有了一定的自主权,调动了农民的生产积极性,这对于缓解公共食堂中的粮食紧缺问题起了一定的作用。这里需要说明的是,城市人民公社实行的不是粮食供给制,而是"吃饭要钱"的粮油供应制。1960年9月降低过一次城市人口的粮食供应标准,但幅度不大,"每人每月平均降

---

① 薄一波:《若干重大决策与事件的回顾》(下卷),中共中央党校出版社1993年版,第757页。

② 中共中央文献研究室编:《建国以来重要文献选编》第十二册,中央文献出版社2011年版,第267页。

③ 中共中央文献研究室编:《建国以来重要文献选编》第十二册,中央文献出版社2011年版,第265页。

低二斤左右"①。

第二，用"粮食增量法"，解决粮食危机，整顿提高公共食堂。"粮食增量法"是辽宁省黑山县大虎山的农民于1959年5月首创了"玉米食用增量法"。随后，在辽宁省广泛推广，并得到了中共中央的肯定。1960年3月底，二届全国人大二次会议上，著名病理学家白希清（时任辽宁省副省长——作者注）就"粮食增量法"的种类、好处作了重点发言。他说，"增量法"一是米饭增量法，将大米先蒸，后淘，再煮，可使每斤大米由原来出两斤半至三斤饭，提高到四至五斤；二是玉米粉和面粉烫面法，可由原来一斤面出一点六斤至一点八斤窝头，提高到二点八至三斤。面粉用烫面法，可由每斤原出一点四斤馒头，提高到一点八至二斤。其好处是：节约粮食、细软适口、治胃病、增加营养。②

"粮食增量法"经专家的权威论证与在高级别会议上的推荐，特别是得到中共中央与毛泽东的充分肯定，其行动效果可想而知，当然是被城乡人民公社公共食堂所普遍接受与采用。仅以上海市静安区街道食堂为例，据对静安区五个街道107个食堂的调查结果显示，采用增量蒸饭法，其出饭率有了显著的提高。例如，1960年5月出饭率在36两（二点二五斤——作者注，下同）至40两（二斤半）的占31.77%，到7月底减低为13%，而原来出饭率49两以上的占3.7%，到7月底提高到28.1%。③

但是，据后来的实践表明，"粮食增量法"其实就是增加饭内水的分量，吃了这种饭很不中饿，得不偿失，是一种很大的浪费，比如说"水"，对于南方农村不是大问题，只不过是增加一些挑水工而已，而对于城市与北方的农村来说，水是比较珍贵的。再说，用此法基本上是要双蒸，同样一锅饭要蒸两次，它不仅程序繁杂，浪费了许多劳动力，而且要大增燃料，其幅度应该是成倍增长。所以说，粮食增量法是一种费力不讨好，徒劳无益，甚至是有百害而无一利的事情。

第三，用"代食品"填充社员肚子，改善社员生活，拯救数亿生灵。何谓

---

① 乌鲁木齐市档案馆：1号全宗，3号目录，480号案卷。

② 白希清：《人民公社食堂膳食和营养卫生的几个问题》，《新华半月刊》1960年第10期。

③ 上海市静安区档案馆：028号全宗，2号目录，03273号案卷。

"代食品",在最新版本的汉语词典中是找不到的,"百度"上却给出了基本准确的解释。即:"在口粮和副食品极为缺乏的情况下,全国人民响应中共中央的号召,大规模地动员起来,以玉米和小麦根粉、玉米根粉、玉米秆曲粉、橡子面粉、叶蛋白、人造肉精(一种食用酵母)、小球藻、栅藻、红虫(水蚤)等各种代食品补充口粮的不足,能够填充肚子并解决暂时饥饿的就是代食品。"之所以说它基本准确,而不是非常准确,是因为定义不周,代食品的品种比它描述的要丰富得多,其原料不只是一两种,而是十几种、几十种。福州市几个食堂的资料证明了这种情况。例如:"南街公社的文儒食堂,瀛洲公社的建海食堂,仓前公社的梅坞食堂。这些食堂所制的代食品的品种以菜头粿、三层糕、九层粿、锅边糊为多数,采用的原料有地瓜叶、野空心菜、芹菜叶、胡萝卜叶、各种瓜叶、菜头菜边以及海藻、地瓜渣、芭蕉头、龙眼核等。"①

"代食品"的逐渐丰富与公共食堂的粮食提供成反向比,就是说随着公社供给到公共食堂粮食不断减少,或者断粮,"代食品"的种类越来越多。1959年初,公共食堂缺粮问题浮出水面。北京市丰台区反映了公共食堂缺粮的严重情况:"食堂兴起之时的白面馒头、大包子,变成了'低标准瓜菜代、稀干搭配、粮菜混吃'"②。可见,最初是降低粮食标准,用瓜菜代替食品,解决粮食短缺问题。庐山会议后,"左"的指导思想进一步扩大,加上当年的所谓"三分天灾",粮食严重短缺的问题已日趋恶化,也无瓜菜可代了。寻找更多的代用食品,解决粮食危机,挽救亿万生灵,已成为公共食堂苦苦支撑的有效选择。河北、山东省想了很多办法,找到了瓜菜以外的更多的代食品。1960年3月5日,河北省、山东省在给中共中央关于农村公共食堂情况的电话汇报中说:"河北提出的口号是:坚持粮菜混吃,推行粮食增量法,大搞植物秸秆制淀粉。……山东省已搞出淀粉二亿七千多万斤,对于社员吃饱吃好,起了不少作用。"③对此办法,毛泽东十分赞赏并加了批语:"用植物秸、秆、根、叶大制淀

① 福州市档案馆:1号全宗,2号目录,142号案卷。

② 中共北京市丰台区卢沟桥乡委员会:《农村集体食堂的兴起与解体》,《北京党史研究》1998年第2期。

③ 中共中央文献研究室编:《建国以来重要文献选编》第十三册,中央文献出版社2011年版,第75页。

粉,是一项大发明,全国一切公社,都应推行。"①

在毛泽东的坚决倡导下,挖掘、采集代食品成为1960年至农村公共食堂解散期间一场独一无二的群众运动。1960年11月14日,中共中央发出了《关于立即开展大规模采集和制造代食品运动的紧急指示》(下称《指示》)。《指示》说:"立即动员广大群众,开展一个大规模的采集和制造代食品运动,是当前全党全民的一项重要的紧急任务。……在灾害比较严重、粮食减产较多的地区,努力增加代食品更是一个极为迫切的任务。"②

《指示》下达后,各地雷厉风行,纷纷响应,积极组织、制造代食品。1961年1月7日,中共河南省委在《关于立即开展大规模采集和制造代食品运动的方案》中强调,要立即动员群众,开展一个大规模采集和制造代食品的运动。内蒙古丰镇县城关镇五一人民公社立即行动起来,掀起了"大搞特搞"代食品加工的群众运动。这个社的酒厂试制成功的连保霉,酿造厂试制成功的人造菇、人造肉精等代食品;粮食加工厂用山药蔓、玉米轴试制成功的代食品可合在50%莜面内,做成窝窝或者蒸饼、馒头;农业管理区有12个中队成立了加工代食品试验小组,其中有两个生产大队组成了代食品加工厂,试制成功了用山药蔓、葫芦蔓、玉米轴、糖菜叶等合成的代食品,用15%—20%的代食品掺在粮食里吃。③

总之,公共食堂的整顿,始终是想要解决粮食危机与避免共产主义"幼芽"的夭折,但事与愿违,公共食堂并非在整顿中提高,而是在整顿中逝去。

五、结　语

综上所述,无论农村公共食堂,还是城市公共食堂,都是中国共产党在特定的历史时期探索怎样建设社会主义一次不成功的尝试。它留给我们的宝贵

---

① 中共中央文献研究室编:《建国以来毛泽东文稿》第九册,中央文献出版社1996年版,第71页。
② 中共中央文献研究室编:《建国以来重要文献选编》第十三册,中央文献出版社2011年版,第605页。
③ 内蒙古档案馆:17号全宗,6号目录,38号案卷。

财富,就是从中吸取深刻的教训。

第一,辩证看待,正确分析马克思恩格斯早期关于共产主义学说的某些论断。马克思主义虽然是普遍真理,但是,在马克思恩格斯的早期,并无共产主义运动的实践经验,因此,他们早期共产主义学说属于纯理论阐述。就拿公共食堂理论来说,恩格斯之所以对它推崇备至,赞不绝口,是因为公共食堂能够节约劳力与资源,便于统一调配物资,消灭私有观念等。从字面上理解,它确实具有"共产主义"性质,非常具有诱惑力。问题在于,对于实践过程中可能出现的问题以及解决问题的具体办法根本没有任何预测。中国城乡人民公社公共食堂的实践证明,不仅优越性没有表现,问题却非常严重。这就告诫我们,对待马克思主义的某些理论,必须用历史的眼光来审视它,辩证对待,正确分析,进而指导中国特色社会主义建设的伟大事业。

第二,反对教条主义是马克思主义中国化过程中永恒的主题。在中国共产党历史上,尤其是土地革命战争时期,教条主义给中国革命与中国共产党造成了不可估量的损失,毛泽东曾对此深恶痛绝,真可谓反对教条主义的典范。并在与教条主义者的尖锐斗争中,找到并创造了一条与中国国情相适应的中国革命新道路,致使新民主主义革命获得了极大的成功,然而,在新中国成立后,在探索怎样建设社会主义的过程中,毛泽东却重蹈历史上教条主义的覆辙,把不适应中国国情的公共食堂理论生吞活剥地搬到中国来,以致酿造了历史罕见的"三年困难时期",为此付出的代价确实是沉痛而惨重的。这是一个值得深刻反思的问题。马克思主义中国化是一个庞大的系统工程,同时也是一个漫长的历史过程,它决不能一蹴而就,性急图快,死搬硬套,必须与中国国情密切结合,贯彻实事求是的思想路线,才可以实现中华民族的伟大复兴,朝着中国特色社会主义的康庄大道稳步前进。

城市人民公社公共食堂成因探析[*]

公共食堂与城市人民公社与生俱来,是城市人民公社不可或缺的组成部分。同时,公共食堂作为城市人民公社时期一个重要事物,不仅在于它是持续"大跃进"中"必须固守的社会主义阵地"①,更重要的是新中国的缔造者们把公共食堂当作建成社会主义并企图过渡到共产主义的"桥梁"与"标本"。人们对于农村人民公社公共食堂都耳熟能详,学术界对它的研究也如千骑逐鹿,成为农村人民公社研究的一大亮点。但是,对于城市人民公社公共食堂的研究几乎无人问津。这是为什么?道理很简单,这方面的有关数据缺乏很可能是问题的症结所在,正所谓"巧妇难为无米之炊"。笔者在收集、整理城市人民公社文献时,涉猎了大量的城市人民公社公共食堂的文献资料。基于此,本文仅就城市人民公社公共食堂产生的原因进行初步探讨。意在抛砖引玉,期待能有更多学者进一步关注与研究城市人民公社。

一、马克思主义经典作家的有关论述是公共食堂产生的理论根源

标志着科学社会主义诞生的《共产党宣言》深刻阐述了科学社会主义的基本原理。其实,1845 年 2 月,恩格斯《在爱北裴特的演说》对"共产主义"或"公社"作了更详细、更具体、更具诱惑的论述。"大跃进"运动期间,

---

* 本文原刊于《湖南科技大学学报(社会科学版)》2014 年第 6 期。
① 中共中央文献研究室编:《建国以来重要文献选编》第十三册,中央文献出版社 2011 年版,第 41 页。

宣传、报道、鼓吹人民公社优越性的理论根据基本出自这篇经典文献。对于公共食堂,恩格斯指出:"我们拿做饭来说,在现在这种分散经济情况下,每一个家庭都单独准备一份所必需的,分量又不多的饭菜,单独备有餐具,单独雇佣厨子,单独在市场上,在菜场里向肉商和面包商购买食品,这白白占据了许多地方,浪费了不少物品和劳动力! 可以大胆地假设,有了公共食堂和公共服务所,从事这一工作的三分之二的人就会很容易的解放出来,而其余的三分之一的也能够比现在更好、更专心完成自己的工作。"①显而易见,恩格斯对公共食堂是十分赞赏的。他认为在资本主义社会物品私有加剧了人与人之间的隔阂和不信任,甚至是社会的危机和矛盾,同时也存在着诸多不合理、不科学之处:食品浪费和地方的被白白占据以及劳动力不能最大限度地发挥其应有的效率。而要消除这些弊端,建立公共食堂就是一个不可缺少的环节。从它产生的必然性和必要性上分析都能成立,同时也是所有共产主义信仰者所要追求的目标。伟大的马克思主义者列宁是把共产主义在一个国家内全面实践的第一人,他把公共食堂定性为共产主义的"幼芽"、"标本"。他说:"我们对于这方面已有的共产主义幼芽给予了足够的关心吗? ……公共食堂、托儿所和幼儿园就是这些幼芽的标本"②。列宁所说的"幼芽",是指公共食堂在新生的苏维埃政权中破土而出,它既能成为参天大树,当然也可能夭折在萌芽状态;他所说的"标本",指公共食堂是共产主义或公社的同一事物的不同表述,更确切点说,公共食堂等于共产主义或公社,共产主义或公社必须有公共食堂,没有公共食堂就不叫作共产主义或公社。

20世纪50年代的中国,作为马克思主义中国化的毛泽东思想具有极高的统治权威,连续不断的各种巨大革命运动的胜利确立了科学社会主义理论的绝对威望。于是,长期受苦的人民大众则是顶礼膜拜,对此坚信不疑。所以,恩格斯、列宁关于公共食堂的深刻阐述,就成了当时城市人民公社办公共食堂的理论依据。

---

① 《马克思恩格斯全集》第2卷,人民出版社1957年版,第613页。
② 《列宁选集》第4卷,人民出版社2012年版,第19页。

二、毛泽东关于办公共食堂的设想与
刘少奇的鼓动是其产生的思想根源

毛泽东办公共食堂的设想是在中共八大二次会议前夕提出的。1958 年 4 月底,刘少奇、周恩来、陆定一(时任中央宣传部部长)、邓力群到广州,向毛泽东汇报筹备党的八大二次会议的情况时,毛泽东同他们谈了公社与我国未来社会情景的设想。据陆定一回忆:"那时我国的乡村中将是许多共产主义的公社,每个公社……有托儿所和公共食堂,有俱乐部,也有维持治安的民警等等。若干乡村公社围绕着城市,又成为更大的共产主义公社,前人的'乌托邦'想法,将被实现并将超过。"①

毛泽东的上述设想,刘少奇在第一时间把它透露给了河南省委第一书记吴芝圃,并授意他在河南试验一下。1958 年 11 月,在第一次郑州会议上,刘少奇回忆说:"公社这个名词,我记得,在这里(郑州火车站),跟吴芝圃(时任河南省委第一书记)同志谈过。在广州开会(少奇等同志去广州向毛主席汇报八大二次会议准备情况,时间估计可能是 1958 年 4 月底——作者注)……下了火车,在这个地方,大概有十几分钟,跟吴芝圃同志说,我们有这样一个想法,你们可以试验一下。他热情很高,采取的办法也很快(吴芝圃插话:那个时候,托儿所也有了,食堂也有了,大社也有了,还不叫公社),工农商学兵都有了,就是不叫公社。"②

1958 年 5 月,召开的中共八大二次会议期间,上述设想经过一些人的引用而传播开来。毛泽东对此表示默许。会后,刘少奇在公开场合多次鼓吹毛泽东办公共食堂的想法。1958 年 6 月 14 日,刘少奇与全国妇联党组谈话,提出了家务劳动社会化的意见,要求在农村大办公共食堂、托儿所和敬老院。这是我们看到的刘少奇乃至中共领导人在公开场合关于公共食堂问题的最早谈

---

① 薄一波:《若干重大决策与事件的回顾》(下卷),中共中央党校出版社 1993 年版,第 732—733 页。

② 薄一波:《若干重大决策与事件的回顾》(下卷),中共中央党校出版社 1993 年版,第 732 页。

话。30日,刘少奇同《北京日报》编辑谈话,提出三四十年即可进入共产主义社会。对于共产主义社会的基层组织,现在就要开始试验。①

1958年9月16日至18日,刘少奇在河南郑州、开封两市视察了人民公社和钢铁生产的情况,并听取了河南省委、郑州市委等市、州关于人民公社建立和发展情况的汇报,听取了省直属机关党委关于省直机关的人民公社情况的汇报。之后,刘少奇作了重要指示,具体阐述了过渡到共产主义的几个条件。其中第二条就是:"搞好食堂、幼儿园、缝纫厂,把妇女从家务劳动中解放出来,参加生产。"②

吴芝圃根据刘少奇的有关指示,把河南省办成了人民公社与公共食堂的试验场与策源地。1958年8月13日,毛泽东视察冀、鲁、豫三省人民公社的消息在《人民日报》登载后,河南省委下达指示:"在城市也要举办人民公社"。中共郑州市委"立即研究,全面号召"③。管城区清真寺街的党组织和居民群众积极响应毛主席的号召,贯彻省、市委的指示精神,1958年8月15日在郑州市管城区成立了全国第一个城市人民公社——红旗人民公社。这个社有9213人,1828户,其中汉民773户,回民1055户。全社共办公共食堂28个,有1329户,4593人参加。④

1958年9月中旬,郑州市实现了人民公社化。全市共建立公共食堂(包括工厂、企业、机关、学校等单位的职工食堂)1337个,在食堂吃饭的431606人,占全市总人数的84.5%;未在食堂吃饭的85745人,占16.5%;其中食堂的管理和炊事人员10676人,平均每个炊事员负担41人炊事工作。⑤

当公共食堂办起来之后,毛泽东对它倍加呵护,高度赞扬。1958年8月17日至30日,毛泽东在北戴河主持召开中共中央政治局扩大会议,会间,多次论及公共食堂。他说:"搞公共食堂,取消自留地,鸡、鸭、屋前屋后的小树

---

① 薄一波:《若干重大决策与事件的回顾》(下卷),中共中央党校出版社1993年版,第734页。

② 《少奇同志在河南视察时具体阐述过渡到共产主义的几个条件》,《人民日报》1958年9月24日。

③ 郑州市档案馆:1号全宗,14号目录,1084号案卷。

④ 郑州市档案馆:1号全宗,14号目录,1085号案卷。

⑤ 郑州市档案馆:1号全宗,14号目录,1085号案卷。

还是自己的,这些将来也不存在了。粮食多了,可以搞供给制,还是按劳付酬。……不论城乡,应当是社会主义制度加共产主义思想。我们现在搞社会主义,也有共产主义的萌芽。学校、工厂、街道都可以搞人民公社。""大概十年左右,可能产品非常丰富,道德非常高尚,我们就可以从吃饭、穿衣、住房子上实行共产主义,公共食堂,吃饭不要钱,就是共产主义"①。

1958 年 11 月 28 日到 12 月 10 日,中共八届六中全会在武昌举行。12 月 7 日,毛泽东为印发《张鲁传》写了批语:"道路上饭铺里吃饭不要钱,最有意思,开了我们人民公社公共食堂的先河。"②闭幕的前一天,12 月 9 日毛泽东作了长篇讲话,谈到公共食堂时说:"关于两种可能性。公共食堂、托儿所、人民公社,看来是会巩固,但是要料到有些东西要垮掉。巩固和垮台,这两个可能性都存在。总的说来,垮掉是部分的和暂时的,它的总趋势是要站立起来,发展起来。党也有这两种可能。现在,我们就要注意到可能发生的那种不利于巩固的大规模的分裂。你如果不想到,不准备着,就会发生;你准备着,就可能避免。关于我们这个人民共和国,我看还是两个可能,或者胜利下去,或者灭亡。"③可见,在毛泽东看来,公共食堂等的巩固和垮台,是关系到党和国家存亡命攸关的大事。

三、适应"大跃进"需要是公共食堂 建立和发展的实践根源

在"大跃进"运动时,公共食堂反映的是一种集体生活方式,更是一种带有共产主义性质的分配方式。所以,它的建立和发展不能不受"大跃进"的制约与影响。在中国城市里,公共食堂有较久远的历史渊源。新中国成立前公共食堂就已经存在,不过那是在国民党统治下工厂里的工人食堂,属于"资本

---

① 薄一波:《若干重大决策与事件的回顾》(下卷),中共中央党校出版社 1993 年版,第742 页。

② 薄一波:《若干重大决策与事件的回顾》(下卷),中共中央党校出版社 1993 年版,第776 页。

③ 中共中央文献研究室编:《毛泽东年谱(1949—1976)》(上卷),中央文献出版社 2013 年版,第 552 页。

主义性质的",和城市人民公社的公共食堂有本质区别,城市人民公社公共食堂"则是社会主义性质的"。由于城市生产和劳动社会化、集体化程度高,这种食堂早就存在于城市的许多工厂、企业、机关、学校里,公共食堂是和这些单位的劳动者劳动的社会化、集体化相联系的。而城市人民公社公共食堂的前身——街道居民办的公共食堂,却是"大跃进"运动开始后才发展起来的。

1958年5月党的八大二次会议通过了"鼓足干劲,力争上游,多快好省地建设社会主义"的总路线,开始了一九五八年生产"大跃进",城市工业得到迅速发展,民办工业也有了很大的发展,街道居民的就业率普遍提高,成批地参加集体的社会的劳动。为解决集体生产和分散做饭的矛盾,要求建立公共食堂,于是在一九五八年,第一批街道公共食堂就诞生了。

集体生产和分散做饭的矛盾,实际上反映了作为生产关系的一个方面的消费方式和生产力进一步发展的矛盾,这一矛盾的实质就是生产关系的矛盾。一九五八年建立的一批公共食堂,在解决妇女劳动力和保证生产"大跃进"上起了一定的作用,使矛盾得到一定程度的缓和,但上述矛盾并未根本解决。

经过一九五八年、一九五九年连续两年的"大跃进",特别是1960年为了继续保持"大跃进"的速度,要求城市工业生产有较大的增长。这在当时由于农村生产力极其落后因而不可能大量抽调劳动力来支持城市的条件下,除了依靠大搞技术革命和技术革新运动外,还要充分动员一切可能利用的城市劳动资源。但另一方面城市却还大量地存在着闲散劳动人口,而这些人,大都是从事做饭、带小孩等家务劳动的家庭妇女,这显然与城市工业生产进一步发展相矛盾。例如银川市居安巷共有居民1013户,14900多人。随着公社化和生产建设的飞跃发展男劳动力已充分就业,女劳动力73%参加了生产,出现了"家家无闲人,人人有事做"的新气象。① 但一部分职工家属由于家务拖累,未能入社参加生产;已参加生产的,仍有不少人家务负担过重。这些都和持续"大跃进"的要求相矛盾。

1960年4月掀起的城市人民公社化高潮,开展了以组织生产为中心的全面组织人民经济生活的运动。为了生产加番的需要,民办工业全面开花,发展

---

① 银川市档案馆:1960年号全宗,长期号目录,340号案卷。

很快。例如杭州市有民办工厂 496 个,参加生产的 15000 人,分散在社会上还未参加生产的整、半劳动力有 15000—20000 人左右,温州市有民办工厂 179 个,居民生产加工厂 117 个,参加生产的 17000 人,分散在社会上还没参加生产的整半劳动力有 10000 人左右。① 就是说,除去在机关、团体、国营和地方国营企业、事业单位工作的以外,这两个市的居民中,可以组织的闲散劳动力,有半数左右已经组织到民办工厂里来,还有半数左右,需要继续组织起来。原有城市闲散居民,一方面由于参加某种生产,有集体做饭的需要,同时由于他们有收入了,他们也愿意参加食堂。这就必然要求公共食堂相应地有大量而普遍的发展。

由此可见,公共食堂的普遍发展,是由于生产持续"大跃进"的客观要求,也是城市人民公社化运动的实践使然。

四、城市居民对公共食堂的热烈向往与盲目追随是其产生的社会根源

新中国成立后,党和国家通过不同途径和形式对城市劳动群众进行共产主义思想和信念教育,使他们对社会主义和共产主义的基本原则有了初步的了解,朦胧地树立了这样的信念:共产主义是一个无限美好的社会。从而激起城市底层民众渴望早日实现共产主义过上美好生活的强烈憧憬。正当城市居民沉浸在对未来幸福生活憧憬的时刻,农村人民公社一些振奋人心的消息和中共关于共产主义在中国前景的美好判断,通过各种管道传给了城市居民。比如"吃饭不要钱""放开肚皮吃饭""各取所需""共产主义是天堂,人民公社是金桥""看来,共产主义在我国的实现,已经不是什么遥远和将来的事情了"等,使他们感觉到,过上共产主义的美好生活不再是梦想了,并相信这一天即将到来。在这种情况下,城市各系统党的组织和街道居民群众对公社与公共食堂的建立倾注了极大的热情并付诸行动。党组织进行大力宣传,大谈人民公社的优越性与公共食堂的好处,居民群众中许多人对此深信不疑,他们写申

---

① 浙江省档案馆:J103 号全宗,12 号目录,17 号案卷。

请、表决心,纷纷要求组建人民公社,参加公共食堂。例如兰州市财贸系统职工对成立城市人民公社认识明确、热烈拥护,行动积极者 7556 名,占职工总数 72.06%,其中党员 1317 名,占党员总数 87%;团员 808 名,占团员总数 80.0%;群众 5431 名,占群众总数 68.2%。如百货公司针织商店总务员胡福贤(党员)听了动员后立即写了入社申请书要求参加城市人民公社,把孩子送到托儿所,并动员爱人参加了工作,还积极主动帮助五泉山街道办事处大办食堂。肉联厂党员陈璧在动员以后正巧爱人有病,但他毫不犹豫将粮食转入食堂,并动员爱人参加保育员工作。农副公司木器加工厂邵梅影(党员)、王莎莉(团员)两同志听了报告后就积极动员组织职工家属参加食堂和工作,在一天内使该厂 101 名职工和家属(除一名外)全部参加了食堂吃饭。同时又积极组织起了托儿所、洗衣组、缝纫组,解决了家属工作问题。市人民银行干部牟本仁(群众)主动帮助街道居民食堂算账,并动员母亲带头到食堂做饭。市粮食局工人彭正明说:"成立食堂真正好,三买(买粮、买菜、买煤)一不(孩子牵累不能安心工作)减去了"。工人周作仁说:"参加食堂好处多,节约劳力花钱少,孩子送进托儿所,从小思想教育好,大人高兴小孩欢,干劲倍增搞生产"①。又如天津市天纬路街的居民都说组织城市人民公社是"毛主席的好主意",是"一条幸福的道路"。最先组织起来的鸿顺里居民第一批报名入社,"他们等不及社里发下来申请书,在一张白纸上,全胡同每一个人就都写上了自己的名字"②。其中,广大妇女对办公共食堂的热情与积极性特别高,她们相信,有了公共食堂,就可以从繁琐的家务劳动中解放出来,且能走上集体生产和独立生活的岗位,为"大跃进"出更多的力。因此,她们热情地歌颂道:"街道办食堂,省钱又省粮,人人吃得好,个个喜洋洋,生产增干劲,感谢共产党"③。城市人民公社公共食堂就是在这种组织上大力鼓动与群众积极参与的热烈场景中诞生的,而无需考虑什么雄厚的物资基础与人们生活的真正需要以及广大参与者各方面素质等诸多因素。

正是在上述诸多因素的合力作用下,于是在全国大办城市人民公社的同

① 兰州市档案馆:001 号全宗,1 号目录,19600128 号案卷。
② 《鸿顺里展示城市人民公社无限美景》,《天津日报》1960 年 4 月 8 日。
③ 河北省档案馆:855 号全宗,5 号目录,1977 号案卷。

时出现了大办公共食堂的高潮。据 1960 年 3 月末统计,全国有 25 个省、市、自治区已建立 598 个城市人民公社。"公社和街道举办了食堂五万零三百一十一个,占上述城市[1959 年底,全国 25 个省、市、自治区,共有设市制的城市 184 个。上述城市是指其中的 164 个(另 20 个城市是新疆和云南的,未在统计之内——作者注)]全部食堂(不包括商业部门的营业食堂)总数十三万一千二百三十四个的百分之三十八点三,就餐人数五百二十二万,占城市全部食堂就餐人数二千三百五十六点六万的百分之二十二点一五,占城市人口的百分之七点八。例如重庆、哈尔滨、天津、郑州、石家庄等城市参加食堂人数(包括机关、学校、企业食堂)已占市区人口的百分之五十左右。"①

又据全国总工会调查统计,截至 1960 年 7 月底,在 190 个大中城市里,建立了 1064 个人民公社,公共食堂已达 76000 多个,入伙人数 1700 多万人,加上国营企业、机关、学校办的食堂,共达 17 万多个,入伙人数 4300 多万人,占上述城市人口的 60%。②

综上所述,可见城市人民公社公共食堂产生的原因是多方面的,有理论根源、思想根源、实践根源和社会根源。当然,我们现在回过头来探析城市人民公社公共食堂产生的历史原因,是为了以史为鉴,吸取教训。任何时候都不能忘记,生产关系的改变必须以生产力的发展作为首要前提。

---

① 湘潭市第二档案馆:2 号全宗,1 号目录,27 号案卷。
② 中央档案馆:中央传阅档 6/1076。

城乡人民公社公共食堂差异比较[*]

对于公共食堂,人们都耳熟能详,且"谈堂色变"。但必须指出的是,不论社会上茶余饭后的闲谈,还是学者们的学术研究,其成果①均集中在农村人民公社公共食堂。实际上,公共食堂不只农村人民公社有,城市人民公社里也普遍存在。人们可能作如此理解,农村公共食堂是食堂,城市公共食堂也是食堂,应该说没什么差别。这是误解,或者偏见。本文主要以查自全国当时 28 个省市自治区(除西藏)档案馆的城市人民公社源文件资料为依据,就城乡人民公社公共食堂的差异作一比较,借以揭开城乡人民公社公共食堂差异之谜,以便人们对城乡人民公社与公共食堂有更多的了解,更期待学者们进一步关注与全方位研究人民公社问题。

一、城乡人民公社公共食堂兴衰的轨迹不同

农村人民公社公共食堂兴衰轨迹:大办—停退—强行恢复—集体解散。

大办:1958 年 8 月至 1958 年底。1958 年 8 月 17 日至 30 日,中共中央在北戴河召开了政治局扩大会议。这次会议作出了两项对中国历史进程产生了重大影响而举世瞩目的决定,一是 1958 年钢产量 1070 万吨,比 1957 年翻一番;二是在农村建立人民公社。会议结束后,在全国农村立即掀起了人民公社化运动高潮,公共食堂也像雨后春笋般涌现。到 9 月底,全国农村成立了23000 多个公社,办起公共食堂 265 万多个,百分之九十以上的农户加入了人

---

* 本文原刊于《党史研究与教学》2015 年第 1 期。

① 代表性的主要有罗平汉、张曙光、李锐、王迢、李春峰、柳森等学者的文章。

民公社。此次大办有三个显著特点：

一是"一声喊"。所谓"一声喊"，就是"快"，以迅雷不及掩耳之势。就这个问题笔者到家乡采访了当年公共食堂的亲历者李大爷。[①] 他说："当时我所在的公社叫壶天人民公社，于1958年农历8月24日（公历1958年10月6日——作者注）宣布成立，第二天，我们就在公共食堂吃饭。"李大爷说的是个案，但却反映了农村公共食堂组建的普遍现象。一般来说，都是公社当天宣布成立，第二天，社员进食堂就餐。后来，刘少奇也痛心地说："看来，一九五八年十月一日一声喊，食堂就办起来，那是大错误，应该吸取教训。"[②]二是"普遍化"。所谓"普遍化"，一方面，是公共食堂覆盖的面广，几乎是全国（大陆，除西藏）农村；另一方面，在食堂吃饭的人多，占农村总人口的70%、80%、90%。三是"一刀切"。所谓"一刀切"，就是不管什么情况，农村所有成员一律到食堂就餐。然而，在政策规定上并非如此，而是堂而皇之。河南省遂平县嵖岈山卫星人民公社是全国第一个农村人民公社，于1958年8月17日写成了《嵖岈山卫星人民公社试行简章（草稿）》（下称《简章》），毛泽东审阅修改了这个章程，并批示印发北戴河中央政治局扩大会议讨论。《简章》第十七条规定："公社要组织公共食堂、托儿所……不愿意参加食堂和托儿所的听其自便。参加食堂的，也可以自己另备小菜。"[③]实际上，"自便"是非常困难的，因为生活物资上调了，铁炊具（食堂用不着的）作为废铁用于炼钢了，自留地全部交给公社了，这就从物质上断绝了家庭起伙的前提。从精神上来说，有些人有特殊情况的，或者动作迟缓的，动辄鸣放辩论或者斗争，逼其就范。如此一来，"一刀切"便顺理成章成为农村入伙公共食堂的普遍做法。

停退：1958年12月至1959年9月。庐山会议前，鉴于公共食堂粮食紧张的状况，党中央在农村公共食堂问题上采取了一些比较宽松与灵活的政策，比如说，降低供给标准、重申"自愿参加""允许社员有少量的自留地"等。这些政策的贯彻执行产生了两个效果：一是农民有了一定的自主权，调动了农民的

---

① 李大爷：李春祥（1941——　　），农民，现住湖南省湘乡市翻江镇岐山村罗家坪组。

② 金冲及主编：《刘少奇传》（下），中央文献出版社2008年版，第793页。

③ 中共中央文献研究室编：《建国以来重要文献选编》第十一册，中央文献出版社2011年版，第343页。

积极性,缓解了食堂粮食紧缺的矛盾;二是出现了社员退伙,食堂停伙,大批食堂解散的现象。据国家统计局 1959 年的统计显示,全国农村公共食堂,50%—70%人口参加食堂的有湖北、福建、江西、陕西、江苏、宁夏 6 个省、自治区;50%以下人口参加食堂的有甘肃、山东、青海、吉林、黑龙江、辽宁,内蒙古等 7 个省、自治区,其中内蒙古自治区最少,参加食堂的人口仅为 16.7%。①

强行恢复:1959 年 10 月至 1960 年 3 月。上述情况表明,1959 年农村公共食堂停伙、退伙、解散的现象是比较严重的。本来是好事,降低了农村公共食堂的严重程度,但与中共中央特别是毛泽东坚决办食堂的指导思想相违背,显然,为毛泽东所反对。1959 年七八月间,中共中央政治局扩大会议和八届八中全会在庐山召开,史称"庐山会议"。会议前期,由于彭德怀等对人民公社化运动包括公共食堂提出了尖锐的批评意见,致使毛泽东非常愤怒。彭德怀等人的意见被斥责为"悲观主义思潮",并将彭德怀等人打成右倾机会主义和反党集团。这样,庐山会议气氛急转直下,从纠"左"急剧演变成一场"反右倾"运动。公共食堂问题就与反"右倾"运动紧密地结合起来,凡是反对或否定公共食堂的言论与思想都被视为"右倾"机会主义加以批判。从这以后,各地农村公共食堂逐渐步入强行恢复的轨道。

1960 年 2、3 月间,中共中央先后批转和下发贵州省委《关于目前农村公共食堂情况的报告》及毛泽东的批语与指示。中共中央在 2 月 26 日的批语中指出"为了巩固人民公社必须办好公共食堂"②。3 月 4 日,毛泽东在《中央转发贵州省委关于目前农村公共食堂情况报告》中批示道:"贵州省委关于目前农村公共食堂情况的报告,写得很好,现在发给你们研究,一律仿照执行,不应有例外。"3 月 15 日,毛泽东又在《中央关于加强公共食堂领导的批语》中强调:"请你们对这个极端重要的公共食堂问题,在今年一年内,认真大抓两次,上半年一次,下半年一次,学贵州河南等省那样作出科学的总结,普遍推行。……工厂、矿山、

---

① 参见中共中央文献研究室编:《建国以来重要文献选编》第十三册,中央文献出版社 2011 年版,第 80 页。

② 中共中央文献研究室编:《建国以来重要文献选编》第十三册,中央文献出版社 2011 年版,第 38 页。

街道、机关、学校、团体、军队的公共食堂,一律照此办理。"①

农村人民公社公共食堂就是在上述背景下得到强行恢复,许多省、自治区参加食堂的农村人口占到人口总数的 90% 以上,其中河南省最高,参加食堂的人数占到农村人口总数比例的 99%。②

集体解散:强行恢复起来的农村公共食堂更加挫伤了农民的积极性,造成了广大农民群众生活的更加困苦,甚至生命威胁。正如刘少奇所说:"问题这样严重,如果说天灾是主要的,恐怕说服不了人。没有调查研究,这个教训很大,饿了一年肚子,应该教育过来了吧!"③在这种情况下,中共中央审时度势,于 1961 年 6 月制定了《农村人民公社工作条例(修正草案)》。对于公共食堂,草案有两条非常关键的规定,一是可以取消供给制;二是规定办不办食堂,"完全由社员讨论决定。凡是要办食堂的,都办社员的合伙食堂,实行自愿参加、自由结合、自己管理、自负开销和自由退出的原则"④。实际上是取消了公共食堂制度。这样,《农村人民公社工作条例(修正草案)》下发并逐步实行后,全国农村几百万个公共食堂相继解散。对此,广大农民欢欣鼓舞,衷心拥护,他们把上述规定称为"第二次解放"。

城市人民公社公共食堂兴衰轨迹:试办—停滞—大办—复原。

试办:1958 年 8 月至 1958 年 12 月。在农村人民公社化运动的同时,各省市的部分地方纷纷试办各种形式的人民公社,组建了一大批公共食堂,它有如下特点:一是"羊群效应"。它本是经济学里经常用来描述经济个体的从众跟风心理。指人们经常受到多数人影响而跟从大众的思想或行为,也被称为"从众效应"。"羊群效应"在此比喻城市人民公社公共食堂是受农村人民公社公共食堂的影响与推动办起来的。

河南省大搞农村人民公社化运动的同时,在省辖的 9 个城市中也搞起了

---

①　乌鲁木齐市档案馆:1 号全宗,3 号目录,481 号案卷。

②　中共中央文献研究室编:《建国以来重要文献选编》第十三册,中央文献出版社 2011 年版,第 72 页。

③　金冲及主编:《刘少奇传》(下),中央文献出版社 2008 年版,第 791 页。

④　中共中央文献研究室编:《建国以来重要文献选编》第十四册,中央文献出版社 2011 年版,第 348—349 页。

公社化运动,到1958年9月底,9个市已经建立起人民公社509个,入社人数占9市总人数的82.3%。共建食堂7385个,就餐人数占应就餐人数的81.7%。① 河南省的城市人民公社与公共食堂化,为其他省、市(直辖市)、区(自治区)兴办城市人民公社发挥了示范作用,他们陆续跟进,试办了一批城市人民公社,建起了公共食堂。如北京市二龙路人民公社、天津市鸿顺里人民公社、武汉市先锋人民公社、重庆市七星岗人民公社、哈尔滨市香坊人民公社、沈阳市红旗人民公社等。从1958年8月到1959年底,全国城市人民公社和街道举办了食堂50311个,就餐人数522万。② 二是"部分建立"。它包含两层意思。首先是公共食堂只在各个省(除河南省)的部分城市里建立,比如福建省1958年"大跃进"时在福州、厦门、南平等城市中,有20余万人口组成了13个人民公社。③ 其次是公共食堂仅仅在已经有公社试点城市中的部分地方建立。就是说,即使是有公社的城市并非普及了公共食堂。例如北京市,1958年10月份城区四个(宣武区、东城区、西城区、朝阳区)重点办事处搞公社试点时,食堂的发展来了一次高潮,到1958年底发展到896个,有2816名工作人员,59700人入伙。④ 再如,山西省阳泉市的义井人民公社。它是1958年10月1日成立的阳泉市第一个城市人民公社——矿区人民公社。该社"办起公共食堂123个,全社已有80.2%的人参加了集体生活⑤。三是"有堂无社"。它指的是还有一些没有来得及建立公社的城市,为了响应党中央的号召,许多城市把居民组织起来,大搞生活集体化,办起了集体食堂,这类食堂具有公社公共食堂的性质。上海市是最为典型的例子,该市在整个城市人民公社运动中始终没有挂牌,但是,人民公社化运动的实际工作一直没有停止过。例如,丽园街道1959年以前开办起来的公共食堂17个(其中有1个是与工厂合办的),最大的食堂有千多人,最少的只有70多人搭伙。⑥ 另有长宁区"姚家角里弄食堂是姚家角居委会在1958年国庆节前夕创办的。开始时,只有三个里

① 郑州市档案馆:1号全宗,14号目录,1085号案卷。
② 湘潭市第二档案馆:2号全宗,1号目录,27号案卷。
③ 福建省档案馆:101号全宗,6号目录,283号案卷。
④ 北京市档案馆:1号全宗,28号目录,32号案卷。
⑤ 《阳泉义井公社行行业业大协作》,《人民日报》1960年4月21日。
⑥ 上海市档案馆:A20号全宗,1号目录,42号案卷。

弄干部,把自己家里的炉子、锅子拿出来,在居委会办公室旁边的一间小房子里办起来。"①

停滞:1958年12月至1960年2月。1958年12月上旬,毛泽东在《关于人民公社若干问题的决议》中批示:"目前城市中的资本家和知识分子中许多人的资产阶级思想还相当浓厚,他们对于成立公社还有顾虑,对于这一部分人,我们应当有所等待。因此,在城市中应当继续试点,一般不忙于大量兴办,在大城市中更要从缓,只作酝酿工作,要等到经验多了,原来思想不通的人也通了,再大量兴办起来。"②这一批示,给跃跃欲试的城市人民公社化运动泼了一桶冷水,加上农村公共食堂十分严峻的形势,城市公共食堂更加不能贸然行动,所以1959年城市人民公社与公共食堂的发展基本处于停滞的状态,总体上维持在1958年底的水平。当然,说它处于停滞状况,不是说没有一点变化。例如,北京市1959年内基本上是巩固提高,没有继续发展,入伙食堂人数还有所下降,1958年底入伙人数49000人,1959年底减少到34566人,下降了29.45%。③ 而上海不降反升,1958年10月下旬,全市被组织起来的里弄妇女和职工家属有10万人,共建立起公共食堂800多个,托儿所、幼儿园1700多个,劳动服务站100多个。到1959年底,已参加各项社会劳动和生产组织的里弄居民有85万6千人,约占里弄能从事劳动的人口121万8千人的70%。举办了4600多个加工生产组,1660多个食堂,2100多个托儿所,3270多个生活服务组,640多个小学,280多个业余中学。④

大办:1960年3月至1960年8月。3月6日,刘少奇为中央起草了关于城市人民公社问题的指示稿。3月8日,毛泽东对刘少奇这个指示稿进行了修改并写了批语。3月9日,中共中央将毛泽东修改过的指示稿及其批语以《中共中央关于城市人民公社问题的批示》为题下发到全国各地,要求各地采取积极的态度,放手发动群众,组织试验各种形式的城市人民公社。随后,全

---

① 上海市长宁区档案馆:37号全宗,11号目录,317号案卷。
② 中共中央文献研究室编:《建国以来毛泽东文稿》第七册,中央文献出版社1993年版,第570页。
③ 北京市档案馆:1号全宗,28号目录,32号案卷。
④ 钟民:《为实现上海城市人民公社化的伟大任务而斗争!》,《文汇报》1960年4月15日。

国各省市掀起了大办城市人民公社、大办公共食堂的高潮。经过几个月紧锣密鼓的工作,到 7 月底,全国城市(包括县城)已基本实现了人民公社化。据统计,在当时的 190 个大中城市里,建立了 1064 个人民公社,公共食堂 76000 多个,入伙人数 1700 多万人,加上国营企业、机关、学校办的食堂,共达 17 万多个,入伙人数 4300 多万人,占上述城市人口的 60%。①

正本清源:1960 年 9 月至 1966 年公共食堂的终结。城市人民公社公共食堂基本普及之后,国民经济形势愈加严峻。鉴于这种情况,1961 年初,中共中央提出了以调整为中心的"八字方针",随即展开了对城市人民公社及公共食堂大规模的清理与整顿,到 1962 年下半年,公共食堂随着大多数城市人民公社的解体而消失。但是,由于城市人民公社的解体党中央没有统一号令而使得它的后期处于各自为政的状态。这样,有少数省市的城市人民公社没随波逐流而是继续前行,公共食堂也部分存在。例如北京市,截至 1964 年 6 月,全市共有公社食堂 104 个,比 1960 年 9 月的 1836 个下降 94.4%,工作人员 503 人,比 1960 年 9 月的 7207 人下降 93.6%,入伙人员 10177 人,比 1960 年 9 月的 178000 人下降 94.3%。② 值得注意的是,尽管这些公社里的公共食堂继续存在,但是,它们基本上已正本清源。就是说,剔除了食堂中那些所谓的"共产主义"因素,还原食堂是"机关、团体中供应本单位成员吃饭的地方"③的本义,就像过去、现在、未来,甚至永不消逝的各类食堂一样。1966 年,"文化大革命"开始,而城市人民公社彻底消失,公社公共食堂也不复存在。

二、公共食堂建立时所刮 "共产风"的特征不同

公社宣布成立,公共食堂必须立即启动,因为"民以食为天,吃饭是第

---

① 中央档案馆:中央传阅档 6/1076。
② 北京市档案馆:1 号全宗,28 号目录,45 号案卷。
③ 中国社会科学院语言研究所词典编辑室编:《现代汉语词典》(第 6 版),商务印书馆 2012 年版,第 1181 页。

一条"①。社员的生活方式由一家一户的"小灶"摇身一变成了"大锅饭"。它的规模少则几百人,多则几千人。启动时的公共食堂什么都没有,确实是"白手起家"。要起家,一系列的问题扑面而来。比如,场地、设备和生活物资以及管理服务人员等等如何而来?为了解决这些问题,"共产风"在公共食堂阵地上刮得风起云涌,表现得"淋漓尽致"。城乡公共食堂组建之日,即"共产风"猛刮之时。但所刮"共产风"的特征不同,形式各异。

农村人民公社公共食堂"共产风"的特征:"调"。河南省遂平县嵖岈山卫星人民公社是全国第一个农村人民公社。该社章程第五条规定:"社员转入公社,应该交出全部自留地,并且将私有的房基、牲畜、林木等生产数据转为全社公有,但可以留下小量的家畜和家禽,仍归个人私有。"②在实际操作过程中,上述规定被大大超越。从公社宣布成立之日起,农民几乎是净身出户。其生活资料,如房屋、衣被、家具、家禽家畜等一律归公社。这样看来,农村公共食堂"共产风"的特征,用一个词可以概括,即"调",或者说"收缴"。例如,嵖岈山卫星人民公社为建立牛场、万猪场、万鸡山,首先下令向各大队调建筑物资和劳动力或直接分配建设任务,由各大队替公社建了305间畜舍;接着下令调饲养员,共调了50多人;再往下,就是下令调猪、牛、羊、鸡、鸭,要求"放卫星",到处牵牛、赶猪,追鸡捕鸭,闹得全社鸡犬不宁,人心惶惶,共调了牛192头,猪89头,鸡2700多只。实质上,农村的"共产风",是对农民赤裸裸而又极其残酷的剥夺。

城市人民公社公共食堂"共产风"的特征:"一调二捐三借"。郑州市管城区红旗人民公社章程规定:"入社社员须将私有的出租房屋、机器、运输工具(包括牛、驴、骡、马等)及社内所需要的其他生产工具,一律作价入社,作为社内基金,随着生产的发展酌情偿还。"③这个章程关于社员私有财产的表述,与农村公社章程某些措辞比较,显得温和一些,体现了一点价值法则。所以在实

---

① 中共中央党史研究室:《中国共产党历史第二卷(1949—1976)》(下册),中共党史出版社 2011 年版,第 562 页。

② 中共中央文献研究室编:《建国以来重要文献选编》第十一册,中央文献出版社 2011 年版,第 338 页。

③ 郑州市管城区档案馆:1 号全宗,3 号目录,84 号案卷。

际操作中,城市人民公社在建立公共食堂问题上所刮的"共产风"比农村要温和、含蓄、文明一些。其表现形式是:

"一调",就是无偿调拨。红旗人民公社在办公共食堂的过程中共调拨了房屋298间(其中238间作为厨房),1025个餐桌,1513条餐凳。① 再如,上海市静安区大办食堂的过程中,食堂共使用房屋209间,面积为3085平方米,其中,动员居民让出的为69间,面积为1109平方米。本地区居民的居住用房本来很挤,食堂多占用了一部分房屋,在一定程度上增加了部分居民居住用房的困难。②

"二捐",就是发动群众捐献。捐献的物资多种多样,只要是食堂缺乏的、需要的来者不拒,多多益善。例如,广州市越秀区大塘公社办食堂,发动群众捐献红砖,每户1—5块,共2000多块;煤2700斤;柴950斤;炭70斤;钢铁70斤;碗3502个;碟子145只;筷子121对;台凳一批。

"三借"就是借钱不还,借物不还,借房不还。借用实际上是占用,群众称它是"肉包子打狗"、"老虎借猪"。例如,广州市越秀区第五居委会向"6个小组,75户人借148元办食堂,直至现在未还。……借房屋暂用不还而长期占用一户,原大塘食堂因暂用该地方煮饭,暂借了大塘街97号一房,现在该食堂有地方煮饭,不把房屋交还给群众使用,怕交还群众后,以后需用时不能再借"③。

三、城乡人民公社公共食堂的分配制度不同

农村人民公社实行粮食供给制的分配制度,其载体是公共食堂。《嵖岈山卫星人民公社试行简章(草稿)》明确规定,人民公社实行工资制与粮食供给制相结合的分配制度。毛泽东对此高度评价与赞扬。在北戴河会议上,毛泽东在讲述如何办人民公社时,肯定实行供给制与工资制相结合的分配方式。他还提出,粮食多了可以搞供给制,供给制比较平等,并提议由"干部带头恢

---

① 郑州市管城区档案馆:1号全宗,3号目录,114号案卷。
② 上海市档案馆:A20号全宗,1号目录,42号案卷。
③ 广州市越秀区档案馆:066号全宗,A1-1号目录,005号案卷。

复供给制"。根据毛泽东的这个提议,在中央和地方的不少机关中,开始酝酿恢复供给制,有的地方并已开始实行。但由于实际生活中遇到许多困难,没有搞成,在农村人民公社中却相当普遍地实行了。

农村人民公社推行的供给制,其具体形式主要有三种,分为三个等级:第一种是低级供给制即粮食供给制,其办法是在公社预定分配给社员个人的消费基金中,口粮部分按国家规定的留粮指标,统一拨给食堂,社员无代价地到公共食堂就餐,副食品与油盐菜蔬等钱仍由社员个人负担。第二种是中级供给制即伙食供给制,其做法是社员的吃喝全部由食堂免费提供。具体地说,就是主食加油盐菜蔬,再加副食等。第三种是高级供给制即基本生活供给制,有些公社宣布实行"七包""十包"甚至"十五包""十六包"①。

上述三种形式的供给制,只有第一种才有操作的可能,因为粮食收割后除交足国家的征购部分外,其余的上交公社,然后,再由公社(最困难的时候国家有少量的粮食返销到公社)按照粮食的多少依人定量统一分配到各个食堂。实际上,所谓的供给制属于公社自我供给的范畴,与国家的大分配制度基本上没有联系。至于中、高级中提到的除粮食以外的钱和物,随着粮食的严重短缺与饥荒的出现而破灭,河北徐水的"共产主义试点"②就是典型的例子。因此,粮食供给制是农村人民公社公共食堂普遍推行的供给制,也是农村人民公社唯一的分配制度。这种粮食供给制,与马克思主义经典作家们所设想的共产主义分配制度,还是战争年代沿袭下来的供给制,都毫不沾边,连一点意思都没有。准确地说,它是一种由公社代替家庭为主体的自给自足的自然经济分配制度。

这种既简单又低级的供给制在农村人民公社公共食堂存在的三年时间里经历了四个阶段。第一,"吃饭不要钱,放开肚皮吃饭"。公共食堂建立之初,因把社员家的生活物资统缴归公社,使得公社立马变得很富足,再加上当时大

---

① 中共中央党史研究室:《中国共产党历史第二卷(1949—1978)》(上册),中共党史出版社 2011 年版,第 498 页。

② 农村人民公社化运动初期,河北省徐水县进行了"共产主义"的试点,推行供给制与工资制相结合的分配制度。1958 年 11 月曾筹款 550 万元,给全县公社社员和干部发过一次工资和生活用品。三个月之后,由于财力枯竭,不得不偃旗息鼓。

放粮食"卫星"而造成的粮食大丰收弥天假像。据此认为,1958年粮食获得了巨大丰收,长期困扰中国农民吃饭难的问题在人民公社中得到了解决。第二,按人定量,粮食分配到食堂。鉴于公共食堂建立后不久就出现粮荒的情况,毛泽东对粮食问题的看法比公共食堂初期冷静了许多,毕竟看到了问题的存在。但是,他认为缺粮的主要原因是食堂管理上出了问题,浪费较多。所以,他主张"节约粮食"并要求"按人定量……此事一定要十分抓紧"[1]。根据毛泽东的指示,农村人民公社公共食堂在粮食非常紧缺的时候制定了粮食供给标准。具体标准分为七等:"一等,男壮劳力,每人每天一斤(旧计量法16两为一斤);二等,女壮劳力及次男劳力(40岁至50岁),每人每天8两(半斤);三等5两;四等3两……"第三,降低供给部分,重申按劳分配。按人定量并未能挽救食堂缺粮的危机,问题是上述供给的粮食,在既无油又缺菜的情况下,无论对于哪一个等级的人群来说,时刻都会感到饥肠辘辘,面对死亡。更何况,有时候连这点少得可怜的粮食也只能是"画饼充饥"。所以,农村人民公社普遍出现大批人员浮肿、"非正常死亡"[2]和逃荒的现象。在这种情况下,中共中央于1960年5月下发了《关于农村人民公社分配工作的指示》,并建议各地推广"黑龙江有个别人民公社分配给社员的消费部分,以三分之一作为供给部分,三分之一作为工资预分,三分之一待年终决算后作为工资决分"[3]的做法。同年11月,中共中央又在《关于农村人民公社当前政策问题的紧急指示信》中对工资部分的比例再次作了提高,并重申坚持"各尽所能,按劳分配"的原则。第四,取消供给制,解散公共食堂。农村人民公社公共食堂供给制,极大地挫伤了农民的积极性,给广大农民群众生活带来了极大困苦,生命岌岌可危。同时也是给国民经济形势造成空前严峻的元凶之一。在这种情况下,中共中央于1961年6月制定的《农村人民公社工作条例(修正草案)》明确规定,可以取消供给制,公共食堂随之解散。

---

[1] 中共中央文献研究室编:《建国以来重要文献选编》第十二册,中央文献出版社2011年版,第245页。

[2] 非正常死亡是指饥荒饿死的人或因饥饿产生的疾病所导致的人口死亡。

[3] 中共中央文献研究室编:《建国以来重要文献选编》第十三册,中央文献出版社2011年版,第342页。

　　城市人民公社公共食堂实行的是"吃饭要钱"的供应制度。1958 年 8 月农村人民公社公共食堂初建时,社员在公共食堂里可以享受到几种或几十种的免费供给,它不仅被大多数贫困听话的农民群众所欣然接受,而且得到了毛泽东的高度赞扬与充分肯定。这对城市人民公社产生了不小的影响,某些城市人民公社也举起了供给制的旗帜,喊出了供给制的口号,制订了供给制计划。例如,青海省西宁市决定将原来采用的粮油供应和工资制改为向共产主义"各尽所能,各取所需"过渡的新的分配制度,即供给制,并出台了西宁市《关于实行供给制的试行草案》①。这是一份近乎完美的供给计划,如果能够真正实施的话,它还确实能够放射出一点"共产主义"的光芒。只可惜的是,在我搜集到众多的城市人民公社文献资料中,在其他城市很难找出类似相关的文献了。这说明了两种情况,一是在城市人民公社建立之初,想搞供给制的城市微乎其微;二是西宁市的供给制,仅仅是"纸上谈兵",没有真正实施的迹象,也没有任何实施情况的材料证明。所以,笔者认为,城市人民公社的分配制度没有直接和供给制相联系,它实行的是"吃饭要钱"的供应制度,这是城市公共食堂和农村公共食堂不同的一个显著特点。城市人民公社食堂不能实

---

①　《关于实行供给制的试行草案》,西宁市档案馆:1 号全宗,380 号案卷。主要内容:1. 实行供给制的范围:工人(地方国营、公社经营工厂的工人及机关、企业、事业单位的工人)、农民、干部(党、政、工、团、武及企、事业单位和干部、勤杂人员)、学生(大、中、小学学生)、职员(教员及商业人员)、城市居民及除省级机关外一切在西宁工作的人员。2. 供给内容:(1)伙食(包括主副食在内)。工人,根据技术高低、劳动强度大小及工龄长短划分为两等,凡达到技工水平,从事较重体力劳动,或工龄在十年以上者每人每月平均 17 元,不及以上条件之一者,每人每月平均 14 元;……城市居民,普通中学以上学校的学生每人每月 8 元;干部分为两等,县级以上干部每人每月 17 元,其他一般干部每人每月 14 元,国庆、元旦、春节各发给每人过节费 1 元,有病者由食堂给予照顾。伙食费一律不发给本人,为便于管理,食堂可发给个人吃饭证,凭证进餐,遇有干部下乡,工人、农民出门可原带走饭费到另一食堂吃饭交饭费。(2)服装和日用品。供给对象:工人、农民、干部、幸福院老人、幼儿婴儿、城市居民。供给原则:服装以国家棉布定量为标准,日用品根据需要发给。供给标准(略)。(3)住房。根据条件和个人需要免费分配使用,并供给水电。(4)津贴费。供给对象:工人、农民、干部、城市居民、幸福院老人、学生、婴幼儿。供给标准(略)。(5)卫生、医疗、文娱。实行供给制后,不论工人、农民、干部、学生每人每月理发一次,洗澡一次,每半个月看电影一次。看病,工人、干部全免,农民及其他按每月三角标准由单位掌握统筹医疗。(6)生育、婚、葬。工人、干部结婚发给双方 10 元,死葬每人发给直接亲属 50 元;女工与女工作人员生育发给草纸二刀、布 7 尺,并规定产前产后休假 40 天,平常卫生用纸,折发现金,每月 5 角……

行供给制而实行"吃饭要钱"的供应制是由下列情况决定的:(1)城市人民公社非生活物资供给的主体,充其量只是一个代销机构。公社是城市基层政权组织,虽然既管政治,也管经济,但是,由于城市主要是工业生产和其他机关事业,没有粮食和副食品的生产基地,食堂的一切几乎都全靠从商业部门买进来。这和农村食堂不同,农村食堂自己种菜和自己喂猪,要买进的东西很少。因此,城市人民公社既无条件也无能力搞供给制,哪怕是在农村盛行"吃饭不要钱"、"放开肚皮吃饭"的时候,城市人民公社食堂也只能"望粮兴叹",不得不出钱购粮,以维持食堂的存在。(2)城市居民成分复杂,有些人(特别是一些高工资与拿定息的人)对"共产"式的供给制不愿意接受。(3)居民收入的来源和收入水平差别较大。城市劳动者的收入主要通过按劳分配的工资形式。而工资的来源,有的是全民所有制国营企业,有的是集体所有制企业,有的是生产单位,有的是非生产单位。在收入水平上,有一个月几元、十几元的,也有的几十元、几百元,收入差距多达几十倍。(4)供应标准也极不一致。粮食标准有 21 斤,也有 28 斤、30 斤,有的工人是 40 斤,并且有的工人有补贴,有的又没有,在副食品供应上为了照顾特需和重点标准也有很大差异。(5)城市居民的文化层次比农民群众普遍要高,对"共产主义"的理解比农民要复杂得多。有些人甚至对这种阿 Q 式的"共产主义"嗤之以鼻,不屑一顾。

根据以上情况,城市人民公社公共食堂不能实行供给制,只能实行供应制。如果实行供给制,不仅手续繁杂,不易管理和计算,而且事实上公社或食堂根本拿不出粮食来保障供给制的实施。更为重要的是将会遇到很多的思想障碍,严重时可能造成城市的混乱与动荡不安。因此,城市人民公社公共食堂,只能实行"吃饭要钱"的制度,一般的都是按照国家供应的粮食定量自买饭票和菜票,凭票吃饭,并随行就市(随着国家生活物资供应的变化而变化)。

四、城乡人民公社公共食堂
所造成的后果不同

农村人民公社公共食堂时期,人们把它叫作"三年(1959—1961)困难时期",即把导致"三年困难"的总账记到了公共食堂的名下,就是说,有了公共食堂,才造成三年的经济困难。其中最大的困难是粮食严重短缺,从而导致农民病饿而死。在这三年里,农村非正常死亡的人数究竟有多少,目前尚无定论,有各种各样的版本。例如:官方说1800万人;蒋正华说1700万人;袁永熙说1858万人;金辉说2521万人;曹树基说3250万人;①《英国大百科全书》说1850万人;尽管说法不一,但死了很多人是肯定的。话说回来,现在来统计一个确切的死人数字已经不十分重要了,重要的是,牢记这场人类历史上和平年代所发生的主要是人为的巨大灾难,从中吸取深刻的教训,不能重蹈覆辙,悲剧重演。

城市人民公社公共食堂同样具有"共产主义因素",并有向"共产主义"过渡,担任"桥梁"与"标本"的功能。按理说,它应该与农村人民公社公共食堂一样遭遇悲惨的命运。然而,历史事实表明,城市人民公社公共食堂所造成损失的程度比农村人民公社公共食堂要小得多。就拿非正常死亡人数来说,笔者所接触到的众多的城市人民公社档案文献资料中,只有关于儿童非正常死亡与营养不良导致各种疾病(主要是浮肿病)的信息记载,而因食堂缺粮饿死人的现象基本没有。现各举一例。如济南化工厂"托儿所95个孩子中,90%的有眼病,43%的患软骨病,其中两周岁不能走的四名,一周岁不能站的15名;更为严重的是,在一岁以内的儿童1434人中,死亡715人,占总人数的49.8%;成活率仅占50.20%"。为什么会出现这样多的孩子患病与死亡呢?主要原因不是饥饿,而是"氟化物新产品生产车间,氟化氢毒气超过国家最大容许浓度数十至数百倍,最高达1330倍,这种毒气损害人的皮肤、黏膜、骨骼、血液等,并可通过母亲的胎盘、乳汁、汗液带给婴儿,影响下一代的健康"②。

1960年12月,新疆维吾尔族自治区的资料反映:"现在自治区城市人口的生活,总的看来是没有问题的,中、小城市的情况更好一些。城市的粮食供应是有保证的,口粮标准平均在三十斤左右,只要管好伙食、搞好食堂,是能够保证吃饱的;肉和油的供应标准,最近虽稍有降低,但像乌鲁木齐市,也还能做

---

① 曹树基:《1959—1961年中国的人口死亡及其成因》,《中国人口科学》2005年第1期。
② 山东省档案馆:A005号全宗,01号目录,107号案卷。

到每人每月供应一斤肉和十两油,其他城市一般都比乌鲁木齐市要高点;……但是,根据最近检查的情况,在城市人口生活中,还有一些问题,特别是有的单位,不断发生了浮肿病。乌鲁木齐铁路局和四十四个大专中学的统计,已经发生浮肿病的就有二千三百五十七人。其中铁路系统一千五百六十六人,大专中学七百九十一人。这些浮肿病人,虽然一般的较轻,少数是较重的,大专中学重病症的就有十一人,中度病症的就有七十五人,铁路系统还因浮肿病死了一个人。"①1961 年 4 月,乌鲁木齐市卫生部门对患浮肿病的人员进行了复查,结果是:"截至 4 月 20 日不完全统计,已治愈 1433 名,占 2114 名总患病人数的 60%。目前还有 681 名浮肿病患者,其中轻度的 897 名,中度的 75 名,重度的 9 名,比 3 月底 772 名少了 91 名,形势好转。"②

纵观其上,明晰可见,城乡人民公社公共食堂在兴衰轨迹、"共产风"特征(建立手段)、分配制度、导致后果等诸多方面确实存在较大的差异。人们不禁要问,为什么会有如此巨差? 道理十分简单,乃为城乡差别、城市偏向政策、城乡二元体制所致。就拿粮食来说,哪怕是粮食极度匮乏,农村饿殍遍野的时候,国家对城市的粮食供应采取"降低口粮标准"的办法,为的是"巩固和发展工农联盟,保证社会主义建设的顺利进行"③。就是说,此法是不得已而为之。不然,是不会降低城市人口的粮食标准的。再者,城市的医疗卫生条件比农村要强很多,即使患了浮肿病,基本能够得到有效的救治,把患者从死亡线上抢回来,直到康复。总而言之,通过比较,揭示历史真相,吸取深刻教训,予当下建设城乡一体化以启示。

---

① 乌鲁木齐市档案馆:1 号全宗,3 号目录,476 号案卷。
② 乌鲁木齐市档案馆:1 号全宗,3 号目录,480 号案卷。
③ 乌鲁木齐市档案馆:1 号全宗,3 号目录,480 号案卷。

关于城市人民公社历史记述中
"个别省市"一语的考证[*]

一

  城市人民公社与农村人民公社是人民公社的完整表述,城市人民公社是人民公社不可或缺的重要组成部分。但是,长期以来,在国史与党史记载中,看到的只是大篇幅叙述农村人民公社史,而对于城市人民公社史却很少记载,有些甚至避而不谈。近10年来,随着城市人民公社档案资料的大量发掘,城市人民公社研究成果的不断涌现,城市人民公社的历史也逐渐被人们所重视。尤其感到欣慰的是,2011年出版的《中国共产党历史第二卷(1949—1978)》(下册),对于城市人民公社有300(其中标点符号29)个字的记述。全文抄录如下:

  1958年在个别省市建立的城市人民公社,也被要求推广。1960年3月9日,中央发出指示,要各地放手发动群众,组织试验各种形式的城市人民公社,可以以大型厂矿和机关学校为中心,也可以以街道居民加一部分农村居民组成。全国城市要在上半年普遍试点,下半年推广,除北京、上海、武汉、广州外,其他城市应一律挂出人民公社的牌子。以后几个月内,全国190个大中城市建立起1064个人民公社,参加的人口达5500多万人。北京市还于1959年建起"公社大楼",当时被称作"共产主义大厦"。但是城市人民公社除了挂个牌子,有的用平调的办法办一点服务性事业外,大多有名无实。随着国民经济出现严重困难局面,城市人民公社也难以为继。①

---

  * 本文原刊于《湘潭大学学报(哲学社会科学版)》2015年第3期。
  ① 中共中央党史研究室:《中国共产党历史第二卷(1949—1978)》(下册),中共党史出版社2011年版,第559—560页。

虽然记载不多，但它是一个突破性进展，结束了以往权威党史著作中没有城市人民公社记载的历史。正如一位党史专家所指出的："这部党史基本著作，以大量历史资料为依据，吸收近30年来党史学界重要研究成果，全面记载了1949年10月中华人民共和国成立至1978年12月党的十一届三中全会召开这段历史。"①细细品味，认真考虑，该记述美中不足的是，"1958年在个别省市建立的城市人民公社"中，关于"个别省市"的判断与1958年建立了城市人民公社的"省市"事实严重不符。故此，本文以笔者从全国27个省市自治区70多家档案馆收集到的大量档案资料为依据，对"个别省市"一语作以考证，试图还原1958年城市人民公社建立情况的"庐山真面目"。

二

要考证这一词语，首先要厘清"个别"与"省市"的文学与历史行政区划概念。所谓"个别"，通常有两种解释：从幅来说是指单个；各个。如个别辅导，个别处理。从形来说是指极少数；少有。如这种情况极其个别②。对于"极"，《现代汉语词典》以"顶点""尽头"③作解。而一事物的"顶点""尽头"，在一定的时空内只能有一个，最多不会超过两个。所以，顺着这个权威解释，"个别"在量上的准确定位应该是一个，最大限度也不会超过两个。

关于"省市"一词也是需要厘清的一个行政区划概念。列宁曾经说："在分析任何一个社会问题时，马克思主义理论的绝对要求，就是要把问题提到一定的历史范围之内"④。此一时，彼一时，"大跃进"时期与现在的行政区划发生了大的变化，准确把握其历史行政区划，对于考证本问题是非常必要的。1958年下半年，人民公社化运动开始时，我国（大陆）的行政区划是28个省、

① 欧阳淞：《准确把握党的历史的主流和本质》，光明网，http://www.gmw.cn，2011—01—21。
② 中国社会科学院语言研究所词典编辑室编：《现代汉语词典》（第6版），商务印书馆2012年版，第441页。
③ 中国社会科学院语言研究所词典编辑室编：《现代汉语词典》（第6版），商务印书馆2012年版，第604页。
④ 《列宁选集》第2卷，人民出版社2012年版，第375页。

市(直辖市)、自治区,其中包括 21 个省(河北、山西、黑龙江、吉林、辽宁、陕西、甘肃、青海、山东、江苏、浙江、安徽、福建、河南、湖北、湖南、江西、广东、贵州、四川、云南),2 个直辖市(北京、上海。现在的重庆市与天津市分别于1955 年与 1958 年由中央直辖划归四川省与河北省管辖,属省辖市),5 个自治区(内蒙古、新疆、宁夏、广西、西藏自治区筹备委员会)。在此,值得特别说明的是,1958 年西藏还没有进行农奴制改革,没有正式成立自治区,自然就没有加入到人民公社化运动的行列。所以,当时有条件投入到人民公社化运动的是 27 个省、市、自治区。

在准确界定"个别省市"的概念之后,我们就可以顺理成章理解"1958 年在个别省市建立的城市人民公社"为"1958 年有一个,最多不超过两个省市建立了城市人民公社"。为何如此判断? 正如前引党史专家所说,是"吸收了近30 年来党史学界的重要研究成果"。笔者考查了近 20 年来,关于城市人民公社研究称得上"重要"的成果,应该是薄一波在《若干重大决策与事件的回顾》(下卷)中对城市人民公社运动所作的记述。即"人民公社化的浪潮,从农村滚滚冲向城市。率先实行农村公社化的河南省,一鼓作气,在城市建立了人民公社。据河南省委办公厅 1958 年 10 月 1 日报告:到 9 月底,全省 9 个省辖市共建立人民公社 482 个……参加公社的人数占这 9 个市总人口的 97%。每个城市公社平均规模为 4950 人。别的一些地区的城市也试建了一批城市人民公社。例如,一度颇有点名气的哈尔滨香坊人民公社,北京市二龙路人民公社等,就是 1958 年建立的"①。从这段记述里,可以得知:1958 年建立了城市人民公社的"省"是河南与黑龙江,建立了城市人民公社的"市"是北京。由此可见,上述"个别省市"一词极有可能是根据薄一波所提供的重要信息而作出的判断。否则,不会如此巧合。

诚然,重要的科研成果必须吸收,但对那些作者认为"不重要"的成果也不能完全熟视无睹。其实,重要与不重要也就一念之差,但这里面折射出评判者的历史价值观问题。就历史研究成果而言,判断其"重要"与"不重要",不

---

① 薄一波:《若干重大决策与事件的回顾》(下卷),中共中央党校出版社 1993 年版,第755 页。

能只看成果提供者社会地位的尊卑,而要看其成果是否客观真实,遵循"论从史出"的原则而推出的原创或创新性作品。笔者在考查"重要"成果的同时,一并查阅了绝大部分城市人民公社研究成果,从 20 世纪 90 年代以来至 2011年,研究城市人民公社的学者有 10 多人,公开发表的学术论文有 20 多篇,学术专著一部。就拿专著《城市人民公社运动研究》[国家社会科学基金项目《乌托邦思想与城市人民公社研究》(项目号:04BDJ010)的最终研究成果]一书来说,学界同仁对其给予了肯定的评价。学者辛逸先生说,进入新世纪以来,人民公社研究另一个明显的进展是作者在城市人民公社研究方面所作出的贡献。他的《城市人民公社运动研究》一书是第一本研究城市人民公社运动的专著。……该书另一值得称道的地方,是对城市人民公社化运动和农村人民公社化运动的异同进行了全面而系统的比较。① 另一个学者吴志军先生也指出,2006 年出版的专著《城市人民公社运动研究》(湖南人民出版社出版)关注人民公社政策史的研究,成为人民公社宏观史研究的另一部代表性著作。② 显而易见,如以身价论重轻,很容易犯以偏概全的错误。话说回来,本文的目的不是讨论学术成果孰重孰轻的问题,仅从当年城市人民公社原始文献中找出 1958 年下半年各省市建立城市人民公社的相关数据,以资考证。

三

1958 年,建立城市人民公社的情况,除河南省、黑龙江省、北京市(这两省一市的情况,上文中已有引用,在此不再赘述)以外,其他各省市自治区的数据分别有:

吉林省:二道河子人民公社,是我市(长春市)在一九五八年十月重点试办的一个城市人民公社,它是以原长春市的中、小型企业比较集中的二道河子区为单位,建立起来的。③

辽宁省:(沈阳市)红旗人民公社是 1958 年 9 月 1 日成立的。在市、区的

---

① 辛逸:《人民公社研究述评》,《当代中国史研究》2008 年第 1 期。
② 吴志军:《人民公社宏观史研究的学术史分析》,《北京党史》2010 年第 2 期。
③ 吉林省档案馆:现字 1 号全宗,1960 号目录,88 号案卷。

正确领导下,它已经完全巩固并走向发展的道路。全社管区内有 11162 户,52773 人。现在共有 11 个综合工厂,下设 44 个生产车间。参加公社劳动的成员有 6230 名,生产品种有 213 种。1959 年产值 1120 万元,从建社到 1958 年 11 月末共积累资金 400 多万元。为了适应生产发展的需要,兴办了托儿所和幼儿园各 11 个,入托儿童为 2078 人,兴办了 11 个公共食堂,就餐人员 1682 名;办业余学校 16 所,入学学员 4969 名;敬老院一所,入院老人 13 名。①

山西省:太原市巨轮人民公社经过一年多的试办,有了初步经验,并且已经显示出城市人民公社的优越性,用实力教育了群众,部分群众对人民公社的种种顾虑和误解消除了,广大群众向往着公社。②

山东省:(济南市)红旗人民公社是在 1958 年"大跃进"中产生的,经过一年多的整顿巩固和提高,在发展生产和组织群众生活等方面已取得很大的成绩,充分显示了人民公社的无比优越性。③

湖北省:本市(武汉市)城市人民公社是在 1958 年经过整风和社会主义教育,群众政治觉悟提高,各项工作大跃进及农村公社化的影响,群众迫切要求,经过市、区党政领导机关研究而进行了试点。拟取得经验后再推广。8 月上旬开始酝酿。8 月中旬各区先后开始试办。至 11 月底止,全市共成立了 9 个试点人民公社。④

湖南省:全省九市在九月上中旬,均先后进行了建立人民公社的试点工作。各市做法不一,有的是按地区建社,有的是按单位建社,也有的是以工厂或机关为主,吸收附近居民参加,但多数是以街道为对象进行试点。⑤

广东省:今年 8 月,广州市中区的泰康街、北区的大塘街、东区的广九街,在市委和区委的领导下,于九月中旬先后开展建立人民公社的工作,至 10 月 8 日止,各街相继召开了人民公社的社员代表大会,选举产生公社的筹备委员会,宣布人民公社的正式成立。⑥

---

①　福建省档案馆:党群全宗,目录 819。
②　太原市档案馆:1 号全宗,2 号目录,647 号案卷。
③　山东省档案馆:A145 号全宗,25 号目录,010 号案卷。
④　武汉市档案馆:83 号全宗,1 号目录,83 号案卷。
⑤　湖南省档案馆:147 号全宗,1 号目录,221 号案卷。
⑥　广州市档案馆:16 号全宗,永久号目录,002 号案卷。

广西壮族自治区:南宁、柳州、桂林、梧州四市在一九五八年下半年都先后建立了街道人民公社,现在四市共建立人民公社三十三个,其中南宁十个,柳州九个,桂林十一个,梧州三个。①

福建省:1958 年秋季,在农村实现人民公社化运动的形势下,我省广大县城和集镇,也都实现了人民公社化,与此同时,在福州、厦门、南平等城市中,也已经有 20 余万人口组成了 13 个人民公社。②

浙江省:浙江省宁波市江北人民公社,从 1958 年 8 月成立以来,以发展生产为中心,全面组织人民的经济生活和文化生活,现在已是社办工业欣欣向荣、生产蒸蒸日上,成为以生产为主的街道。③

江西省:早在一九五八年九月,市内(南昌市)四个区就分别进行了以街道办事处为单位建立城市人民公社的试点工作,先后建立了四个公社,即东湖区百花洲人民公社、胜利区滕王阁人民公社、抚河区广外人民公社、西湖区西湖人民公社。④

河北省:各市建立城市人民公社是从去年 9 月开始的,到 11 月底共建成各种类型的人民公社 152 个,入社人口 139 万,占城市人口(不包括郊区农业人口)的 28%,各市建社的方法不同,进度不一;石家庄以原行政区为单位建立了 3 个人民公社。邯郸市以机关、企业、学校、街道为单位建成 56 个人民公社。邢台市也仿照邯郸市的办法建成 75 个人民公社;天津、唐山、秦皇岛三市则各搞了 4—6 个不同类型的人民公社试点,已取得初步经验;保定、张家口也在最近各搞了一个公社试点;只有承德市试点工作尚未进行。⑤

贵州省:(贵阳市)河滨办事处根据区委指示和群众的迫切要求,就在 1958 年 8 月 30 日在公园南路建立了我市第一个城市街道居民的人民公社。⑥

四川省:重庆市中区七星岗人民公社是在一九五八年九月十八日成立的。公社范围包括原七星岗、华一路、中一路等街道办事处小区和中兴路居民街道

---

① 广西壮族自治区档案馆:X1 号全宗,28 号目录,108 号案卷。
② 福建省档案馆:101 号全宗,6 号目录,283 号案卷。
③ 《江北公社自己武装自己》,《人民日报》1960 年 5 月 19 日。
④ 南昌市档案馆:1001 号全宗,1960 号目录,0210 号案卷。
⑤ 石家庄市档案馆:1959 年 1 号全宗,2 号目录,233 号案卷。
⑥ 贵阳市档案馆:61 号全宗,8 号目录,615 号案卷。

办事处的分辖区,这个地区内,约有人口 19844 户,76178 人。其中属于国家机关、国营工厂、商店和工业学校的公共户口有 18310 人(占 24.3%),其余 67868 人(占 76.7%),均为街道居民。①

云南省:个旧、东川、大理三市在一九五八年九、十月间,在农村实现人民公社化的同时,根据省委关于在城市中试办人民公社的方向,都进行了试办。东川市自一九五八年开始共建立三个以国营厂矿为中心的城市人民公社,包括职工家属和周围的学校、机关、居民,以及附近的农村在内。大理和下关于一九五八年九月以街道居民和部分职工家属在内组织了两个综合性的服务公社,参加公社的人口是二万五千五百六十八人,占居民总人数的百分之九十五以上。②

陕西省:西安市碑林区伍道什字、莲湖区城隍庙后街、新城区中山门人民公社,是在原来三个街道办事处的基础上,于 1958 年 8 月到年底先后建立起来的。③

甘肃省:今年八月底,我市郊区已经全部实现了人民公社化。随即在市区开始试办,至十月初已经建立公社 29 个,计有 45000 户,250000 人,占市区人口的 33%。目前全市已经进入办人民公社的辩论高潮。估计十二月初,全市即可实现人民公社化。④

青海省:(西宁市)八月二十六日正式开始工作,经过五昼夜的苦战,于八月三十一日,卫星人民公社正式建成,两个办事处共有 1983 户,4259 人,除机关干部、在校学生、儿童以外已有 1823 人包括居民群众,干部家属加入了人民公社占全部组织总人数的 98%左右。⑤

内蒙古自治区:呼盟在 1958 年组织城市人民公社四个(不包括林区),即:海拉尔三个、扎兰屯一个,这四个公社自建立到现在,逐步巩固和发展。⑥

新疆维吾尔自治区:自治区城市人民公社,在农村人民公社化运动迅速发

---

① 四川省档案馆:1 号全宗,11 号目录,4035 号案卷。
② 昆明市档案馆:3 号全宗,1 号目录,2527 号案卷。
③ 西安市档案馆:1 号全宗,2 号目录,1275 号案卷。
④ 兰州市档案馆:001 号全宗,1 号目录,19600010 号案卷。
⑤ 西宁市档案馆:1 号全宗,275 号案卷。
⑥ 内蒙古自治区档案馆:17 号全宗,6 号目录,18 号案卷。

展形势的影响下,有些城市进行了试办,还有不少城市进行了许多为建立公社创造条件的准备工作。两年来,自治区已正式建立了城市人民公社十四个,公社人口十三万四千余人,社员五万四千九百余人。①

宁夏回族自治区:1958 年"大跃进"以来,在党的总路线光辉照耀下,与农村人民公社化的同时,银川、吴忠二市以街道(吴忠是一市一社)为中心先后建立了三个人民公社(其中银川市二社),入社人员达 83259 人,占常住城市人口 153486 人的 54.24%。②

江苏省:无锡市以原一个街道办事处建立一个公社,全市五十万左右人口,现已建立十五个公社,仅将能参加生产的街道居民组织起来参加各种生产。机关、学校、工厂、企业的职工均未入社。③

上海市:从大跃进的一九五八年开始,在各级党委领导和广大职工群众赞助下,全市建立了九百四十七个里弄委员会,它以组织生产为中心内容,同时举办集体福利事业,社会服务事业和文化教育事业,引导里弄居民走上共同劳动,集体生活的道路。到一九五九年年底,已举办了四千六百个加工生产组,三千二百七十四个生活服务组,一千六百六十七个食堂,二千一百十七个托儿所,六百四十三个里弄办的小学,二百八十二个街道、里弄办的业余中学。已参加各项社会生产劳动的里弄居民有八十五万六千人,约占里弄能从事劳动的人口一百二十一万八千人的百分之七十。④

安徽省:最近,我们在合肥西市公社庙街分社对城市人民公社的组织管理问题,进行了调查。这个分社是以街道居民为主体,由街道和全民所有制单位联合组成的。是全市最先成立的一个城市公社。早在 1958 年"大跃进"时,街道上就兴办了一些工业生产和生活福利单位。到 1959 年底,已有生产福利单位三十个,参加劳动的有二百七十三人,去年初,市委又抽调一批干部,在原有工作基础上,进行筹建城市人民公社的试点工作,于 1960 年 4 月正式

---

① 乌鲁木齐市档案馆:1 号全宗,3 号目录,476 号案卷。
② 宁夏回族自治区档案馆:57 号全宗,永久目录,202 号案卷。
③ 合肥市档案馆:001 号全宗,01 号目录,0091 号案卷。
④ 上海市档案馆:A11 号全宗,2 号目录,41 号案卷。

建成。①

　　综上所考,清晰可见,1958 年,各省市自治区建立城市人民公社有三种情况:一是准确无误的 24 个。二是作了准备工作的 2 个,即上海市与安徽省。特别值得说明的是上海市,在整个城市人民公社运动中,始终没有挂牌,而城市人民公社的工作一直没有停止,就是到 1960 年大办的时候也就是这种形式。三是有待进一步考证的 1 个,即江苏省无锡市(数据中"以原一个街道办事处建立一个公社"的时间是指 1959 年,还是 1958 年,有待考证)。总而言之,以上数据充分证实:1958 年各省市自治区基本上建有城市人民公社,而非上引历史记述中所说的"个别省市"。

---

　　① 　合肥市档案馆:001 号全宗,01 号目录,0164 号案卷。

关于城市人民公社"大多有名无实"的考证[*]

一

在毛泽东积极支持与号召下建立起来的城市人民公社,曾经是全国城市的基层政权组织,并持续了几年时间。而《中国共产党历史第二卷(1949—1978)》(下册)阐述"在'大跃进'错误继续发展的同时,农村人民公社再度刮起'共产风'"的观点后,紧接着对"城市人民公社"这一重大历史事件作了如下记述:

1958 年在个别省市建立的城市人民公社,也被要求推广。1960 年 3 月 9 日,中央发出指示,要各地放手发动群众,组织试验各种形式的城市人民公社,可以以大型厂矿和机关学校为中心,也可以以街道居民加一部分农村居民组成。全国城市要在上半年普遍试点,下半年推广,除北京、上海、武汉、广州外,其他城市应一律挂出人民公社的牌子。以后几个月内,全国 190 个大中城市建立起 1064 个人民公社,参加的人口达 5500 多万人。北京市还于 1959 年建起"公社大楼",当时被称作"共产主义大厦"。但是城市人民公社除了挂个牌子,有的用平调的办法办一点服务性事业外,大多有名无实。随着国民经济出现严重困难局面,城市人民公社也难以为继。^①

虽然文字不多(相对于农村人民公社而言),但却是一个突破性的进展,它结束了以往权威党史著作中没有城市人民公社记载的历史,其意义非常重

---

* 本文原刊于《毛泽东研究》2015 年第 6 期。

① 中共中央党史研究室:《中国共产党历史第二卷(1949—1978)》(下册),中共党史出版社 2011 年版,第 559—560 页。

要:第一,说明城市人民公社的存在是不争的事实;第二,证实了城市人民公社是人民公社的重要组成部分,或者说"人民公社"由"农村人民公社"和"城市人民公社"构成;第三,为澄清学术界长期以来在"人民公社"认识上的片面和表述上的不准确,开辟了一条"绿色通道";第四,将推动"人民公社"的学术研究向纵深发展。但需要指出的是,这段记述中关于城市人民公社"大多有名无实"的论断,与当年城市人民公社源文件中的记载大相径庭,即"大多有名无实"的论断与城市人民公社原始资料中所反映的事实严重不符。为此,笔者主要以城市人民公社源文件资料为依据,对"大多有名无实"的论断作一考证,以还城市人民公社历史的"庐山真面目"。

二

要考证上述论断是否准确,首先要弄清楚"大多""有名无实"这些关键词的含义。所谓"大多"指的是:"大部分;大多数"。而"大多数"在量上的确切规定是"超过半数很多的数量"①。那么,具体到本文中的"超过半数很多的数量"究竟怎样理解? 这就要看"大多有名无实"论断提出的前提。其前提是,1960 年 3 月 9 日,中共中央《关于城市人民公社问题的批示》下发"以后的几个月内,全国 190 个大中城市建立起 1064 个人民公社"。显而易见,上述引文中所说的"大多"是指超过"190 个大中城市建立起 1064 个"半数很多的城市人民公社。因此,"大多"的确切含义应该包括了至少 96 个大中城市建立起的 533 个以上的人民公社。其实,就 1064 个城市人民公社所处的地域而言,190 个大中城市仅是其中之一,还有更大的地域范畴,即省市自治区(当时全国有 28 个省市自治区。其中,西藏的城市没有建立人民公社。因此,建立了城市人民公社的省市自治区只有 27 个)。事实上也如此,"1064 个城市人民公社"这一资料就来自各省市自治区的城市人民公社专门领导机构(各省市自治区城市人民公社化运动领导小组等)。这样做,对于城市人民公社的

---

①　中国社会科学院语言研究所词典编辑室编:《现代汉语词典》(第 6 版),商务印书馆2012 年版,第 239 页。

最高领导机构全国总工会党组来说,既可以降低统计成本,又可以提高工作效率,同时也是必走的工作程序。笔者之所以要引入"省市自治区"这个地域概念,为的是能更全面地解读"大多",当然也为方便下面行文作准备。

所谓"有名无实",源于《国语·晋语八》中的记载,即:"吾有卿之名,而无其实。无以从二三子,吾是以忧,子贺我何故?"这是一段对话,说的是有一天,晋国的大夫叔向去拜访老朋友韩宣子。韩宣子虽是当时晋国的六卿之一,但他见了叔向,不住地唉声叹气,说自己很穷。不料叔向听他这样说,便站起身拱手向他祝贺。韩宣子不解地问道:"我是有卿的名,而没有卿的实际,无法跟他们大夫相比。我正为此犯愁。你为什么要祝贺我呢?"从这个故事中,我们得知,韩宣子挂有卿的头衔,但既没权力,也不享受其待遇,徒有其名,而没有实际。韩宣子的遭遇在我国的传统文化中演变成一句成语,即"有名无实"。专指那些"空有名义或名声而没有实际"①的人和事。

在对这几个关键词权威定义与解读之后,便可将"大多有名无实"的论断,准确完整地解读为:"至少14个省市自治区,或96个大中城市以上建立起的533个以上的城市人民公社徒有空名而没有实际"。换句话说,至少"14个省市自治区,或96个大中城市以上建立起的533个以上的城市人民公社只挂了块招牌,而没有实际行动"。

其实,毛泽东对"实事求是"的阐释更能帮助我们理解上引记述中"大多有名无实"所表达的意思。毛泽东说"实事就是客观存在着的一切事物"。显然,"实事"中的"实",指的是客观存在,而"事"则是指的"一切事物"。顺着毛泽东这条思路,对城市人民公社"大多有名无实"的判断可以理解为:大多数的城市人民公社除了一块空招牌外,什么都没有,并非客观存在。

城市人民公社是否客观存在,实际行动又是什么?为了明确这些问题,了解当年毛泽东对人民公社的构想与中共中央给城市人民公社的定位是有必要的。

1958年8月6日,毛泽东在河南省新乡县七里营人民公社视察,对陪同

---

① 中国社会科学院语言研究所词典编辑室编:《现代汉语词典》(第6版),商务印书馆2012年版,第1579页。

人员吴芝圃等说:"看来'人民公社'是一个好名字,包括工农商学兵,管理生产,管理生活、管理政权"①。表面上看,这是在称赞七里营人民公社,而实际上已经非常清楚地表明了毛泽东所构思的人民公社。或者说毛泽东对人民公社的构思已是深思熟虑。

七里营人民公社是农村人民公社的典型代表,或者说是农村人民公社的缩影。尽管如此,它也不能替代城市里的人民公社,毕竟城市各方面的情况要比农村复杂。所以对城市里人民公社的定位必须根据城市的情况而定。1958年12月,中共八届六中全会通过的《关于人民公社若干问题的决议》,对"城市人民公社"作了具体的设定,即:"将来也会以适合城市特点的形式,成为改造旧城市和建设社会主义新城市的工具,成为生产、交换、分配和人民生活福利的统一组织者,成为工农商学兵相结合和政社合一的社会组织。"②从定义的种类来说,这是关于"城市人民公社"的情景定义,反映的是中国共产党对城市中"人民公社"的宏伟构想与美好愿望。尔后的实践证明,愿望未能实现,目标未曾达到。但有一点做到了,城市人民公社是城市社会基层政治、经济、文化的统一组织者、管理者。简言之,城市人民公社成为城市社会基层政权组织。

三

城市人民公社既然是城市基层政权组织,是否履行了政治、经济、文化方面的职责呢? 这个问题极为关键。如果只说不做,就是"有名无实",倘若既说又做,就是"有名有实"。以下就城市人民公社政治、经济、文化建设等的主要情况予以揭示,达到考证之目的。

1. 以"政社合一"为核心的政治建设。城市人民公社进行的政治建设活动有很多,其中首要任务是政权建设,而它的核心便是建立"政社合一"的政

---

① 中共中央文献研究室编:《毛泽东年谱(1949—1976)》第三卷,中央文献出版社 2013 年版,第 403 页。

② 中共中央文献研究室编:《建国以来重要文献选编》第十一册,中央文献出版社 2011 版,第 521 页。

权组织。"政社合一"起源于农村人民公社,它是指农业生产合作社与乡政权结合。由毛泽东亲自审阅颁发的《嵖岈山卫星人民公社试行简章(草稿)》第十一条规定:"公社按照乡的范围建立,一乡一社。为了便利工作,实行乡社结合,乡人民代表大会代表兼任公社社员代表大会代表,乡人民委员会委员兼任公社管理委员会委员,乡长兼任社长,副乡长兼任副社长,公社管理委员会的办事机构,兼任乡人民委员会的办事机构"①。从形式上看,此规定是针对农村人民公社的,而实际上,对城市人民公社的政权构建起了至关重要的示范作用。郑州市管城区红旗人民公社是全国最早建立的城市人民公社之一,1958 年 8 月 16 日诞生了名叫《郑州市管城区红旗人民公社情况介绍》(迄今为止笔者收集到的首份城市人民公社文献)的文献。该文献称:"8 月 15 日在清真寺街全办事处范围内正式组成了我区第一个社会主义的社会基本单位——人民公社。……这个公社,共有工农业厂社 63 个,其中:民办 58 个,骨干 5 个,长期固定性的 36 个,间断性的 27 个,生产性的 35 个,加工性的 28 个。8 月 15 日召开了人民公社成立大会。"公社下设 11 个部,即"工业部、农业部、文教卫生部、内务部、治安保卫部、财务部、妇女工作部、青少年部、军事技术部、对外联络部、宣传鼓动部"②。

从郑州市管城区红旗人民公社政权组织构成便知,城市人民公社是由"街道办事处"(行政组织)加上该区域内的"工农业厂社"(经济组织。公社成立前,不属于街道办事处)组织而成。这样,人民公社取代了街道办事处,并管理本社范围内的一切工农业生产、交换、文化教育和政治事务。它是个案,却具有普遍意义。随后在各个省市区陆续建立起来的各种类型的城市人民公社均以此为蓝本。1960 年 2 月,全国妇联党组扩大会议上,有一份参考文献所述可以证明这一点。该文说:"据各地妇联及有关部门的材料看,从1958 年下半年开始,河北、河南、黑龙江、吉林、辽宁、山西、四川、江西、山东、湖南、北京、武汉、宁波、呼和浩特等市都试办了城市人民公社,其中河南、河北、黑龙江三省试办得比较普遍。……在管理体制上大都是政社合一的,一般

---

① 中共中央文献研究室编:《建国以来重要文献选编》第十一册,中央文献出版社 2011 版,第 340 页。
② 郑州市管城区档案馆:1 号全宗,3 号目录,84 号案卷。

都是三级所有制,三级管理三级核算。"①可以看出,到 1960 年 2 月,全国有 14 个省市试办了城市人民公社,其管理体制大都是"政社合一"的。

对于全国妇联上述的这则数据,有人可能会怀疑它的客观实在性,即是否被夸大了呢? 就此,笔者还进行过专门考证,其结果是到 1959 年底,全国 27 个省市区都试办了城市人民公社,只是多少不一、程度不同而已。至于"政社合一",按理说是"全都",而不应当是"大都",因为除了"政社合一"外,再没有其他形式的政权组织了。再说,城市人民公社组建的过程,也就是政社合一的过程,正如时人所说的"搭架子"。"政社合一"是当时历史条件下城市人民公社的最佳组织形式。所以,笔者断言,城市人民公社一经建立,它的政权组织形式,便是"政社合一"。

其实,政权组织形式是否叫"政社合一",不是十分重要,把所辖范围内的一切事务统管起来,最为关键。当时有很多人认为,似乎只要建立了人民公社,有了"政社合一"的政权组织,"一大二公""共产主义"就一定能实现。这种认识,这种做法,用今天的眼光来审视,是笑话,甚至于荒唐,但在人民公社时期,确实有不少人持这种观点,毛泽东等人民公社的顶层设计者们就如此。1958 年 11 月,毛泽东在审阅《十五年社会主义建设纲要四十条(一九五八——一九七二年)》时,写过这样的批语:"我国人民面前的任务是:经过人民公社这种社会组织形式,高速度地发展生产力,促进全国工业化、公社工业化、农业工业化,逐步地使社会主义的集体所有制过渡到社会主义的全民所有制,逐步地使不完全的社会主义的全民所有制过渡到完全的全民所有制,建成社会主义;同时,在社会主义建设的过程中,共产主义的因素必将逐步增长,这就将在物质条件方面和精神条件方面为社会主义过渡到共产主义奠定基础。"②

"政社合一"的政权组织形式与绝大多数城市人民公社休戚与共,生死相依,这一点应该是没有疑问的。1960 年 3 月到城市人民公社终结这段时间内有更丰富的材料证明"政社合一"的存续,但由于篇幅有限,恕不一一举证了。

---

①　福建省档案馆:134 号全宗,1 号目录,134 号案卷。

②　中共中央文献研究室编:《建国以来毛泽东文稿》第七册,中央文献出版社 1998 年版,第 504 页。

2. 以生产生活为中心的经济建设。城市人民公社的实际经济活动主要是两大项,一是生产(社办工业);二是集体生活(主要是公共食堂)。它们的活动情况怎样?全国总工会党组(中共中央托管城市人民公社化运动的组织机构)1961 年 6 月在 1 篇经中央领导人批示的调查统计报告①中作了详细介绍。现将这篇报告中统计的相关数据清单如下:

表 1　城市人民公社社办工业企业单位、人数及总产值情况

	1960 年 3 月底	1960 年 8 月底	1960 年 12 月底	备注
公社数(个)	613	1077	1032	
工业单位数(个)	57117	87032	39103	
生产人员数(万人)	193.2	313.6	242.7	
1960 年总产值(亿元)			99.1	

表 2　公共食堂情况

	1960 年 3 月底	1960 年 8 月底	1960 年 12 月底	备注
食堂数(个)	125602	168633	141319	
工作人员数(万人)	60.7	98.6	88.4	
入伙人数(万人)	2487.6	4342.9	3635.4	
入伙人数占城市人口(%)	33.1	57.8	57.8	

上列数据充分证明,城市人民公社所进行的生产、生活事业千真万确。既不是没搞,也不是一点点,同农村人民公社一样,是一场"汹涌澎湃,波澜壮阔"的群众运动。至于搞得好不好,对不对,那是另外讨论的问题。但是,对于历史研究者来说,不能因为城市人民公社存在严重问题,或资料稀缺而忽略、否定这段历史的客观存在。

3. 以学"毛著"办学校为主的文化建设。城市人民公社作为基层政权组织,搞好本公社范围内的文化事业是它义不容辞的责任。中共中央曾明文规

---

① 广西壮族自治区档案馆:X001 号全宗,029 号目录,0004 号案卷。

定:"公社还必须负责办好小学、中学和成人教育。……在成人中要认真地扫除文盲,组织各种业余学校,进行政治、文化和技术教育。"①党中央的指示,在各省市区的城市人民公社中得到了充分的贯彻与实施。其建设活动主要是两项:

第一,学习毛主席著作,提高社员的文化与思想素质。妇女是城市人民公社的主要成员,也是城市人民公社化运动的有生力量,"党中央、毛主席"对此寄予厚望。但是,大多数妇女不仅文化素质低,思想素质也很低,这与实现共产主义宏伟事业对社会成员的素质要求相距太远。因此提高妇女的文化及思想素质俨然成为城市人民公社化运动的当务之急。所以在城市人民公社化运动即将开启的 1960 年 2 月,全国妇联特别强调要加强对马列主义,特别是毛主席著作的学习。各地响应全国妇联的号召,随即在妇女中掀起了学习毛主席著作的热潮。据资料反映,北京市北新桥人民公社有 1600 位社员参加了毛主席著作的学习,山东省有 700 万妇女、哈尔滨市有 21 万妇女参加学习。在学习毛主席著作的热潮中还出现了许多模范先进人物,成为妇女学习毛主席著作的好榜样。王佩霞老大娘就是其中之一,她是佳木斯市居民委员会的主任,一直坚持学习毛主席著作,她还经常阅读党的档案、中央负责同志的文章。她自己说,学习毛主席著作,使她思想越变越亮,干劲越来越大,工作办法越来越多。王佩霞老大娘的榜样,告诉我们只要自己有决心,一切劳动者谁都能学习毛主席著作,谁都能学得好,用得好。②

通过学习,公社社员(不单只有妇女)不仅拓宽了知识视野,还提高了思想觉悟。上海市红旗里弄的许多妇女学习了毛主席关于《关心群众生活,注意工作方法》《矛盾论》等文章后,感受颇多并深刻认识到:"破洞不补要漏,武器不擦要锈,人不学习要落后。"③另外,福州市南街人民公社在一份调查报告中也这样说:城市人民公社为共产主义思想的不断扩大提供了十分有利的

---

① 中共中央文献研究室编:《建国以来重要文献选编》第十一册,中央文献出版社 2011 年版,第 535 页。
② 罗琼:《人民公社是我国妇女彻底解放的道路》,《新华半月刊》1960 年第 9 期。
③ 翁其荃等:《组织起来,走人民公社化道路——红旗里弄委员会调查报告》,《复旦大学学报(哲学社会科学)》1960 年第 6 期。

阵地。南街公社成立以来,组织了毛泽东思想的学习,以毛泽东思想武装干部和积极分子,大大提高了他们的觉悟。各工厂企业也普遍建立了政治时事学习和思想检查制度,举办红专学校,建立和加强党团组织生活和党团在群众中活动,使广大社员在这里经常受到党的教育,克服形形色色的资产阶级思想影响,提高了共产主义觉悟和道德质量。①

第二,兴办各级各类学校,提升公社成员的文化水平。城市人民公社文化建设方面的主要工作是兴办各级各类学校、各种类型的培训班,以提升公社成员的文化水平及工作技能。关于这个问题,在笔者所掌握的城市人民公社文献资料中有其翔实记载,在此仅举两例。

例一:黑龙江省的"文教工作在公社化运动中也取得了很大成绩。全面就业使受教育的职工人数空前增长,现在城市中的文盲已经扫除,普及了初等教育。全省参加各级业余学校学习的人数,达到一百五十八万七千人,占青壮年职工总数的百分之九十,出现了哪里有社员,哪里就有学员,人人学文化,处处读书声的局面。职工群众经过大学毛泽东著作,大学文化和技术,进一步提高了政治觉悟,提高了文化技术水准,有力地推动了生产的发展。现在各工厂企业正在大办中等教育和高等教育,兴办半工半读和全日制学校;部分公社初步形成了业余教育四网化(学校组织网、师资培训网、教学研究网、学习辅导网)。在此期间许多中等以上学校也办起了工厂,使学生在学校学习中就获得了生产技术知识。由于工厂办学校、学校办工厂的迅速发展,为逐步消灭体力劳动和脑力劳动差别创造了有利条件。

"公社化运动以来,各公社普遍地建立起文化馆、图书馆、俱乐部、业余剧团等文化组织。群众性的文艺活动也空前活跃,群众的创作活动正在蓬勃发展。公社的卫生工作,已初步形成一个较为完善的医疗网,卫生面貌大为改观。"②

例二:河北省的城市人民公社文献数据记载说:"工业,财贸,文教,政法各个战线的基层力量,开始投入城市公社运动,有些单位并做了运动的急先

---

① 福建省档案馆:101 号全宗,6 号目录,349 号案卷。
② 哈尔滨市香坊区档案馆:1 号全宗,1 号目录,427 号案卷。

锋。他们大办卫星厂,大办公社集体福利事业和文教事业。如唐山市……卫生局由局长挂帅,组织了办公室,在重点公社组织卫生医疗网,对公社的保教、炊事员进行体格检查和普遍训练;文化局按公社规划调整文娱场所,并将一部分文娱场所下放公社;教育局为公社培训懂得卫生、护理知识的教养员;市立医院帮助公社建立医院、妇产院,并抽大夫到公社作为公社医师的骨干;大中学校为公社培训业余教师"。①

此外,还有上海②、西北五省自治区③(陕西、甘肃、青海、宁夏、新疆)、内蒙古自治区④、福建⑤、黑龙江⑥、辽宁⑦、河南⑧、湖南⑨、云南⑩等 13 个省市自治区的城市人民公社相关文献中都作了或多或少、或粗或细的记载,其详情在此不再赘述。

综上所考,城市人民公社作为城市社会基层政权组织,的确是一种真实的客观存在,且最大限度地履行了它在政治、经济、文化建设方面的职责,做了大量的实际工作,并非上引记述中所说"大多有名无实"。其实,还有一个可以从情感与政治层面上理解就能解决的问题,即能不能"有名无实"的问题。回答是否定的:不能"有名无实"。因为,搞人民公社是"党中央、毛主席"的意思。从顶层领导到黎民百姓对"毛主席"无不顶礼膜拜;从中央到地方的各级组织,对"毛主席"的拥戴、紧跟唯恐不及、不周。谁想干、谁敢干那种瞒天过海、阳奉阴违的勾当? 所以,不管是从情感方面,还是政治层面上来看,城市人民公社在当时的历史环境中都不可能是"大多有名无实"。真实描述城市人民公社生存状况的词句是:"有名有实"。

---

① 河北省档案馆:855 号全宗,5 号目录,1977 号案卷。
② 湖北省档案馆:SZ1 号全宗,2 号目录,649 号案卷。
③ 西宁市档案馆:1 号全宗,419 号案卷。
④ 内蒙古自治区档案馆:17 号全宗,1 号目录,6 号案卷。
⑤ 福州市档案馆:1 号全宗,4 号目录,440 号案卷。
⑥ 黑龙江省档案馆:211 号全宗,31 号目录,30 号案卷。
⑦ 沈阳市档案馆:5 号全宗,193 号案卷。
⑧ 乌鲁木齐市档案馆:1 号全宗,3 号目录,476 号案卷。
⑨ 湘潭市第二档案馆:2 号全宗,1 号目录,36 号案卷。
⑩ 昆明市档案馆:3 号全宗,1 号目录,3194 号案卷。

城市人民公社化
运动是"插曲"吗?*

    城市人民公社化(即在城市中普及人民公社)运动是 1960 年初在"继续大跃进"的背景下发生的。对此,学术界有一种"插曲"论。如有的学者在论及城市人民公社化运动时说:"1960 年的'大跃进'还有一个新的插曲,即在全国各大中城市建立人民公社"①;另有学者在谈到城市人民公社的兴起与消亡时认为,城市人民公社是"对整个公社化运动的一个插曲"②。这两种说法,虽然表述不尽相同,但主旨基本一致,即城市人民公社化运动的发生是人民公社化运动的一个"插曲"。

    什么叫插曲? 它是指"穿插在电影、话剧中较有独立性的乐曲。比喻事情发展中插入的特殊片断"③。"也比喻事情发展过程中临时发生的小事件。"④根据这些解释与人们日常生活中的感知,"插曲"在影视剧中可有可无(电影《南征北战》就没有插曲)、可少可多(印度影片里的插曲就很多),至于插入到事情发展过程中的特殊片断嘛,主要看编导的想象力与技艺。因而笔者认为,以"插曲"比喻 1960 年初兴起的城市人民公社化运动,甚为不妥。其理由是:

*   本文原刊于《当代教育理论与实践》2015 年第 5 期。

①   宋连生:《总路线、大跃进、人民公社化运动始末》,云南人民出版社 2002 年版,第 285 页。

②   王均伟:《对城市人民公社历史的初步考察》,《当代中国史研究》1997 年第 2 期。

③   中国社会科学院语言研究所词典编辑室编:《现代汉语词典》(第 6 版),商务印书馆 2012 年版,第 134 页。

④   百度:"插曲"词条。

一、"城市人民公社"是"人民公社"题中之义，城市中的公社化理应"不可避免"

"共产主义是天堂,人民公社是金桥"是"大跃进"年代喊得较响亮的口号,它反映了人们对共产主义的向往与憧憬,更能反映出以毛泽东为代表的中国共产党人的坚强信念,即人民公社是通向共产主义的桥梁和纽带。1958 年12 月10 日,中共八届六中全会通过的《关于人民公社若干问题的决议》(下称《决议》)中的有关论断充分说明了这一点。《决议》指出:"人民公社是我国社会主义社会结构的工农商学兵相结合的基层单位,同时又是社会主义政权组织的基层单位。根据马克思列宁主义的理论和我国人民公社的初步经验,现在可以预料:人民公社将加快我国社会主义建设的速度,并且将成为我国实现下述两个过渡的最好的形式,即:第一,成为我国农村由集体所有制过渡到全民所有制的最好的形式;第二,成为我国由社会主义社会过渡到共产主义社会的最好的形式。现在也可以预料,在将来的共产主义社会,人民公社将仍然是社会结构的基层单位。"①其实,《决议》通过前不久的 11 月上旬,毛泽东在修改《十五年社会主义建设纲要四十条(一九五八——一九七二年)》时,就写过类似的批语,说:"我国人民面前的任务是:经过人民公社这种社会组织形式,高速度地发展生产力,促进全国工业化、公社工业化、农业工业化,逐步地使社会主义的集体所有制过渡到社会主义的全民所有制,逐步地使不完全的社会主义的全民所有制过渡到完全的全民所有制,建成社会主义;同时,在社会主义建设的过程中,共产主义的因素必将逐步增长,这就将在物质条件方面和精神条件方面为社会主义过渡到共产主义奠定基础。"②

比较以上两段关于人民公社的表述,不难得出这样的印象,即人民公社是什么,做什么,期待什么,党中央毛泽东都阐述得一清二楚了。这些不必再说。

---

① 中共中央文献研究室编:《建国以来重要文献选编》第十一册,中央文献出版社 2011 年版,第 522—523 页。

② 中共中央文献研究室编:《建国以来毛泽东文稿》第七册,中央文献出版社 1992 年版,第504 页。

不过,需要提请注意的是,以上论断中关于"人民公社"适应范围上"我国"、"社会主义社会"的措辞。先说"我国",它指的是"中华人民共和国",地域上由农村和城市组成;再说"社会主义社会",众所周知,1956年"三大"改造完成后,确立了社会主义的基本制度,我国正式进入社会主义社会。如果说,只完成对农业的社会主义改造,而没有完成城市里对资本主义工商业的社会主义改造,是不能宣布我国已经确立了社会主义基本制度,进入了社会主义社会的。因此,无论是"我国",还是"社会主义社会",它们的适用范围是整个中华人民共和国,城市与农村哪一个都不能缺。从这个意义上推断,"人民公社"是一个集合概念,由"农村人民公社"和"城市人民公社"组成,"人民公社化运动"是由"农村人民公社化运动"与"城市人民公社化运动"组成。

既然人民公社化运动包含了城乡人民公社化运动,那么,在农村已经人民公社化的情况下,城市的人民公社化应该说毫无疑问会发生。退一步讲,如果只有在农村建立人民公社,让广大农民群众过上"共产主义"生活,而让城市居民在一边"看热闹",或者说置城市居民于"共产主义天堂"之外,这不仅在感情上讲不过去,而且在践行党的群众路线中也会是一窍不通。所以,不管怎么说,在城市普遍建立人民公社是大概率事件,正如毛泽东后来所断:"是不可避免的"。①

二、暂缓普及城市人民公社仍属"先农村, 后城市"的范畴,并非"另辟蹊径"

1958年10月,全国农村已基本实现人民公社化。此时城市里的人民公社化运动只是在少数地方进行,而它很可能是被人们误解成什么都没发生,以至于对后来出现的城市人民公社化运动觉得可有可无,难于接受。即使接受了,也说它是来"凑兴的",并把它比作影视剧里的"插曲",只是为了突出"大跃进"主题而已。其实,这是一种误判。

---

① 中共中央文献研究室编:《建国以来毛泽东文稿》第九册,中央文献出版社1996年版,第54页。

　　民主革命的时候,以毛泽东为代表的中国共产党人创造了农村包围城市,武装夺取政权的新型革命道路,并获得了巨大的成功——新中国诞生。社会主义革命时,先有农村的高级农业生产合作社,农民因此走上了集体化的道路。后有对资本主义工商业的改造,用和平赎买的方式将民族资本主义经济成功地改造成为社会主义的公有制经济。随后,我国便正式进入社会主义社会。这两先两后革命的成功范例,给以毛泽东为代表的党中央以极大的信心,凡革命与建设都应采取先农村后城市的做法,并视为制胜法宝。在中国城乡普遍建立人民公社也应遵循这样的逻辑。

　　事实上,毛泽东正是按照上述逻辑构思与推进人民公社化运动的。

　　1958 年 4 月下旬,农村的有些地方搞起了小社并大社(河南省遂平县嵖岈山"卫星集体农庄"由 27 个农业生产合作社合并而成)的工作。而此时,刘少奇等到广州向毛泽东汇报工作,听完汇报后,毛泽东与刘少奇谈到了对中国未来社会的构想,他说:"那时我国的乡村中将是许多共产主义的公社……若干乡村公社围绕着城市,又成为更大的共产主义公社。前人的'乌托邦'想法,将被实现并将超过。"①这是毛泽东关于先农村公社,后城市公社,从而使整个中国都成为一个共产主义大公社的最初构想。至于公社具有何种内涵,毛泽东还没有设计好。

　　随着时间的推移,农村小社并大社的越来越多,特别是嵖岈山"卫星集体农庄"被嵖岈山"卫星人民公社"所取代。毛泽东从中受到启发,因此构思了人民公社的完整模式。这个模式,是陈伯达首先披露出来的。1958 年"七一"前夕,他在北京大学演讲时说:"毛泽东同志说,我们的方向,应该逐步地有次序地把'工(工业)、农(农业)、商(交换)、学(文化教育)、兵(民兵,即全民武装)'组成为一个大公社,从而构成我国社会的基本单位。"陈伯达继续说:"毛泽东同志关于这种公社的思想,是从现实生活的经验所得的结论。"②

---

① 薄一波:《若干重大决策与事件的回顾》(下卷),中共中央党校出版社 1993 年版,第 732—733 页。

② 中共中央文献研究室编:《建国以来毛泽东文稿》第七册,中央文献出版社 1992 年版,第 317 页。

1958 年 8 月 13 日，《人民日报》报道了毛泽东赞扬"还是办人民公社好"的消息，此后，"人民公社好"口号便风靡全国，而农村则按照毛泽东"人民公社"的构想，掀起了人民公社化运动高潮。于是，毛泽东在北戴河召开的中共中央政治局扩大会议上指出："搞人民公社，农村又走在城市的前头，城市还未搞，工人的级别待遇比较复杂。将来城市也要搞，学校、工厂、街道都办成公社。不要几年功夫，就把大家组成大公社。城市、乡村一律叫公社，如鞍钢叫鞍山公社，不叫工厂。"①9 月 18 日，国务院副总理谭震林在江苏座谈人民公社问题时具体阐释了毛泽东的上述思想，他说："农村包围城市，这是中国革命的经验，民主革命也是如此，建立农村根据地，而后夺取城市；社会主义革命也是如此，先农业合作化，而后才是资本主义工商业的公私合营；共产主义革命看来也是如此。"他又说，成立人民公社，这是一个伟大的转变，是质的变化，"反正农村包围城市，农村共产主义化了，你城市不得不化"②。毛泽东、谭震林的这些讲话，给人们提供了两条重要的信息：一是普及城乡人民公社还是走"先农村后城市"这一条成功的革命路线；二是城市中的人民公社化迟早会实现的。

到 1958 年 10 月底止，全国农村已完全实现了人民公社化。同时，在许多的城市也试建了一批城市人民公社。其中的郑州市"红旗人民公社"、北京市"二龙路人民公社"、哈尔滨市"香坊人民公社"、天津市"鸿顺里人民公社"、重庆市"七星岗人民公社"等还颇有名气。有人或许会问，在农村人民公社已经完全建立的情况下，城市中的公社化运动为何没有接踵而至？诚然，按照前两次革命成功经验与共产党人"不断革命论"的逻辑思维，紧接着就是城市人民公社化运动了。但出乎人们意料的是，城市中的人民公社化运动不仅没有马上开展，似乎还有"熄火"的迹象。对于这个问题，毛泽东的正面（其实另有隐情）回答是："目前城市中的资本家和知识分子中许多人的资产阶级思想还相当浓厚，他们对于成立公社还有顾虑，对于这一部分人，我们也应当有所等待。因此，在城市中应当继续试点，一般不忙大量兴办，在大城市中更要从缓，

---

① 薄一波：《若干重大决策与事件的回顾》（下卷），中共中央党校出版社 1993 年版，第 744 页。

② 罗平汉：《农村人民公社史》，福建人民出版社 2003 年版，第 88—89 页。

只作酝酿工作。要等到经验多了，原来思想不通的人也通了，再大量兴办起来。"①显然，毛泽东指明了城市人民公社的前途是进，而不是退。其实，还可以换位思考。假如在农村人民公社化完成后，紧接着就搞城市中的人民公社化运动并实现之，那么，人们会怎样认为？肯定不会有城市人民公社化运动是"插曲"的说法。相反，会认为是"势所必然"。所以，城市人民公社化运动，无论是农村人民公社化后接着就搞，还是过一段时间再搞，都是人民公社化运动的继续，属于人民公社化运动的范畴，因而不能把它喻为"插曲"。

三、城市人民公社试办成功，为城市人民公社化运动的兴起提供了充分依据

做一件未曾做过，又没有把握的事情，可先试办。这是人们办事的一般行为规则，也是党中央、毛泽东一贯提倡的工作作风。既然是试办，其前途就有两种可能性，或成功，或失败。那么，城市人民公社试办的结果怎样？几个省的城市人民公社试办情况肯定地回答了这一问题。

1959 年 12 月到 1960 年 2 月，先后有中共河北省委、河南省委、黑龙江省委向党中央、毛泽东主席递交了《关于城市人民公社问题向中央的报告》《关于城市人民公社巩固和发展情况的报告》《关于试办城市人民公社的报告》。报告集中反映了城市人民公社试办一年多来各方面显示出来的优越性。其中中共河北省委的报告说：(1)高速度地发展了城市生产力；(2)改善、提高了城市人民生活；(3)解放了妇女；(4)加强了工农商学兵各部门之间的共产主义大协作，更加密切了公社与国营企业与商业之间的关系；(5)在社会主义改造方面发挥了更大的力量；(6)更好地推动了各方面的工作。② 中共河南省委、黑龙江省委报告的内容基本与此雷同。看起来，这是几份非常"出色"的答卷。

---

① 中共中央文献研究室编：《建国以来毛泽东文稿》第七册，中央文献出版社 1992 年版，第570 页。
② 吉林省档案馆：1 号全宗，60 号目录，145 号案卷。

以上省份城市人民公社的运行情况表明,试办成功了,达到了预期目的。对此,党中央很满意,尤其是毛泽东。1959 年 12 月 23 日,中共中央在河北省的报告上批示:"河北省关于这个问题(城市人民公社)所作的分析及其所提出的方针、政策、方法和步骤,基本上是正确的,可供各地检查和总结城市人民公社工作的参考。"批示的最后强调:"有关城市人民公社的问题,一律不在报上发表,城市人民公社和它的企业、事业暂时不要挂公社招牌,以免引起误解。"①毛泽东更是喜出望外。1960 年 3 月 8 日,毛泽东批示河南等地方关于试办城市人民公社的经验材料"可登党刊"。同时指出,除北京等五个大城市外,"其它一切城市则应一律挂牌子,以一新耳目,振奋人心"②。毛泽东还要求:"各城市应派一位书记率领几个干部到哈尔滨、天津、郑州等处去参观那里的人民公社。"③

由于城市人民公社试办成功,不仅消除了毛泽东先前怕出"毛病"、怕刮"共产风"(前面所说的隐情——作者注)、怕"腹背受困"的种种顾虑,而且成为毛泽东从有分寸的支持到全力支持、在城市大搞人民公社的依据。1960 年3 月 24 日,毛泽东在"天津会议"④上特别强调:"城市人民公社普遍化。不管大城市,中等城市,小城市,一律搞人民公社。这个问题,我在郑州会议的时候是右倾机会主义,因为那个时候,农村刮'共产风'要挡一挡,城市暂时压一压。河南全都搞了,黑龙江全都搞了,没有出问题。河北提出挂牌,登报问题,现在我变成左派了,我倾向于登报,倾向于挂牌。"⑤

毛泽东上述讲话后,全国迅速掀起了一个声势浩大的兴办城市人民公社

---

① 吉林省档案馆:1 号全宗,60 号目录,145 号案卷。
② 中共中央文献研究室编:《建国以来重要文献选编》第十三册,中央文献出版社 2011 年版,第 53 页。
③ 中共中央文献研究室编:《建国以来重要文献选编》第十三册,中央文献出版社 2011 年版,第 53 页。
④ 1960 年 3 月 24 日,毛泽东在停靠天津的专列上,主持召开有中共中央领导人,中央有关部门负责人,华北五省市自治区、东北三省、中南的湖北湖南两省和西北甘肃省的党委第一书记参加的会议。毛泽东在会上讲了十七个问题,城市人民公社普遍化问题是其中的第三个。
⑤ 中共中央文献研究室编:《毛泽东年谱(1949—1976)》第四卷,中央文献出版社 2013 年版,第 359—360 页。

的群众运动。据统计,截至 1960 年 7 月底,"在全国一百九十个大中城市里,已经建立了一千零六十四个人民公社。其中,以国营厂矿企业为中心的四百三十五个,以机关、学校为中心的一百零四个,以街道居民为主体的五百二十五个。公社人口已达五千五百多万人,占上述城市人口总数的百分之七十七。城市中已有八百五十多万闲散劳动力组织了起来(其中妇女劳动力达五百八十多万人),约占上述城市闲散劳动力总数的百分之八十七。"①至此,全国(大陆,除西藏)的大中城市基本实现了人民公社化,从而绘就了毛泽东的"更大的共产主义公社"的宏伟蓝图。

综上所述,尽管城市人民公社化比农村人民公社化迟到了一年多,但它总归是人民公社化题中之义,是人民公社化运动的继续,更是以毛泽东为代表的中国共产党人初步探索社会主义建设道路的重要组成部分。因此,城市人民公社化运动的兴起是一种"不可避免"的历史现象,具有一定的历史必然性,而"插曲"一说是缺乏根据的。

---

① 中央档案馆:中央传阅档 6/1076。

"人民公社"及子概念若干问题刍议[*]

——兼与《现代汉语词典》(第6版)商榷

  2012年6月出版的《现代汉语词典》(第6版)(下称《词典6》)应该是大型汉语词典中的最新版本。新版本的好处是"力求反映近些年来词汇发展和相关研究的新成果"①。其实,更让人耳目一新的是编委会谦虚低调的治学态度,即"期待广大读者不吝指教,继续提出宝贵意见,使《现代汉语词典》的质量不断提高,更好地满足读者的需求,更好地为社会服务"②。秉承此意,笔者就《词典6》关于"人民公社"及子概念谈几点浅见,并建议下次修订时将这方面的最新研究成果吸收到第7版中。

  2005年出版的《现代汉语词典》(第5版)(下称《词典5》)关于"人民公社"的定义是:"1958—1982年我国农村中的集体所有制经济组织,在高级农业生产合作社的基础上建立,实行各尽所能,按劳分配的原则。一般一乡建立一社,政社合一。1978年中国共产党十一届三中全会后,农村普遍实行了家庭联产承包责任制。1982年制定的宪法规定农村设立乡人民政府和村民委员会后,人民公社遂告解体。"③

  《词典6》关于"人民公社"的定义是:"1958—1982年我国农村中的集体所有制经济组织,在高级农业生产合作社的基础上建立。一般一乡建立一社,

---

* 本文原刊于《党史研究与教学》2016年第6期。

① 中国社会科学院语言研究所词典编辑室编:《现代汉语词典》(第6版),商务印书馆2012年版,第5页。

② 中国社会科学院语言研究所词典编辑室编:《现代汉语词典》(第6版),商务印书馆2012年版,第6页。

③ 中国社会科学院语言研究所词典编辑室编:《现代汉语词典》(第5版),商务印书馆2005年版,第1146页。

政社合一。1978 年中国共产党十一届三中全会后，农村普遍实行了家庭联产承包责任制。1982 年制定的宪法规定农村设立乡人民政府和村民委员会后，人民公社解体。"①对照两个版本关于"人民公社"的定义，可以看出，新版《词典6》已作了些修改，把《词典5》中"实行各尽所能，按劳分配的原则""遂告"两个词句作了删除处理。为何要删除上述两个词句？这自有其中的道理。毕竟在农村人民公社的头几年中，并未实行"各尽所能，按劳分配"的制度，而是实行形式上的供给制；而把"遂告"一词删除，则更显得农村人民公社解体的下限判断清晰果断。显然，《词典6》关于"人民公社"概念在属性方面的表述比《词典5》要简练、准确了许多。这种修改反映了人民公社的一些最新研究成果，但不完全。就是说，"人民公社"还是一个单独概念，它的外延只有一个对象——农村人民公社。外延是概念的量的方面，通常说的概念的适用范围就是指的概念的外延。"人民公社"概念的适用范围应当是："农村人民公社"与"城市人民公社"。所以，《词典6》对"人民公社"的界定，忽略了人民公社不可或缺的组成部分——城市人民公社，确有定义不周之嫌。

一、"人民公社"起源于农村而后向城市扩展

"公社"一词，马克思主义先哲们在其著述里经常使用，是一个非常响亮的名词，并把它定性为无产阶级政权的一种形式。如法国 1871 年的巴黎公社和中国共产党人在 1927 年成立的广州公社（1967 年的"上海人民公社"也属此类，它反映的是国家政权组织，而非基层政权组织）。而在"公社"前冠以"人民"，使之成为颇具中国特色的"人民公社"，这是河南人的发明创造。

"人民公社"确实起源于河南农村。这要从嵖岈山卫星人民公社（全国第一个农村人民公社）由"卫星集体农庄"骤变为"人民公社"说起。嵖岈山，在河南省遂平县西 10 余公里处，素有"天下第一奇山"和"中原盆景"之美称，现为 4A 级景区。1958 年 4 月 19 日，遂平县委把原鲍庄、杨店、槐树和土山这四

---

① 中国社会科学院语言研究所词典编辑室编:《现代汉语词典》(第 6 版),商务印书馆 2012 年版,第 1091—1092 页。

个小乡的二十七个高级农业生产合作社合并成的大社取名为"嵖岈山大社"。但是,遂平县委农工部副部长陈丙寅觉得,办大社是向苏联老大哥学习的,他们有集体农庄,咱们的大社也该叫集体农庄。这个意见得到了遂平县委副书记赵光的同意并补充说,社的名称要反映农庄的先进性,再加上"卫星"二字才带劲。这样,"嵖岈山大社"取名三天后的 4 月 22 日,又改名为"卫星集体农庄"①。

卫星集体农庄成立的消息被正在河南指导工作的谭震林(时任中共中央书记处书记、国务院副总理)获悉。5 月 5 日,谭震林在省委会议室里接见了"卫星集体农庄"的倡导者遂平县委主要负责人并听取汇报。汇报结束后,谭震林说,你们建立的集体农庄,依我看倒是和巴黎公社差不多。你们有武装、有公安等政权机构,又包揽整个经济,是政社合一的组织。至于叫农庄好还是叫公社好,我做不了主,还要向毛主席汇报。娄本耀(时任遂平县委书记处书记)把"巴黎公社"一词反复咀嚼品味,并连夜通知陈丙寅等人把"卫星集体农庄"改叫"卫星公社"②。

1958 年 5 月中旬,李友九(时任《红旗》杂志副总编辑)到嵖岈山采访调查并对陈丙寅说,你这个公社有发展前途,但名称很不合适,没有显出个性,对谁都适用,最好将地名加进去,以便显出与众不同,你们这儿什么地方最出名?陈丙寅说,嵖岈山最出名,但太小了,又偏僻,公社建到那不行。李友九说,村小不要紧,就叫嵖岈山公社,社址可以设在其他地方,只是,公社是谁的呢?陈丙寅脱口而出:"中国是人民的中国,嵖岈山也是人民的,应该加上'人民'二字!"他们二人的意见取得一致后,忙将改名不到 10 天的"卫星公社"又改为"嵖岈山卫星人民公社"。"人民公社"就这样诞生了。

1958 年 7 月 1 日出版的《红旗》刊登了陈伯达的文章——《全新的社会,全新的人》,该文使用了"人民公社"这个新词。也就是说,"人民公社"在中共的机关刊物上正式亮相,其意义非同小可。8 月 6 日,毛泽东视察河南新乡七里营,看见挂着的"新乡县七里营人民公社"的牌子时说:"人民公社这个名字

---

① 文聿:《中国"左"祸》,朝华出版社 1993 年版,第 239 页。
② 娄本耀:《全国第一个人民公社的诞生与演变——嵖岈山卫星人民公社诞生记》,《纵横》2003 年第 7 期。

好"。在另一场合,毛泽东又对陪同人员说:"看来'人民公社'是一个好名字,包括工农兵学商,管理生产,管理生活,管理政权。"①8月13日《人民日报》公布了毛泽东的这些消息后,"人民公社"便风靡全国。

这里值得注意的是,陈丙寅发明的"人民公社"特指"嵖岈山卫星人民公社"(当时,陈丙寅很难想象出人民公社在全国的示范效应)。陈伯达则不同,作为中共中央政治局候补委员、毛泽东的政治秘书,在中共中央机关刊物上使用"人民公社"这个新概念、新事物,既是对嵖岈山卫星人民公社的肯定与赞扬,更是对中国未来城乡基层政治与经济组织的憧憬与向往。所以,陈伯达文章的题目叫作《全新的社会,全新的人》,而不是"全新的农村,全新的农民"。那么,毛泽东对"人民公社"的赞美具有双重意义就更加明显。一方面是现实意义,即就事论事。站在七里营等的土地上赞美人民公社,从语法的角度来说当然不要加农村,否则就是多余。另一方面是战略意义,即着眼未来,统观全局。毛泽东之所以对"人民公社"赞不绝口,不只是表扬眼下的七里营等公社,他更坚信"人民公社"是通向共产主义的桥梁和纽带,而且是现实乃至未来社会最理想的社会基层政权组织。不言而喻,在毛泽东的心目中,人民公社绝不只是在农村搞,城市也一定要搞起来。让城乡人民一起过上共产主义生活,是毛泽东等共和国领袖们的当然责任与理想追求。这不是笔者的猜想,毛泽东早就有把公社办成全国城乡基层政治与经济组织的宏伟构想。1958年5月19日,陆定一(时任中共中央宣传部部长)在八大二次会议上的发言中就透露了这一点。陆定一说,毛泽东、刘少奇谈到几十年后我国的情景时曾有这样的设想:"那时我国的乡村中将是许多共产主义的公社,每个公社有自己的农业、工业,有大学、中学、小学,有医院,有科学研究机关,有商店和服务行业,有交通事业,有托儿所和公共食堂,有俱乐部,也有维持治安的民警等等。若干乡村公社围绕着城市,又成为更大的共产主义公社,前人的'乌托邦'想法,将被实现并将超过。"②8月19日,在北戴河召开的中共中央政治局扩大会议

---

① 中共中央文献研究室编:《毛泽东年谱(1949—1976)》第三卷,中央文献出版社2013年版,第403页。

② 薄一波:《若干重大决策与事件的回顾》(下卷),中共中央党校出版社1993年版,第732—733页。

上,毛泽东明确表示:"我们现在搞社会主义,也有共产主义的萌芽。学校、工厂、街道都可以搞人民公社。"①

事实上,"人民公社"外延上的扩展的确是按照毛泽东的上述战略构想由农村转向城市的。1958年8月6日,毛泽东在视察河南新乡县七里营公社的棉田时,对陪同视察的河南省委第一书记吴芝圃说:"吴书记,有希望啊!你们河南都像这样就好了。""有这样一个社,就有好多这样的社"②。此时此刻,吴芝圃的心情应当可以这样理解,一方面感谢毛主席对自己的信任与鼓励,受宠若惊;另一方面,他预感到人民公社将迎来大发展、"大跃进"的良机。于是,当毛泽东离开河南后,立即动员,紧急行动,率先在郑州市组织成立了各种类型的人民公社。如以街道居民为主体的管城区红旗人民公社(有文献称,"8月15日在清真寺街全办事处范围内正式组成了我区第一个社会主义的社会基本单位——人民公社。这个公社是我区大办人民公社的第一面红旗,所以定名为'红旗人民公社'"③),以机关、学校为中心的二七区"七一人民公社",以厂矿、企业为中心的"郑州纺织机械厂人民公社"。

由此可见,城市人民公社的出炉,在名称的取舍上并不像第一个农村人民公社诞生那样引经据典,大费周折,而是一拍即合。为何如此顺利呢?道理很简单,"农村人民公社"已为城市人民公社提供了范式。尤其是毛泽东在视察七里营时关于"人民公社前面加上个地名、或者群众所喜欢的名字"④的指示,起到了醍醐灌顶的作用。率先在郑州市建立的人民公社就是这样命名的,即在"人民公社"前面加上所在街道、厂矿的名称,组成×××人民公社。随后在其他城市成立的人民公社都依样画葫芦。如福州市的"南街人民公社"、哈尔滨市的"香坊人民公社"、天津市的"鸿顺里人民公社"、长沙市的"先锋人民公社"。以致1960年大办城市人民公社时在190个大中城市里成立的1000多

① 中共中央文献研究室编:《毛泽东年谱(1949—1976)》第三卷,中央文献出版社2013年版,第403页。
② 薄一波:《若干重大决策与事件的回顾》(下卷),中共中央党校出版社1993年版,第740页。
③ 郑州市管城区档案馆:1号全宗,3号目录,84号案卷。
④ 中共中央文献研究室编:《毛泽东年谱(1949—1976)》第三卷,中央文献出版社2013年版,第403页。

个人民公社,无一例外。

二、"人民公社"的外延包含"农村人民公社"与"城市人民公社"

1958 年 10 月,在全国农村实现人民公社化的同时,河南省实现了城市人民公社化,而其它省市区虽然只是部分地组建了城市人民公社,但都在跃跃欲试。基于这一事实,1958 年 12 月,中共八届六中全会制定和通过了《关于人民公社若干问题的决议》(下称《决议》)。对此,学术界普遍认为它是指导人民公社化运动的纲领性档。那么,《决议》是如何表述"人民公社"的?

对农村人民公社的产生和发展,《决议》开宗明义:"一九五八年,一种新的社会组织像初升的太阳一样,在亚洲东部的广阔的地平线出现了,这就是我国农村中的大规模的、工农商学兵相结合的、政社合一的人民公社。……它为我国人民指出了农村逐步工业化的道路,农业中的集体所有制逐步过渡到全民所有制的道路。"①

《决议》在农村人民公社大发展,且形势"看好"的背景下,对可能来临的城市人民公社化运动表示了鲜明的态度:"城市中的人民公社……应当继续试点,一般不忙大量兴办,在大城市中更要从缓,只做酝酿工作。要等到经验多了,原来思想不通的人也通了,再大量兴办起来。"②

分别论述了农村与城市人民公社后,《决议》断言:"人民公社是我国社会主义结构的工农商学兵相结合的基层单位,同时又是社会主义政权组织的基层单位。"③

除此以外,1961 年 6 月 19 日,中共中央在《关于城乡手工业若干政策问题的规定(试行草案)》中也有类似的表述:"农村人民公社兴办的工业,如农

----

① 中共中央文献研究室编:《建国以来重要文献选编》第十一册,中央文献出版社 2011 年版,第 520—521 页。

② 中共中央文献研究室编:《建国以来重要文献选编》第十一册,中央文献出版社 2011 年版,第 521—522 页。

③ 中共中央文献研究室编:《建国以来重要文献选编》第十一册,中央文献出版社 2011 年版,第 522 页。

业机械修配、农副产品加工、矿产开采和建筑材料工业等,凡是适宜于集中生产,又能办得好的,可以仍然保留公社的集体所有制,由公社继续经营,分别计算,各计盈亏。""城市人民公社兴办的工业,应该根据实际情况,进行合理调整。家庭妇女参加公社工业做工,要特别注意完全自愿,不得勉强。"在分别论述了农村与城市人民公社工业的政策后断言:"手工业生产合作社和合作小组,属于参加这些合作组织的手工业工人集体所有。在农村,它是人民公社这个联合经济组织当中的一个独立经营单位,是人民公社经济的一个组成部分,受公社和手工业县联社双重领导。在城市和集镇,可以是人民公社经济的一个组成部分;也可以是手工业联社直接领导下的一个独立经营单位,不作为人民公社经济的组成部分。"①

综上可见,中共中央对"人民公社"等概念的表述非常准确,从来没有置"城市人民公社"于"人民公社"之外,也没有把"人民公社"与"农村人民公社"混为一谈,丁是丁,卯是卯,泾渭分明。毫无疑问,"农村人民公社"是"人民公社"的重要部分,而"城市人民公社"是"人民公社"不可或缺的部分。换言之,"人民公社"的外延包括"农村人民公社"与"城市人民公社"。"农村人民公社"与"城市人民公社"是"人民公社"的子概念,这就好比一母双胞。如果用数学式表示,即:人民公社=城市人民公社+农村人民公社。

三、"城市人民公社"与"农村人民公社"
有"人民公社"所赋予的属性

上述是从外延方面阐述了"人民公社"与"城市人民公社"、"农村人民公社"与"城市人民公社"之间的关系。这些固然重要,而最关键的还是"城市人民公社"与"农村人民公社"共有"人民公社"赋予的属性(内涵)。

1. 为了适应总路线的要求而建立。为了说明问题,有必要对总路线及基本点进行分析。1958 年 3 月,毛泽东在"成都会议"上提出了"鼓足干劲,力争

---

① 中共中央文献研究室编:《建国以来重要文献选编》第十四册,中央文献出版社 2011 年版,第 380—381 页。

上游,多快好省"建设社会主义总路线及基本观点。1958 年 5 月中国共产党第八次全国代表大会第二次全体会议正式通过了中共中央根据毛泽东的倡议而提出的总路线。这条总路线把社会主义建设作为主要任务突出地提到全党和全国人民的面前,并把调动一切积极因素,正确处理人民内部矛盾,逐步实现技术革命和文化革命,在经济建设中实行一整套两条腿走路的方针等规定为基本点。社会主义建设总路线及其基本点,"其正确的一面是反映了广大人民群众迫切要求改变我国经济文化落后状况的普遍愿望,其缺点是忽视了客观的经济规律"①。这个评价是事隔 20 多年后提出来的,应当说比较客观、公正。而当时却不是这样解读总路线及其基本点的。1958 年 6 月 21 日,《人民日报》发表了一篇具有重大影响的社论,即《力争高速度》。这篇社论对总路线进行了新的解释。说:"用最高的速度来发展我国的社会生产力,实现国家工业化和农业现代化,是总路线的基本精神。……如果不要求高速度,当然没有什么多快好省的问题;那样,也就不需要鼓足干劲,也就无所谓力争上游了。因此可以说,速度是总路线的灵魂。"还说:"速度问题是建设路线问题,是我国社会主义事业的根本方针问题。"

由此可见,社论片面地强调高速度,并把高速度看作是总路线的"基本精神""灵魂"和"中心环节"。这样,高速度就成为一切中的一切,多、快再也不受好、省的制约了,谁快谁就是执行总路线,谁慢谁就是违背总路线。因而在总路线提出后,各地不顾客观条件,盲目提出大办工业、大办农业、大办水利、大办钢铁、大办机械等一系列"大办"。当时人们认为要实现这几个"大办",原有的单纯经营农业的高级生产合作社,或单纯只有行政职能的街道办事处都不能适应,必须建立能充分集中统一,能调动一定区域内人、财、物的新型组织。在此背景下,作为政权组织与经济组织合一的人民公社便应运而生。

2. 具有"一大二公"特点。"一大二公"是毛泽东概括出来的。实际上,是毛泽东对人民公社组织的宏伟构想。1958 年 8 月 6 日,毛泽东在视

---

① 中共中央文献研究室编:《关于建国以来党的若干历史问题的决议注释本》,人民出版社 1983 年版,第 23 页。

察河南省七里营人民公社时,对陪同视察的河南省委书记吴芝圃等人说:"看来'人民公社'是一个好名字,包括工农兵学商,管理生产,管理生活,管理政权。……公社的特点,一曰大,二曰公。公社的内容,有了食堂,有了托儿所,自留地的尾巴割掉了,生产军事化了,分配制度变化了,一个小并大,一个私并公,乡社合一了。人民公社还是社会主义性质的,但比合作社高了一级。"①8 月 30 日,在北戴河召开的中共中央政治局扩大会议上,毛泽东对"大"和"公"作了更深刻、具体的阐释。他说:"人民公社的特点是两个,一为大,二为公。我看是叫大公社。人多、地多,综合经营,工农商学兵,农林牧副渔,这些都是大。……公,就是比合作社更要社会主义,把资本主义的残余,比如自留地、自养牲口,都可以逐步地取消,有些已经在取消了。办公共食堂、托儿所、缝纫组,全体劳动妇女可以得到解放。"②

毛泽东上述谈话中所讲的"大"和"公"均包括两层含义。所谓"大",一是指公社的规模大。农村人民公社是在高级农业生产合作社的基础上建立起来的,过去的合作社基本上是一村一社,一乡数社。到 1958 年 11 月底止,全国 74 万多个农业生产合作社改组成了 26000 多个人民公社。平均每个公社将近 30 个农业生产合作社。可见公社的规模比农业生产合作社扩大了几十倍,有的甚至扩大了上百倍。

城市人民公社的规模并不亚于农村人民公社。据全国总工会党组的统计,到 1960 年底,全国共有城市人民公社(不包括县镇人民公社)1032 个,公社人口达 6065 万人,占城市人口(不包括近郊区的参加农村人民公社的人口)的 81%。平均每个公社的人口为 59000 人。虽然,城市人民公社从建立到终结,经历了多次调整,但其规模比原来的街道办事处还是要大了许多。例如:1960 年 12 月,沈阳"全市原有三十五个城市公社,现在调整为七十一个公

---

① 中共中央文献研究室编:《毛泽东年谱(1949—1976)》第三卷,中央文献出版社 2013 年版,第 403 页。

② 中共中央文献研究室编:《毛泽东年谱(1949—1976)》第三卷,中央文献出版社 2013 年版,第 425 页。

社和二个街道办事处。调整后各公社平均有三万四千人左右"①。二是指公社管理经营的行业全。因为人民公社是城乡基层政权组织,自然是辖区内一切事务(包括农林牧副渔、工农商学兵、政治经济文化)的领导与管理者。由此可见,无论是农业生产合作社,还是街道办事处在其管理职能上都不能与人民公社同日而语,相提并论。

所谓"公",也包含两层意思:一是要建立公有化程度很高的生产数据所有制形式,包括集体所有制和全民所有制。毫无疑问,"公"是人民公社最显著的特点,也是它的灵魂。但具体到其子概念上,公有化的高低程度就大不一致了。城市人民公社有三种类型,以厂矿、企业为中心组织起来的公社,全民所有制是占绝对主导和领导地位的。以居民为主体组织起来的公社,集体所有制占绝对优势。而农村人民公社自始至终都是集体所有制,哪怕是公共食堂时期的所谓供给制,都未能改变集体所有制这一性质。二是强调人们生活的集体化,即兴办公共食堂、托儿所、幼儿园、敬老院等。这一点中最重要的是公共食堂,毛泽东对此情有独钟,一再强调,城乡都要办,不能例外。尽管如此,城乡人民公社公共食堂却在食品供给、终结时间、散伙方式、工作人员的报酬等方面存在着较大的差异。总之,从形式上看,集体所有制与集体生活都属于"公"的范畴,应该可以作为属性写到人民公社的定义里。但从逻辑学的角度来说,二者不具有人民公社完全属性的特征,也不在一个定义域内。所以,如果要重新界定"人民公社",不能把它们作为定义概念放在被定义概念中。应该区别对待,分而论之。

3. "政社合一"的基层政权组织形式。农村人民公社的政权组织形式自始至终是"政社合一"的。这一点已得到了学术界的普遍认可,《词典6》在关于"人民公社"的定义中也作了充分肯定,所以在此无需赘述。而城市人民公社是不是"政社合一"的?学术界无人专门论及,但从间接方面否认其存在的却不乏其人。因此,有必要对城市人民公社是否"政社合一"的问题进行考证。

首先,从理论上说明是"政社合一"的。《决议》明确规定:"城市中的人民

————————

① 上海市档案馆:A20 号全宗,1 号目录,65 号案卷。

公社,将来也会以适合城市特点的形式,成为改造旧城市和建设社会主义新城市的工具,成为生产、交换、分配和人民生活福利的统一组织者,成为工农商学兵相结合和政社合一的社会组织。"①中共中央的这一规定,在各地制定的城市人民公社章程中都有类似的表述。例如:

黑龙江省在章程中写道:城市人民公社是……具体说来,它是改造旧城市和建设社会主义新城市的工具,是生产、交换、分配和人民生活、教育的统一组织者,是工农商学兵相结合和政社合一的社会基层单位,贯彻执行党的社会主义建设总路线,建成社会主义并逐步向共产主义过渡的最好的组织形式。②

上海市在章程中写道:公社是本地区人民群众在党和政府领导下自愿组织起来的政社合一的社会组织,它是人民群众的政治、经济和文化生活的统一组织者,是改造旧城市和建设社会主义新城市的有力工具。③

宁夏回族自治区银川市在章程中写道:人民公社是劳动人民在共产党和人民政府领导下,自愿联合起来的,工(工业)、农(农业)、商(交换)、学(文化教育)、兵(民兵全民武装)五位为一体,政治、经济、文化、军事全面结合的社会基础组织。④

由此可见,中共中央关于城市人民公社的构思与设想在上述省市区的城市人民公社章程中得到了真实的表达与贯彻。

其次,实践上证明是"政社合一"的。上面的表述属于理性的范畴,是否真的"政社合一",是否自始至终,一如既往,关键看实际表现。实际表现如何?我们不能凭空想象,也只能到当年的城市人民公社文献记载中去寻找答案。正好,在笔者所收集的城市人民公社档案文献数据中,有些记载了城市人民公社"政社合一"的信息。例如:

(1)源自福建省档案馆的数据说:据各地妇联及有关部门的材料看,从1958年下半年开始,河北、河南、黑龙江、吉林、辽宁、山西、四川、江西、山东、

① 中共中央文献研究室编:《建国以来重要文献选编》第十一册,中央文献出版社 2011 年版,第 521 页。
② 哈尔滨市档案馆:XD001 号全宗,2 号目录,963 号案卷。
③ 上海市档案馆:A20 号全宗,1 号目录,81 号案卷。
④ 银川市档案馆:1958 号全宗,长期号目录,162 号案卷。

湖南、北京、武汉、宁波、呼和浩特等省市都试办了城市人民公社,其中河南、河北、黑龙江三省试办得比较普遍。……在管理体制上大都是政社合一的,一般都是三级所有制,三级管理三级核算。①

(2)源自青海省西宁市档案馆的数据说:(西北协作区)按照政社合一,工农商学兵结合的原则,各省区对建立城市人民公社已进行了初步规划。②

第一节资料反映了全国城市人民公社化运动(1960年3月之后,之前的一年多时间叫作试办期)14个省市区城市人民公社关于"政社合一"运行情况的总体概括。而全国妇联的这份调查统计资料就可能只反映了那些试办城市人民公社较多、较普遍的省市区的情况。即使只有14个省市区,但也超过了当时建立过城市人民公社27个省市区的半数。如果是表决的话,这样的结果应当是有效的。因此可从整体上认定1960年3月前全国城市人民公社的政权组织形式是"政社合一"的。

第二节资料说明了1960年3月全国城市人民公社化运动开始后,西北协作区(陕西、甘肃、青海、宁夏、新疆五省区)对于城市人民公社"政社合一"的行动规划。说到此处,人们也许要问,当时有这样的设想与规划,后来是否落到了实处? 其它省市区城市人民公社的政权组织形式是否还是"政社合一"? 这确实是需要继续考证与回答的问题。

1961年6月上、中旬,在中共中央确定1961年为"实事求是年、调查研究年"的大背景下,全国总工会城市人民公社工作组在上海召开了关于城市人民公社问题的座谈会。与会代表各抒己见,重点讨论、汇报了"政社合一"问题。对此,全总城市人民公社工作组作了详细的座谈纪要。摘录如下:

北京市代表说:公社与街道办事处是一套干部、两块牌子,工作是有分工、有结合。办事处主任兼任公社主任,社管委会下设几个组(部),有一个办公室,配备了十来个干部专管原街道办事处的一套工作。党委是一个,统一领导公社工作和街道办事处工作。③

上海市代表说:从上海情况看,街道委员会的任务比原来街道办事处加重

---

① 福建省档案馆:134号全宗,1号目录,238号案卷。
② 西宁市档案馆:1号全宗,419号案卷。
③ 上海市档案馆:A20号全宗,1号目录,63号案卷。

了,但是,不是"政社合一"。因为:第一,上海还未成立公社。第二,街道里弄组织起来的只是少数人。第三,街道居委会虽然代替了原街道办事处的任务,但它不是一级政权。城市是高度集中的。社会基层组织摆在哪一级,值得研究。①

针对京沪两市的特殊情况,山西省代表谈了自己的看法:北京是区以下建社,没打乱原来的政权机构,这样做很稳重;上海不挂牌子,组织里弄居民搞生产、生活,做的也是公社工作。我认为这些城市实际上都实行了不同程度的政社合一。②

山西省太原市代表说:太原市去年以区建社是政社合一的。人民代表大会、组织机构都是一套,牌子也是一个。目前区下的社与办事处也合起来了,也是政社合一的。③

浙江代表说:政社合一应理解为公社与基层政权的合一,浙江的情况,虽然以区建社,但公社的实际工作在街道办事处为范围的分社。④

江苏省代表说:江苏小组对现阶段公社是不是政社合一的,有两种意见。一种意见认为现在是政社合一的,但不完备。⑤

湖北省代表说:湖北省城市公社是政社合一,但很不完备,非常初级。⑥

郑州市代表说:郑州市以区建社,已经政社合一了。⑦

黑龙江省代表说:根据黑龙江省的实际情况看,我们省的城市人民公社都已政社合一了。⑧

陕西省代表说:从西安市来看……政权在区一级,而公社不是一级政权的组织,这是完全的政社合一。⑨

---

① 上海市档案馆:A20 号全宗,1 号目录,63 号案卷。
② 上海市档案馆:A20 号全宗,1 号目录,63 号案卷。
③ 上海市档案馆:A20 号全宗,1 号目录,63 号案卷。
④ 上海市档案馆:A20 号全宗,1 号目录,63 号案卷。
⑤ 上海市档案馆:A20 号全宗,1 号目录,63 号案卷。
⑥ 上海市档案馆:A20 号全宗,1 号目录,63 号案卷。
⑦ 上海市档案馆:A20 号全宗,1 号目录,63 号案卷。
⑧ 上海市档案馆:A20 号全宗,1 号目录,63 号案卷。
⑨ 上海市档案馆:A20 号全宗,1 号目录,63 号案卷。

河北省代表说:河北省从组织城市人民公社一开始就是政社合一的。①

四川省代表说:考虑政社合一的问题,首先要弄清公社工作对象。……叫公社还是可以的,因它已经不是单纯的经济组织了,但它的组织范围很大,也是社会基层组织,不过不完备而已。②

从以上座谈纪要中反映的情况来看,尽管有代表对少数城市的人民公社政权组织形式定性持不同意见,但总体上还是认可的。因此,可以推断城市人民公社的政权组织形式是"政社合一"的。毫无疑问,"政社合一"的政权组织形式是城乡人民公社的共同属性。

四、对"人民公社"及子概念的新界定

前面用了大量的篇幅仅仅揭示了《词典6》关于"人民公社"概念存在定义不周的逻辑错误,而没有解决怎样修正这一错误的问题。接下来,试图重新界定"人民公社"及子概念("城市人民公社""农村人民公社")。这里所说的"重新界定"包含两层意思:

(一)《词典6》所给的人民公社定义,除了有上述外延不周的错误外,还有使用概念不准、定义过窄等问题。所谓"使用概念不准",说的是在"人民公社"(事实上的"农村人民公社"定义)的定义中,关于农村人民公社的终结时间,是一个颇具争议的问题。迄今为止农村人民公社的终结时间,或说解体时间主要有"1982年"③"1983年"④"1984年"⑤"1985年"⑥等4种说法。这些观点中,笔者认为第3种最有说服力。因为,1983年10月12日,中共中央、国务院发出《关于实行政社分开,建立乡政府的通知》后,全国的农村人民公社才开始"政社分开"(实际上是"撤社建乡"。下同——作者注)的工作。农村

---

① 上海市档案馆:A20号全宗,1号目录,63号案卷。
② 上海市档案馆:A20号全宗,1号目录,63号案卷。
③ 柳建辉:《人民公社所有制关系的变化》,《中共中央党校学报》1997年第3期。
④ 安贞元:《人民公社化运动研究》,中央文献出版社2003年版,第308页。
⑤ 罗平汉:《农村人民公社史》,福建人民出版社2003年版,第414页。
⑥ 辛逸:《人民公社研究述评》,《当代中国史研究》2008年第1期。

人民公社是一个存续了 20 多年的农村基层政权组织,关系错综复杂,工作千头万绪,不是喊撤就撤、想散就散的过家家游戏。按照人们一般的行为逻辑,从动议撤销公社到乡政府正式挂牌有一个过程,这个过程应该得有几个月。事实上也是如此,到 1984 年底"99%以上的农村人民公社才完成了政社分开的工作"①。所以,农村人民公社的终结时间应当定格在 1984 年。论及至此,可能有人会问,怎么就只有农村人民公社的解体时间而无城市人民公社的解体时间?这个问题很重要,但很难回答。原因是中共中央没有颁发过解散城市人民公社的档,使其自行解体。从查找到的城市人民公社档案来看,最迟的一篇文献是 1973 年 11 月 8 日兰州市《关于更改城市人民公社名称的报告》②。也许,这不是最后一篇。但在没有找到新证据之前,只能将城市人民公社的最终消失时间表述为 20 世纪 70 年代初。

所谓"定义过窄",是针对"我国农村中的集体所有制经济组织"这个判断而言。众所周知,农村人民公社是农村基层政权组织,它管政治、经济、文化,还管军事。显然,仅把它锁定在集体所有制经济组织的范畴内,是非常不妥的,存在定义过窄的逻辑错误。

(二)"人民公社""城市人民公社""农村人民公社"在上述《决议》中都有定义,而且非常明确。但是,这些定义都属于情景定义。后来的历史进程,并未按其设计与主观想象去发展,理想中的"共产主义",成了事实上的"乌托邦"。因而《决议》中的定义都不可能客观真实描述其本质属性,也没能给人们认识该类事物以准确的信息。

综上所述,不论《词典6》,还是《决议》,关于"人民公社"等的定义,都必须予以重新界定。笔者凭着多年来对城市人民公社研究的些许经验及体会,不揣冒昧,对"人民公社"、"城市人民公社"、"农村人民公社"以重新界定:

1. 对"人民公社"的界定

人民公社是为适应总路线的要求而建立,具有一大(规模大,行业全)二公(公有经济)的特点,存续于 1958—1984 年中国(大陆)城乡的政社合一的

---

① 辛逸:《人民公社研究述评》,《当代中国史研究》2008 年第 1 期。
② 兰州市档案馆:009 号全宗,1 号目录,19730022 号案卷。

基层政权组织。

2. 对"城市人民公社"的界定

城市人民公社是为适应总路线的要求而建立,具有一大(规模大,行业全)二公(全民所有制与集体所有制经济)的特点,实行以工资形式取酬的分配制度,存续于1958年下半年至70年代初中国(大陆,除西藏)城镇的政社合一的基层政权组织。

3. 对"农村人民公社"的界定

农村人民公社是为适应总路线的要求在高级农业生产合作社的基础上建立,具有一大(规模大,行业全)二公("三级所有,队为基础"的集体所有制经济)的特点,实行供给制(公共食堂时期)和工分制(1962年至1984年解体)为主的分配制度,存在于1958—1984年中国(大陆)农村的政社合一的基层政权组织。

关于城市人民公社"办一点
服务性事业"的考证[*]

一

《中国共产党历史第二卷(1949—1978)》(下册)第559—560页,对于城市人民公社历史,作了如下记述:

1958年在个别省市建立的城市人民公社,也被要求推广。1960年3月9日,中央发出指示,要各地放手发动群众,组织试验各种形式的城市人民公社,可以以大型厂矿和机关学校为中心,也可以以街道居民加一部分农村居民组成。全国城市要在上半年普遍试点,下半年推广,除北京、上海、武汉、广州外,其他城市应一律挂出人民公社的牌子。以后几个月内,全国190个大中城市建立起1064个人民公社,参加的人口达5500多万人。北京市还于1959年建起"公社大楼",当时被称作"共产主义大厦"。但是城市人民公社除了挂个牌子,有的用平调的办法办一点服务性事业外,大多有名无实。随着国民经济出现严重困难局面,城市人民公社也难以为继。①

整段文字不多,相对于农村人民公社历史记载而言,显得有些微不足道。但它却是一个突破性的进展,因为已往的权威党史著作中压根就没有城市人民公社历史的记载。从这个层面上来说,上述记载的历史意义与学术价值均不言而喻。然而,由于城市人民公社资料的极度缺乏,加上历年来城市人民公

---

* 本文原刊于《湖南科技大学学报(社会科学版)》2017年第3期。

① 中共中央党史研究室:《中国共产党历史第二卷(1949—1978)》(下册),中共党史出版社2011年版,第559—560页。

社的研究成果,不是十分引人注目,也可能是上述作者的疏忽,以至于作者在描述城市人民公社的实践活动时,作出了城市人民公社只办了"一点服务性事业"的论断。此论极为不妥。因它与当年的城市人民公社文献所反映的事实出入很大,可以说是背道而驰。所以,笔者认为有必要对此进行考证,为的是澄清上述说法,客观地传播历史真实,予读者以正确的舆论导向,还原城市人民公社的"庐山真面目"。

二

为了说明问题,首先要弄清楚"一点"、"服务性事业"这两个关键词的准确含义,并对其解读。

所谓"一点",指的是"表示不定的较少的数量,或者表示很小或很少",如:"我以为有多大呢,原来只有这么一点"①。由此可知,"一点"在句中的含意是,城市人民公社只办了较少或很少的服务性事业。

所谓"服务性事业",在《现代汉语词典》(第6版)(下称《词典6》)中,找不到此词条,只能找到与此相近的词,即:"服务业"。《词典6》谓之为:"国民经济中在流通、生产生活、科学文化教育、社会公共需要等领域提供各种劳务的部门或行业。"②这种解释通常理解为第三产业。《词典6》对"第三产业"的解释是:"为生产和消费提供各种服务的行业和部门,如交通运输、通信、商业、餐饮业、物资供销、金融、保险、房地产、公用事业、旅游业、文化教育、科学研究事业等。简称三产。"③当然,这两者不能完全画等号,但也不难看出,《词典6》中无论是"服务业",还是"第三产业",均是从广义或现代意义上予以界定的。而在城市人民公社时期,"服务性事业"有着特殊含义,或者说是从更窄、更"公"的意义上付诸实践的。具体是指"公共食堂、托儿所、幼儿园、敬老

---

① 中国社会科学院语言研究所词典编辑室编:《现代汉语词典》(第6版),商务印书馆2012年版,第1523页。

② 中国社会科学院语言研究所词典编辑室编:《现代汉语词典》(第6版),商务印书馆2012年版,第399页。

③ 中国社会科学院语言研究所词典编辑室编:《现代汉语词典》(第6版),商务印书馆2012年版,第288页。

院等集体福利事业"①;除此以外,组织社会服务事业,也是城市人民公社所主张与涉及的内容。这方面,上海市在1960年3月向中央的报告中作了充分的诠释,大体有如下几种:

第一种修补服务组,包括修理水电卫生设备、修理各种日常用具、修补衣服皮鞋等业务。过去许多居民日常用具坏了找不到人修理,很不方便。修补服务组建立后,不论菜篮米箩、套鞋雨伞、白铁竹器,都可整旧如新,化无用为有用,费时短,花钱省,有的还可上门服务。

第二种是事业性的服务组织,包括理发室、浴室、热水站、房屋养护小组等。里弄的理发室给予居民很多方便,有的为儿童理发,理好后还送他们回家去,有的上门为年老残疾的人服务。里弄房屋养护小组协助房管部门修理了那些墙壁风化剥落、门窗地板破损的房屋,发挥了积极作用。

第三种是家务劳动服务组。服务项目多种多样,从洗衣服到管理全部家务;从帮老人梳头到给小孩洗脚;从收拾屋里到打扫屋外;从种菜烧饭到缝新补旧:要啥做啥,随叫随到,机动灵活,方便群众。职工的困难得到了照顾,有些职工把它称作"后勤部",单身职工感到如同在自己的家里一样。申新五厂女职工王阿娣一次吐血和一次小产都在深更半夜,得到服务员的亲切帮助,把她送到医院,又帮她照顾孩子,王阿娣感动地说:"真是毛主席领导得好。"

第四种是经营代办业务的综合服务组,包括代办储蓄、保险、邮政、电讯、戏票、车船票、书报杂志以及废品回收等。

此外,里弄委员会还组织了九千多人经常参加商店、菜场的一些临时性突击性劳动,协助商业部门按户分发肉、油、糖等计划供应券,进行某些商品和副食品的分配工作,在春节、国庆节等节日供应时,协助商业部门把副食品送到居民家中,减少排队拥挤的现象,使大多数居民感到满意。某些紧张商品,如草席的供应,里弄委员会通过评议和互议等办法进行分配。②

---

① 中共中央文献研究室编:《建国以来重要文献选编》第十一册,中央文献出版社2011年版,第521页。
② 湖北省档案馆:SZ1号全宗,2号目录,649号案卷。

综上可见,城市人民公社所办的服务性事业主要有两项:一是集体生活服务事业(公共食堂、托儿所、幼儿园、敬老院等);二是社会服务事业(修补服务、事业性服务、家庭劳务服务、经营代办综合服务等)。其中,第一项是主体或核心内容。因为三种类型的城市人民公社把集体生活福利事业作为专门条款写进了章程。例如,《焦作市中站煤矿人民公社试行章程(草案)》在"第十章:生活福利"中明确规定:

第四十九条:人民公社应根据在发展生产、不断提高劳动生产率的基础上,逐步改善社员物质、文化生活的原则,有计划地发展和改进各种生活福利事业,以满足社员日益增长的物质和文化需要,增强社员的体质,从而促进生产大跃进和各项工作的开展。

第五十条:根据本公社现在的经济条件,除公共食堂、托儿所、幼儿园的炊事员、保管员费用由公社负责,对社员逐步实行公费医疗,对生活困难的社员,在生活、医疗及儿童入托等方面,给予适当补助或斟酌减免外,其他社员个人开支,均由社员根据"各尽所能,按劳分配"的原则,用所得的工资料理。[①] 再说,在实际操作中,集体生活福利事业的规模与数量亦是各城市人民公社反映与报道的核心内容,相当多的城市人民公社文献记载中,言必称"集体生活福利事业"。由于这方面的资料的确丰富,恕不一一展示(因为下面还要就此专门考证)。

以上两则数据足能说明,集体生活福利事业是城市人民公社的标志性内容之一,而社会服务事业虽有涉及,但其地位远不如前者重要。所以,笔者推定,历史记述中的"服务性事业"应该是指这两项,且前者是主要的。

在对"一点"与"服务性事业"两个关键词详尽诠释之后,就可以将"城市人民公社只办了一点服务性事业"的论断完整地解读为:"城市人民公社只办了较少或很少的公共食堂、托儿所、幼儿园及修补服务、事业性服务、家庭劳务服务、经营代办综合服务等"。

---

① 上海市档案馆:A20号全宗,1号目录,64号案卷。

三

从表面上看，上述解读，语言表达流畅，句子结构完整，没什么破绽。但只要诸君身临其境，重温城市人民公社历史文献，了解城市人民公社中服务事业的性质，便不难看出，这是一个无视充分条件（城市人民公社中的服务性事业性质）的假言判断。确切些说，这个判断是不成立的。因为：

（一）**理论上，城市人民公社所办服务性事业具有共产主义性质，不可能只办"一点"**。1845 年 2 月，标志着科学共产主义诞生的《共产党宣言》还未问世，恩格斯已于《在爱北裴特的演说》中对"公共食堂"作了极其乐观的预测。他说："我们拿做饭来说，在现在这种分散经济情况下，每一个家庭都单独准备一份所必需的，分量又不多的饭菜，单独备有餐具，单独雇佣厨子，单独在市场上，在菜场里向肉商和面包商购买食品，这白白占据了许多地方，浪费了不少物品和劳动力！可以大胆假设，有了公共食堂和公共服务所，从事这一工作的三分之二的人就会很容易的解放出来，而其余的三分之一的人也能够比现在更好、更专心完成自己的工作。"①显而易见，恩格斯对公共食堂是十分赞赏的。他认为公共食堂可以克服资本主义社会因物品私有而不断加剧的人与人之间的隔阂和不信任，甚至是社会的危机和矛盾；节约劳力与资源，提高社会效益；所以，建立公共食堂和公共服务场所，就是"共产主义"或公社一个必不可少的环节。

列宁是共产主义实践的先行者，他把公共食堂、幼儿园等集体生活服务事业视为共产主义的"幼芽""标本"，而且坚信"在无产阶级国家政权的支持下，共产主义的幼芽不会夭折，一定会茁壮地成长起来，发展成为完全的共产主义。"②只可惜，列宁的预言并未能如愿，这些共产主义"幼芽"，很可能是随着这位伟人的早逝而"夭折"。

毛泽东高举共产主义的大旗，完成列宁未竟的事业。从 1958 年"大跃

---

① 《马克思恩格斯全集》第 2 卷，人民出版社 1957 年版，第 613 页。
② 《列宁选集》第 4 卷，人民出版社 2012 年版，第 20 页。

进"开始,公共食堂等在城乡人民公社里进行了大规模的实践。毛泽东强调公共食堂不仅是"必须固守的社会主义阵地",而且断言"公共食堂,吃饭不要钱,就是共产主义"①。为了固守公共食堂这块"社会主义阵地",哪怕是国民经济形势极其严峻的情况下,毛泽东在短短的 15 天内(1960 年 3 月 4 日到 3 月 18 日),对公共食堂连下几道"金牌",强调所有形式的公社食堂都必须大办。例如,3 月 4 日,在《中央转发贵州省委关于目前农村公共食堂情况报告的批语》中批示道:"贵州省委关于目前农村公共食堂情况的报告,写得很好,现在发给你们研究,一律仿照执行,不应有例外。"3 月 15 日,又在《中央关于加强公共食堂领导的批语》中强调:"请你们对这个极端重要的公共食堂问题,在今年一年内,认真大抓两次,上半年一次,下半年一次,学贵州河南等省那样作出科学的总结,普遍推行。……工厂、矿山、街道、机关、学校、团体、军队的公共食堂,一律照此办理。"②

从以上恩格斯、列宁、毛泽东关于公共食堂等集体服务事业的论断中,可以得出两点认识:一是公共食堂等在向共产主义迈进的坦途中具有非常重要的地位和作用。由此推断,人民公社里普遍推行的公共食堂等决不是权宜之计;二是人民公社里践行公共食堂等是毛泽东旨意下的全党全民运动。既然如此重要的一项事业,怎么可能是"一点"? "一点"之说,理论上站不住脚,实践上一窍不通。

(二)实践上,城市人民公社所办服务性事业不只是"一点",而是"大量"。这里所说的"大量",本意上是指"数量很多的"③。那么,怎见得城市人民公社所办服务性事业是"数量很多的"? 要知详情,务必细看下表。不过,这里需要说明的是,便于行文简洁,仅以 14 个省市区(27 个省市区的大多数)城市人民公社所办服务性事业(公共食堂、托幼组织、服务站点)的相关数据为例:

---

① 薄一波:《若干重大决策与事件的回顾》(下卷),中共中央党校出版社 1993 年版,第742 页。

② 乌鲁木齐市档案馆:1 号全宗,3 号目录,481 号案卷。

③ 中国社会科学院语言研究所词典编辑室编:《现代汉语词典》(第 6 版),商务印书馆2012 年版,第 242 页。

14 个省市区公共食堂、托幼组织、服务站点相关资料统计

省市区	数据显示时间	公共食堂（个）	入伙人员（人）	托幼组织（个）	托幼人数（人）	服务站点（个）	服务人员（个）	数据源
福　建	1960. 3	602	142784	979	41738	1918	5788	①
上　海	1960. 4	2938	900000	3468	缺	4762	缺	②
青　海	1960. 4	254	17899	185	6095	2287	缺	③
河　北	1960. 5	17881	1523767	14144	409341	8806	57937	④
云　南	1960. 5	2718	795543	1111	52701	725	3862	⑤
山　东	1960. 5	6952	1661372	3403	183437	3976	33292	⑥
北　京	1960. 6	3553	329000	2883	149000	2432	260000	⑦
吉　林	1960. 6	4089	1000000	缺	缺	4381	18112	⑧
河　南	1960. 6	9497	2366703	5094	299760	6251	38076	⑨
内蒙古	1960. 6	1519	141800	2309	59736	1481	14907	⑩
广　西	1960. 7	2523	610000	1430	69000	986	62378	⑪
江　西	1960. 8	1462	215000	916	30000	1258	缺	⑫
黑龙江	1960. 9	20000	4500000	26000	760000	5100	缺	⑬
湖　南	1960. 11	22488	3324500	14843	341200	4446	210000	⑭
合　计		96476	17528368	76856	2402008	48809	704352	

以上表格中的统计数据,虽有上海、吉林、江西、黑龙江四个省市的某些数

---

① 福建省档案馆:101 号全宗,2 号目录,622 号案卷。
② 钟民:《为实现上海城市人民公社化的伟大任务而斗争!》,《文汇报》1960 年 4 月 15 日。
③ 西宁市档案馆:1 号全宗,419 号案卷。
④ 河北省档案馆:855 号全宗,5 号目录,1849 号案卷。
⑤ 昆明市档案馆:3 号全宗,1 号目录,2527 号案卷。
⑥ 山东省档案馆:A145 号全宗,25 号目录,001 号案卷。
⑦ 北京市档案馆:1 号全宗,28 号目录,23 号案卷。
⑧ 吉林省档案馆:现字 1 号全宗,1/16 号目录,114 号案卷。
⑨ 河南省档案馆:J10 号全宗,1 号目录,186 号案卷。
⑩ 内蒙古自治区档案馆:17 号全宗,6 号目录,17 号案卷。
⑪ 广西壮族自治区档案馆:X1 号全宗,27 号目录,401 号案卷。
⑫ 南昌市档案馆:1001 号全宗,1960 号目录,0322 号案卷。
⑬ 哈尔滨市香坊区档案馆:1 号全宗,1 号目录,427 号案卷。
⑭ 湖南省档案馆:147 号全宗,1 号目录,227 号案卷。服务站点的资料出自同一份文献。

据存在缺项,但总体上已表明,14 个省市自治区的城市人民公社,从 1960 年 3 月到 1960 年 11 月的几个月内,建立起了公共食堂 96476 个,入伙公共食堂的人数 17528368 人,约占这些省市区"城市人口的百分之六十"。社办托幼组织 76856 个,入托儿童 2402008 人;服务站点 48809 个,服务人员 704352 人。同时也证实,这些省市自治区城市人民公社所办的服务性事业确实不是"一点",而是有很多,或者说"大量"存在。

如果说,上述 14 个省市区关于服务性事业的三项刚性指标还不能令人信服的话,下面这些统计资料一定会有更强、更权威的说服力。1961 年 6 月 7 日,中华全国总工会党组(中共中央托管城市人民公社化运动的领导机构)向中央领导呈送了一份关于《一九六○年全国大中城市人民公社的发展情况》①的报告,该报告对 1960 年 3 月底、1960 年 8 月底和 1960 年 12 月底三个时间段的全国(境内,除西藏)大中城市的人民公社、公共食堂、托幼组织、服务站点的相关情况作了对比报道。具体情况清单如下:

城市人民公社、公共食堂、托幼组织、服务站点相关资料统计比较表

	1960 年 3 月底	1960 年 8 月底	1960 年 12 月底	1960 年 8 月底比 3 月底增减 (%)	1960 年 12 月底比 8 月底增减 (%)
全国城市人民公社(个)	613	1077	1032	+75.69	-4.2
公社人口(万人)	1901.6	5693.7	6065.6	+199.4	+6.5
占城市人口的(%)	25.3	75.8	80.8	+199.4	+6.5
公共食堂(个)	125602	168633	141319	+34.3	-16.2
入伙人数(万人)	2487.6	4342.9	3635.4	+228	-31.7
托幼组织(个)	66201	116715	81017	+106.1	-27.2
入托人数(人)	262.6	538.8	392.4	+194.2	-42.2
服务站点(个)	63940	87192	52922	+13.7	-39.5

---

① 广西壮族自治区档案馆:X001 号全宗,029 号目录,0004 号案卷。

	1960 年 3 月底	1960 年 8 月底	1960 年 12 月底	1960 年 8 月底比 3 月底增减（%）	1960 年 12 月底比 8 月底增减（%）
服务人数（个）	349000	551000	384000	+57.9	-30.3

注:对以上表格中数据的几点说明:(1)资料所在文献背景说明。上述数据所在文献的制作时间是1961 年 6 月。1961 年是毛泽东确定的"实事求是年、调查研究年"。所以表中的数据应当说是比较接近于客观真实的。(2)1960 年 3 月底与 1960 年 8 月底两个时间段的说明。前一个时间是全国城市人民公社化运动的起点,后一个时间则是全国已经基本实现了城市人民公社化。(3)表格中负数的说明。从 1960 年四季度起,各地对城市人民公社都进行了整顿,所以有些项目比例比1960 年 8 月有所下降。但同时显示,参加城市公社的人数与占城市人口的比例却比 1960 年 8 月还增加了。这说明城市人民公社并没有因整顿而解体,或说明城市人民公社只办了"一点服务性事业"的判断是不准确的。

以上表格中三个时段的比较数据,以无可争辩的事实证明了以下两点:一是服务性事业始终与城市人民公社相伴相随,且为重头戏,正所谓"无堂不成社,有社必有堂";二是所有的城市人民公社都办了服务性事业,且数量巨大,公共食堂尤其如此。从表格中可以看出,1960 年 8 月的城市人民公社化运动虽近尾声,但入伙公共食堂的人数有 4300 多万,占到了当时城市总人口的57.8%。① 由此可见,城市人民公社中所办服务性事业,不论从形式,还是内容,决不只是办了"一点"。"一点"之说确实是缺乏根据的。如果非要简单概括的话,也只能说,城市人民公社办了大量的公共食堂、托幼组织、服务站点等集体生活福利事业和社会服务事业。

---

① 广西壮族自治区档案馆:X001 号全宗,029 号目录,0004 号案卷。

广州市城市人民公社研究 *

　　20世纪50年代末,在中国大地上开展了一场轰轰烈烈的农村人民公社化运动。它深刻地改变了中国的社会结构并影响了几代人的生活。即便在今天,许多人仍然还留存着挥之不去的公社记忆。然而,几乎在同一时期,在中国大大小小的城市中也开展了一场"波澜壮阔"的城市人民公社化运动。只是由于农村公社的"光芒"过于耀眼,许多人对城市人民公社的存在知之甚少。本文则希望通过对广州市城市人民公社化运动的历史进行系统的爬梳整理,能为大家再现风起云涌的城市人民公社化情景,更为重要的是,希望通过对这段历史的回溯和探讨,能够警醒后人,启迪来者,为今天的城市建设和管理提供有益的思考。

一

　　1960年3月9日,中共中央发出《关于城市人民公社问题的批示》(下称《批示》)。《批示》是由刘少奇在3月6日为中央起草的,他在批示稿中要求:对城市人民公社的组织试验和推广,应采取积极的态度。但同时也认为:还有相当多的人对城市人民公社有顾虑,不愿参加。对于他们,目前不要动员参加。由于城市人民公社目前还处于试办阶段,各地关于组织城市人民公社的消息都不要登报,也不要组织群众性的庆祝游行。① 相比起有关农村人民公

---

　*　　作者:付彩霞,湖南科技大学2007级中共党史专业硕士研究生。此文为其硕士学位毕业论文之压缩修改稿。

①　中共中央文献研究室编:《建国以来毛泽东文稿》第九册,中央文献出版社1996年版,第56页。

社的决议和指示,这个批示稿的整个基调还是谨慎的、平和的。3月8号,毛泽东审阅了文稿,并做了部分修改,他认为:"最好有一位书记专管城市人民公社。中央希望今年上半年全国城市普遍试点,取得经验,下半年普遍推广。"①《批示》下发后,全国各地的城市相继开始扩大试点规模,展开了一场声势浩大的城市人民公社化运动。

其实,在城市中办公社是伴随着大跃进和农村人民公社化运动的展开而开始的,1958年5月,河南省建立了全国第一个农村人民公社——嵖岈山卫星人民公社。只过了3个月,8月15日,就在郑州市的管城区清真寺街成立了第一个以城市居民为中心的人民公社——红旗人民公社。到国庆节前夕,河南全省建立的城市人民公社大约有509个②,基本实现了城市人民公社化。与此同时,准确地说,1958年9月,广州在全市选取了中区的泰康街、北区的大塘街和东区的广九街这三条街道进行公社的筹备和试点工作,并相继召开了公社社员代表大会,选举产生了公社筹备委员会,宣布公社成立。③ 1958年10月10日广州市委发出了《关于开展城市人民公社运动的指示》。10月17日组织召开了全市科级干部会议,会议的议题就是部署城市人民公社的试点工作。会后,广州的东区、河南区、西区、北区、中区都成立了公社领导小组,并在各区进行了几条街的试点。中区是以泰康、大新、大南、解放四条街联合为一个公社进行试点;南区则将同福中、南华西、南华中、跃龙四个街联合为一个试点;东区的试点包括广九、东华西、东华东三条街;西区的试点有文安、金花、龙津、兴龙四条街;北区则为大塘、永汉南、德政南、珠光四条街道。广州城市人民公社的试点工作并没有完全铺开,而且很快随着农村人民公社的调整而停滞了下来,没有大的发展。到了1959年的8、9月份,各区相继取消了公社筹备委员会,重新恢复了街道办事处。

可能有人要问,为何在农村已公社化的情况下,城市公社还只是试点且可以停顿? 这其中既受当时高层领导人谨慎态度的影响,也受城市本身固有因

① 中共中央文献研究室编:《建国以来毛泽东文稿》第九册,中央文献出版社1996年版,第55页。
② 李端祥:《城市人民公社运动研究》(修订版),湖南人民出版社2012年版,第92页。
③ 广州市档案馆:16号全宗,永久号目录,2号案卷。

素的制约。1958 年 9 月 6 日,当农村人民公社化运动正开展得如火如荼的时候,时任国务院副总理的谭震林向毛泽东并中央提交了一份关于各地办人民公社情况的全国电话会议汇报材料,在这份材料中,谭震林就提出了城市是否也办公社,国营企业是否也办公社的问题,毛泽东看了这份材料没有表态,对城市搞不搞公社的问题保持了"沉默"。这说明当时毛泽东对城市办不办公社的问题拿不准,有顾虑。毕竟城市不是农村,有它自身并与农村不同的特点:一是城市中阶级成分复杂且居民生活职业呈多样化;二是全民所有制在城市中已是所有制的主要形式了,工厂、机关、学校已经按社会主义原则高度组织化了,因此城市公社化要与农村有所不同;三是当时认为城市中一些人的思想意识、觉悟和这个变革还不相适应,他们对成立公社还有顾虑,对这些人应该"等一等",要把各方面的准备工作都做好了,条件具备了再行成立。1958 年 11 月 2 日至 10 日,毛泽东在郑州主持召开了有中央和地方部分领导参加的工作会议(即第一次郑州会议)。在这次会议上,毛泽东第一次明确表态,同意在城市中试办人民公社,但提出要分步骤进行,特别是大城市应当放慢。加之,鉴于农村人民公社化运动中暴露出越来越多的问题,城市人民公社化的步伐也就不得不暂时停顿了下来。正如毛泽东本人在 1960 年 3 月的天津工作会议上所说的:"因为那个时候,农村刮'共产风'要挡一挡,城市暂时压一压。"①

1960 年初,由于庐山会议后反"右倾"运动的开展,全国上下弥漫着一股防止泄气、大跃进干劲"一鼓再鼓"的氛围,加上"浮夸风"再度泛滥,报喜不报忧。在此背景下,当时人们认为,1960 年将是一个更大的跃进年,形势比 1959 年更好。还认为建设社会主义的总路线,大跃进的发展速度和人民公社的组织形式是党和人民找到的"三大法宝"。在这种激昂的氛围之下,中央又接连收到了几份关于城市人民公社试办成功的报告,先是 1959 年底河北、黑龙江两省委分别上报的试办城市人民公社的报告,另外两份是 1960 年 2 月收到的全国总工会城市人民公社组《关于哈尔滨市香坊人民公社的发展情况的报告》和河南省委《关于城市人民公社巩固和发展情况的报告》。这几份报告都

---

①　中共中央文献研究室编:《毛泽东传》(五),中央文献出版社 2011 年版,第 2026 页。

对城市人民公社在组织生产,发展集体福利事业方面的作用和优越性进行了浓墨重彩的描述。再加上当时认为农村人民公社经过整顿后,已经走向更健全、更巩固的道路,农业生产已经完全建立在社会主义集体经济的基础上了。而城镇中虽然社会主义全民所有制占主导地位,但仍然存在少量集体经济组织,而且还有若干资本主义经济的残余,这种情况是极不相称的,组织城市人民公社,可以将城市中人力、物力、财力更好地组织起来,加快城市的社会主义建设和社会主义改造。

在这几份报告的催化下,再加上对形势的过于乐观的估计,毛泽东发出号召,不管大城市、中等城市,还是小城市,一律搞人民公社。于是,一场席卷全国城市的人民公社化运动就此拉开了帷幕。

二

1960 年 1 月中共中央在上海召开了中央政治局扩大会议,提出了"五年赶上英国"的口号,并要求在城市试办和推广城市人民公社。这意味中央对城市人民公社的态度从试办到大办的转变。而在广州,为了贯彻 1 月召开的政治局扩大会议精神,3 月 15 日至 21 日,中共广州市委召开四级干部(市、区、街、居民委员会)会议,市委书记王德在会上作了"全面组织人民经济生活"的报告,全市很快就掀起了一个全面组织人民经济生活的高潮。这场运动是广州城市人民公社化的前奏,按照当时的讲法是公社化之前"先充实内容"的做法,通过"全面组织人民经济生活"运动大力发展生产,举办公共食堂、托儿所(园)等集体福利事业,作为建立公社的经济基础。在这场运动的推动下,全市参加生产的人员由 1959 年底的二万多人跃升至四万九千多人。许多家庭妇女都加入到了街道生产和集体福利工作当中。

1960 年 3 月 24 日,中共中央在天津召开了一次工作会议,毛泽东在会上就城市人民公社问题作了重要讲话。他提出:"不管大城市、中等城市、小城市一律搞人民公社。"相比 3 月 8 日的批示,他的看法又大大前进了一步。毛泽东的讲话出来后,各大中小城市热烈响应,迅速展开市公社化的行动。

3月29日,广州市委下发了《关于广州市实现城市人民公社化的初步规划(草案)》,这个规划设想将两条街道组合起来,约1.5万多户,5万—6万人组建成一个公社。公社的组织形式分为三种:一是以大型国营厂矿企业为中心,吸收附近地区的工厂、商店、机关、学校、街道居民参加;二是以较大的机关、学校或商店为中心,吸收附近居民参加;三是以街道居民为中心。① 这样,广州市掀起的全面组织人民经济生活运动就在天津讲话的推动下直接演变成了城市人民公社化运动。

1960年4月上、中旬,广州市对城市人民公社化运动的相关情况进行了大张旗鼓的宣传。4月7日,《广州日报》以头版大篇幅介绍了郑州市的红旗人民公社,随后的十来天里,几乎以不间断的频率每日在显著位置以大版面报道城市人民公社的相关消息,先后介绍了哈尔滨的香坊公社、北京的石景山中苏友好公社、天津的鸿顺里人民公社、重庆的七星岗人民公社和武汉的先锋人民公社。在这些报道中,一组组数据都显示出了人民公社的巨大优越性和强大的生命力。例如关于郑州红旗人民公社的报道中写道:"建社以前的1958年7月,那里的民办工业总产值只有七百元,产品只有七种……今年2月份,产值更猛增到三百五十六万元,比公社成立前1958年7月产值七百元增加五千零八十倍。"②对这些城市人民公社的报道和描述给广州市民展示了一幅美好的未来画卷,极大地激发了他们办公社的热情。正在此时,全国二届人大二次会议在北京召开。4月9日,北京、上海、天津、武汉、广州五个中心城市的负责人在会上做了《建立城市人民公社具有伟大历史意义》的联合发言。发言认为:"一年多来的实践证明,人民公社这种组织形式在大城市也是完全适合的,为广大人民所热烈欢迎。"并分析和总结了在城市中组织公社的重要意义:一是发展了生产,在组织起来的过程中兴办了大批中小工厂;二是发展了集体生活福利事业,改善了人民的生活;三是进一步加强了各部门之间的协作;四是使广大妇女群众特别是家庭妇女走上了彻底解放的道路;五是促进了

---

① 广州市地方志编纂委员会编:《广州市志》(卷一),广州出版社1999年版,第415页。
② 《迎春花开万家香——记郑州市红旗人民公社的诞生和成长》,《人民日报》1960年4月7日。

文教卫生事业的发展。① 由于有了农村人民公社化过程中"共产风"蔓延的前车之鉴,在这个发言中明确主张:"对公共食堂,更应该采取积极办好又根据自愿的原则;个人生活数据和私人存款,仍然都归个人所有"。② 二届人大二次会议结束之后,广东省委马不停蹄,在 4 月 19 日至 30 日立即组织召开了全省城市人民公社会议。会议讨论并通过了《关于城市人民公社若干问题初步规定(草稿)》,在这个规定中对公社的规模、组织形式、管理体制、分配方式和集体福利事业等相关问题都做了明确的规定。

全省城市人民公社会议还没有结束,1960 年的 4 月 27 日,广州市首批 6 个人民公社在一片锣鼓喧天中宣布成立了。它们分别是大塘人民公社、清平人民公社、金花人民公社、东华人民公社、小港人民公社、大新人民公社。这六个人民公社都是由街道居民组织而成,分布在当时广州的北区、东区、河南区、西区、中区五个城区中。在这些公社中,有些是在 1958 年就已经开展了城市人民公社试点工作的,如北区的大塘人民公社、西区的金花人民公社,中区的大新人民公社,其余则是在这一次公社化运动中一鼓作气新成立起来的公社。为了加速运动的发展,广州在城市公社化过程中大力组织生产,大办食堂、托儿所等集体福利事业,"到五月上旬为止,全市已组织起来参加生产和工作的有七万三千多人,占应组织的百分之六十九点一三;已参加食堂的有三十二万五千多人,占应参加的百分之四十八点三六;已参加托儿所的有四万三千多人,占应参加的百分之二十一点七八"③。

在广州的城市人民公社化过程中,街道一直走在前列,而且速度很快,工厂次之,机关、学校则较慢较差。7 月中旬的时候,以大工厂、大工业为中心的黄埔区员村人民公社宣告成立,7 月 22 日至 28 日又有以国营大工厂为中心的协同和人民公社、广钢人民公社在芳村区成立。在黄埔、芳村两个区,因为地处城市边郊,所以这两个区都包括了 1958 年成立的农村人民公社,体现了

---

① 中共中央文献研究室编:《建国以来毛泽东文稿》第九册,中央文献出版社 1996 年版,第 154—155 页。

② 中共中央文献研究室编:《建国以来毛泽东文稿》第九册,中央文献出版社 1996 年版,第 155 页。

③ 广东省档案馆:219 号全宗,2 号目录,274 号案卷。

毛泽东关于人民公社工农兵学商"五位一体"的设想。到 1960 年底,"广州市共成立城市人民公社 42 个,入社人员约 128 万人,占全市人口总数的 67.7%。42 个城市人民公社中,以国营厂矿企业为中心组织起来的有 11 个,约 25 万人;以街道居民为主组织起来的有 30 个,99 万多人,还有 1 个是以学校为中心组织起来,约 3 万人"①。基本实现了全市的公社化。

在最初对公社的设想和期待中,发展生产力是其最重要的目的。为了达到高速发展生产力、建设社会主义的目标,各地城市人民公社都兴办了大量的社办工厂,广州市在 1960 年公社化时期,在原来街道工业的基础上也发展起来了许多社办工业。据统计,在 1960 年 6—7 月的鼎盛时期,社办工业共有 1054 户,职工 44792 人,全年总产值达 1.13 亿元。分布在 16 个行业,其中主要集中在小五金、竹木、化工、纸制品、文教用品等五个行业中,占了总人数的 78%。② "1960 年 11 月底止,公社工业大小产品共计 1400 多种……其中在日用小商品方面有很大增长。据 1960 年 8 月统计,四个市区共计有 608 种小商品,其中新增加的就有 180 种。"③实事求是地说,社办工厂利用国营企业的边角废料生产出来的这些产品虽然质量不高,但对于增加商品供给,缓解当时市场上日用品供应紧张起了一定的作用。但由于社办工业是在狂热的政治热情鼓动下,无视经济规律和现实条件大搞快上发展起来的,它的大量出现不但没有促进生产力的快速发展,反而对生产力的发展产生了一定的阻滞和破坏作用。在当时的计划体制下社办工业的原材料采购、资金投入都没有纳入国家计划中,在行政资源的供给上一直处于极为羸弱的地位,在生产过程中更谈不上现代性的管理制度和管理方式,经营管理极其混乱;许多工厂在开办之初就已陷入困境,处于半停产、停产状态,难以产生应有的经济效益,还常常需要公社补贴度日。因此,大多数社办工业逃脱不了被淘汰的命运。

广州在公社化时期还兴办了各种集体福利事业,1960 年共有托儿所 2367 间,公共食堂 4237 间,各种服务站(组)2696 个,④这些集体福利事业的兴办,

---

① 广州市地方志编纂委员会编:《广州市志》(卷十),广州出版社 2000 年版,第 235 页。
② 广州市档案馆:108 号全宗,永久号目录,290 号案卷。
③ 广州市档案馆:16 号全宗,永久号目录,36 号案卷。
④ 广州市地方志编纂委员会编:《广州市志》(卷十),广州出版社 2000 年版,第 236 页。

本意是要更有效地组织闲散劳动力,增加城市中"共产主义"因素和公共服务供给,但在当时的经济条件下,这种急于将各种福利包办起来的"大操大办",不但使公社财政无法支撑,而且其组织方式也显然脱离了城市居民的生活实际,结果是"好心办坏事"。由于市场上粮食供应紧张,广州市城市人民公社的公共食堂从 1960 年 4 月份开始实行按粮食定量来发饭票,并普遍推行"双蒸饭",这种双蒸饭虽然从感觉上要比单蒸饭饱肚子,但其实本身并不会增加能量的摄入。部分居民在吃了"双蒸饭"后出现水肿现象,于是大量居民开始退出公共食堂。据市委街道工作部 1960 年 7 月 9 日的一个报告统计:截至 7 月 4 日,荔湾区各公社食堂的开膳人数普遍有所下降,开膳人数比 6 月份减少了 9102 人,达到搭食人数的 9.73%。……越秀区仅洪桥、西山、大新、一德四个公社(街道),截至 7 月 4 日统计,也减少了 5472 人。① 而在托儿所(园),由于没有认真贯彻卫生清洁制度,普遍发生小孩生疮、害眼病、拉肚子等现象,部分所(园)还发现有麻疹、白喉、小儿麻痹症、百日咳等疾病。据对海珠区海幢公社公正管理区、保岗公社牛奶厂管理区、三姓祠管理区等四个所(园),越秀区一德所(园),东山区大东公社仁兴街、保安第八所(园)的 515 个小孩的调查,生疮、害病的有 158 个,发病率达 30%。最高的海珠区宝岗公社三姓祠管理区托儿所有 49 个小孩生疮、害病,发病率达 80%。② 公社的集体福利事业未能给社员群众带来最低的福利享受,反而因为各种"大办",随意"共"社员群众的"产"而引发了群众对公社的抵触和反感。

三

广州在一哄而起地实现公社化后,很快就出现了不少问题,主要表现在以下几个方面:

一是"政社一体"的管理体制不切合城市实际,公社难以驾驭多重角色。由于广州的城市人民公社基本上以原来的两个街道办事处合并为一个公社,

---

① 广州市档案馆:16 号全宗,永久号目录,21 号案卷。
② 广州市档案馆:16 号全宗,永久号目录,21 号案卷。

规模一般都在万户以上,人数达五六万人,个别大的超过七万人,使得管理的半径过大,设置的层级过多,呈现了管理上的极不经济。再加上城市公社管理的内容比起原来的街道又大大扩展了,包括有城市建设、生产流通、科教文卫、市民消费、公共安全、福利事业等等,兼具基层政权组织、集体经济组织和基层小区组织的多重角色。公社虽然依托于强大的政治强制力对社员的劳动生产、生活福利实现了牢牢的掌控,却难以做到有效管理;虽然动员能力巨大,却始终无法实现公社的有效整合。在群众的各种消极抵抗之下,公社的经济运作和社会管理成本巨大,可谓是举步维艰。

二是"一大二公"的所有制形式,导致了"共产风"盛行。为了体现公社的优越性,广州各城市人民公社对辖区内居民的生活福利采取了全包起来的方式,兴办了大量的公共食堂、幼儿园(所)和各种服务站。这种无所不包的方式,在没有上级政府财政支持的情况下势必难以承受。为了支撑公社的各项支出和福利事业的开展,公社不得不将辖区内有限的经济社会资源掠夺式地集中起来,导致了"共产风"盛行。1960年公社化后,广州市将原来的街道工业从小集体所有制一下子全部转为公社大集体所有制,所得利润90%上缴公社,而社办工厂的工人则实行低工资制;对于普通社员所留存的民间资源也以各种名目"汲取"到公社来。据大塘人民公社整风整社运动中统计的资料:"计58年以来,以平、调、捐、借、占的形式共刮的'共产风'共1260宗,金额57291.31元。"①这些"共产风"的形式和名目众多,根据不完全的统计,捐款项目有铺平街石费、绿化费、国庆节五一节游行及布置街道纸花费、办食堂费、油灰水费、喷射费、慰问江村炼钢工人捐款、养猪投资、房屋监证费、清洁费(每月缴交)等10多种,除房屋监证费由市统一规定,绝大部分是采取摊派形式向群众收取的,②甚至连不少食堂开办的资金和物品都是群众捐献的。这些有限的资源集中到公社后,却在低效率的利用机制下,大量被消耗,只产生了极低的经济和社会效益。更为严重的是,这种掠夺式的集中资源发展的方式,损害了党长期以来建立起来的良好形象,使群众对党产生不满和对立

---

① 越秀区档案馆:066号全宗,A1-1号目录,006号案卷。
② 越秀区档案馆:066号全宗,A1-1号目录,005号案卷。

情绪。

三是公社干部的工作方式粗暴简单,强迫命令、瞎指挥现象非常严重。虽然各个公社制定的章程对公社的组织管理以及社员的各项权力都进行了明确的规定,但在实际操作中社员的选举、监督、管理权常常流于形式。而公社又作为上面各类"条条系统"延伸的末梢,承载着巨大的政治和发展压力。因此在没有有效的监督和纠错机制的情况之下,"压力锅"内的各种行政权力在公社辖区内高度膨胀,公社的干部民警可以任意打人骂人、罚跪、罚站,随意征用、借用群众的生活用品,任务完不成就采取强迫命令。总之,共产风、浮夸风、命令风、特殊风、瞎指挥风在公社内蔓延。

到了1960年下半年,全国"大跃进"的败象已经完全显现,国民经济进入了极端困难时期。城市中,生产资料极其缺乏,粮食供应相当紧张,城市人民公社事实上已经难以支撑了。1960年10月14日,广州市人委发出《关于进一步做好压低城市口粮标准的指示》,要求除知识分子和上层资产阶级分子外,市区居民每人每月节约口粮1市斤。① 由于无米下锅,广州市还动员了大量职工群众,开展大规模的采集、制造代食品运动,并通过压缩城市人口的办法来减少城市商品粮供应。全市从1960年12月份开始,在各级党政群机关和人民公社内进行精简机构、紧缩编制、下放干部、加强基层和生产第一线的工作,至1961年3月31日,调往农业战线的职工达1万多人。②

1960年11月3日,中共中央发出《关于农村人民公社当前政策问题的紧急指示信》(又称"十二条"),以纠正农村工作中的"左"倾错误,城市人民公社也随之进入了全面整顿的新阶段。1960年11月14日,中共广州市委发出了《关于城市人民公社开展整风整社运动的指示》,要求通过整风整社解决城市人民公社中存在的问题,切实改变干部作风。在这一档的指导下,广州市从1960年11月开始在大塘等公社开展整风整社的试点工作,然后逐步铺开对全市城市人民公社进行整顿。整个整风整社工作是以反"共产风"为中心,以整顿所有制为主要内容,分三个阶段进行的:第一阶段突出所有制问题进行反

① 广州市地方志编纂委员会编:《广州市志》(卷一),广州出版社1999年版,第419页。
② 广州市地方志编纂委员会编:《广州市志》(卷一),广州出版社1999年版,第423页。

"共产风"的工作,主要是在退赔"共产风"的基础上在社办工业所有制上实行退却。将全部社办工业由大集体所有制(社有制)退转为企业小集体所有,受公社和区手工业联社共同领导。上缴利润比例由原来的 90% 变为 10%(其中公社 7%,区手工业联社 3%),留厂纯利 90%,并实行按劳分配,多劳多得,多赚多分,少赚少分的原则。第二阶段整顿干部"五风"。抓住公社干部最突出的强迫命令,瞎指挥,虚报浮夸,贪污盗窃,违法乱纪等问题进行整顿。第三阶段则突出抓住基层组织、社办工业、修补服务、生活福利这四个方面,结合进行整社整党,整顿民兵组织。整风整社工作持续了 7 个多月,但公社顽疾却难以完全根除。1961 年 8 月,广州市只能调整改变城市公社体制,按原来街道办事处的辖区恢复了街道办事处,但在复建街道办事处的同时设置街道人民公社管理委员会,公社则成为街道党委的生产福利部,负责管理街道工业生产、食堂、托儿所、民办小学、夜校、卫生建设、房屋修缮等生产福利事业。至此,城市人民公社实际上已经名存实亡了。"但考虑到公社是过渡到共产主义的最好形式,因此,公社牌子须一律保留。"①

1962 年 5 月 7 日至 11 日,刘少奇主持召开了一次中央工作会议(通称"五月会议"),会议讨论了中央财经小组提出的《关于讨论一九六二年调整计划的报告(草案)》,决定对国民经济进行大刀阔斧的调整收缩。广州市根据"五月会议"的精神,开始对城市人民公社的社办工业进行调整,1962 年 5 月 16 日,广州市委批转了市手工业局分党组《调整城市公社工业方案》,决定对城市公社工业采取"关(关闭)、压(压缩)、并(合并)、退(退回家庭副业)、转(转为合作社、组)、插(插入现有合作社)"的办法分别处理。"将产品为社会所需要,生产条件较正常的社办企业转为手工业生产合作社(组)的有三百六十五个,职工一万四千多人,其他一些零星的,还不成型的街道工业,则改为家庭副业或个体手工业。"②

随着社办工业转为手工业生产社(组),集体福利事业如公共食堂、托儿所、幼儿园分别移交给商业和文教卫生部门管理后,广州市城市人民公社也就

---

① 广州市档案馆:316 号全宗,永久号目录,10 号案卷。
② 广东省档案馆:219 号全宗,2 号目录,361 号案卷。

黯然结束,走到了生命的尽头。广州人民开展的这场波澜壮阔的城市公社化运动是在"持续大跃进"这样一个背景下被推向历史舞台的,由于公社体制存在着本身无法克服的严重缺陷,因此不但没有产生预期的效果,反而造成了社会资源的巨大浪费,使城市发展陷入停滞和混乱之中。随着公社体制的弊端日益暴露,其解体也就不可避免了。

城市人民公社是有名有实的基层政权组织[*]

——对城市人民公社历史记述中一个"论句"的考证

在《中国共产党历史第二卷(1949—1978)》(下册)的第559—560页,阐述"在'大跃进'错误继续发展的同时,农村人民公社再度刮起'共产风'"后,紧接着对"城市人民公社"作了如下记述:

1958年在个别省市建立的城市人民公社,也被要求推广。1960年3月9日,中央发出指示,要各地放手发动群众,组织试验各种形式的城市人民公社,可以以大型厂矿和机关学校为中心,也可以以街道居民加一部分农村居民组成。全国城市要在上半年普遍试点,下半年推广,除北京、上海、武汉、广州外,其他城市应一律挂出人民公社的牌子。以后几个月内,全国190个大中城市建立起1064个人民公社,参加的人口达5500多万人。北京市还于1959年建起"公社大楼",当时被称作"共产主义大厦"。但是城市人民公社除了挂个牌子,有的用平调的办法办一点服务性事业外,大多有名无实。随着国民经济出现严重困难局面,城市人民公社也难以为继。①

虽然文字不多(相对于农村人民公社而言),但却是一个突破性的进展,它结束了以往权威党史著作中没有城市人民公社记载的历史,其意义非常重要:第一,说明城市人民公社的存在是不争的事实;第二,证实了城市人民公社是人民公社的重要组成部分,即"人民公社"的外延既包含了"农村人民公

---

* 作者:肖楚楚,湖南科技大学2012级中共党史专业硕士研究生。该文为其硕士学位毕业论文之压缩修改稿。

① 中共中央党史研究室:《中国共产党历史第二卷(1949—1978)》(下册),中共党史出版社2011年版,第559—560页。

社"，也包含了"城市人民公社"；第三，为澄清学术界长期以来在"人民公社"认识上的片面和表述上的不准确，开辟了一条"绿色通道"；第四，将推动"人民公社"的学术研究向纵深发展。但是意义再重要的历史记述也难免存在瑕疵和不足，何况是初登大雅的城市人民公社历史？诚如编者在后记中所言"由于编写者水平所限，书中难免存在一些不当和不周的地方，我们期待广大读者提出批评意见，以便在再版时作适当修改"①，笔者在研读上引记述过程中，确实发现了一个需要考证与商榷的地方，即"但是城市人民公社除了挂个牌子，有的用平调的办法办一点服务性事业外，大多有名无实"的论断，就与当年城市人民公社文献所反映的事实严重不符。

为了说明问题，首先要弄清楚"有的"、"一点"、"服务性事业"、"大多"、"有名无实"等关键词的准确含义，并对其解读。

所谓"有的"，指的是"人或事物中的一部分"②。根据上文理解"有的"在句中的含意是指，"全国 1064 个城市人民公社中的一部分"。换句话说，在1064 个城市人民公社中，仅有一部分靠平调的办法办了一点服务性事业。

所谓"一点"，指的是"表示不定的较少的数量，或者表示很小或很少"，如"我以为有多大呢，原来只有这么一点"③，以此类推，"一点"在句中的含意是，在 1064 个城市人民公社中，只有一部分公社靠平调的办法办了较少或很少的服务性事业。

所谓"服务性事业"。在《现代汉语词典》（第 6 版）（下称《词典6》）中，找不到此词条，只能找到与此相近的词，即："服务业"。《词典6》的解释为："国民经济中在流通、生产生活、科学文化教育、社会公共需要等领域提供各种劳务的部门或行业。"④这种解释通常理解为第三产业。《词典6》对"第三

① 中共中央党史研究室：《中国共产党历史第二卷（1949—1978）》（下册），中共党史出版社 2011 年版，第 1074 页。
② 中国社会科学院语言研究所词典编辑室编：《现代汉语词典》（第 6 版），商务印书馆2012 年版，第 1578 页。
③ 中国社会科学院语言研究所词典编辑室编：《现代汉语词典》（第 6 版），商务印书馆2012 年版，第 1523 页。
④ 中国社会科学院语言研究所词典编辑室编：《现代汉语词典》（第 6 版），商务印书馆2012 年版，第 399 页。

产业"的解释是:"为生产和消费提供各种服务的行业和部门,如交通运输、通信、商业、餐饮业、物资供销、金融、保险、房地产、公用事业、旅游业、文化教育、科学研究事业等。简称三产。"①当然,这两者不能完全画等号,但也不难看出,《词典6》中无论是"服务业",还是"第三产业",均是从广义或现代意义上来定义的。而在城市人民公社时期,"服务性事业"有着特殊含义,或者说是从狭义的意义上付诸实践的。它是指"公共食堂、托儿所、幼儿园、敬老院等集体福利事业"②。除此以外,组织社会服务事业,也是城市人民公社所主张与涉及的内容。这方面,上海市在1960年3月向中央的报告中作了充分的诠释:

大跃进以来,各种社会服务组织由于大搞群众运动而有了迅速的发展,大体有如下几种:第一种修补服务组,包括修理水电卫生设备、修理各种日常用具、修补衣服、皮鞋等业务。第二种是事业性的服务组织,包括理发室、浴室、热水站、房屋养护小组等。第三种是家务劳动服务组。服务项目多种多样,从洗衣服到管理全部家务;从帮老人梳头到给小孩洗脚;从收拾屋里到打扫屋外;从种菜烧饭到缝新补旧。第四种是经营代办业务的综合服务组,包括代办储蓄、保险、邮政、电讯、戏票、车船票、书报杂志以及废品回收等。此外,里弄委员会还组织了九千多人经常参加商店、菜场的一些临时性突击性劳动,协助商业部门按户分发肉、油、糖等计划供应券,进行某些商品和副食品的分配工作,在春节、国庆节等节日供应时,协助商业部门把副食品送到居民家中,减少排队拥挤的现象,使大多数居民感到满意。某些紧张商品,如草席的供应,里弄委员会通过评议和互议等办法进行分配。③

综上可见,城市人民公社所办的服务性事业主要有两项:一是集体生活服务事业(公共食堂、托儿所、幼儿园、敬老院等);二是社会服务事业(修补服务、事业性服务、家庭劳务服务、经营代办综合服务等)。而第一项是其主体

---

① 中国社会科学院语言研究所词典编辑室编:《现代汉语词典》(第6版),商务印书馆2012年版,第288页。

② 中共中央文献研究室编:《建国以来重要文献选编》第十一册,中央文献出版社2011年版,第521页。

③ 湖北省档案馆:SZ1号全宗,2号目录,649号案卷。

或核心内容。因为列宁把它视为共产主义的"幼芽"或"标本",毛泽东更是断定"公共食堂","吃饭不要钱"就是"共产主义"。

以上数据足能说明,集体生活福利事业是城市人民公社的标志性内容之一,而社会服务事业虽有涉及,但其内容远不如前者丰富。所以,笔者推定,历史记述中的"服务性事业"应该是指这两项,且前者是主要的。

所谓"大多",指的是:"大部分;大多数"。《词典6》在"大多数"一词里作了更具体的解释,即"超过半数很多的数量"①。

所谓"有名无实",其解释是:"空有名义或名声而没有实际。"②这样,"大多有名无实"在句中的含意是:"超过半数很多的城市公社空有名声而没有实际"。

在对这五个关键词权威定义之后,我们就可以将"城市人民公社除了挂个牌子,有的用平调的办法办一点服务性事业外,大多有名无实"的论断,并联系其上文准确完整地解读为:"在中央关于城市人民公社问题批示下发后的几个月内所建立起来的1064个城市人民公社中,只有一部分靠平调的办法办了较少或很少的公共食堂、托儿所、幼儿园、敬老院及社会服务事业外,超过半数很多的城市人民公社徒有空名而没有实际。"

上述解读似乎合情合理,看上去,整个论句结构完整,表达准确,语言流畅,没什么问题。但,这只是表象。实质上,作者在说,城市人民公社不是城市基层政权组织。因为在1064个城市人民公社中只有一部分办了很少的公共食堂等服务性事业,除此以外的城市人民公社什么事都没做,徒有空名而没有实际。

既然,城市人民公社不是城市社会基层政权组织,也就没有必要担负起政治、经济、文化建设的职责。从这个层面上讲,上引城市人民公社历史记述的作者对城市人民公社所作的论断就不难理解了。

那么,事实中的城市人民公社运行情况怎样?是否履行了城市基层政权组织的职能,担负起了政治、经济、文化三方面建设(至于好不好,那是另外讨

---

① 中国社会科学院语言研究所词典编辑室编:《现代汉语词典》(第6版),商务印书馆2012年版,第239页。

② 中国社会科学院语言研究所词典编辑室编:《现代汉语词典》(第6版),商务印书馆2012年版,第1579页。

论的问题)的重任？下面以 27 个省市自治区的城市人民公社档案文献资料为依据，从政治、经济、文化三方面分三章考证或回答这三个问题。

一、城市人民公社是承载政治建设职能的基层政权组织

政治建设指执政党为加强自身建设而在政治方面所进行的工作，即指用一定的理论和方法，正确制定党的纲领和党在一定历史阶段的政治路线，正确制定与此相适应的各项工作方针政策，并用党的纲领、路线、方针和政策统一全党的思想和行为，通过正确处理党内矛盾，确保全党思想上政治上的高度一致，使全党步调一致地沿着正确的政治方向前进。中国共产党在城市人民公社政治建设方面的工作主要有三项：

（一）定位城市人民公社

城市人民公社与农村人民公社统称为人民公社，要了解城市人民公社的属性(定义)，首先要了解人民公社的属性。河南省遂平县嵖岈山卫星人民公社是全国第一个农村人民公社。1958 年 8 月 7 日，拟就了《嵖岈山卫星人民公社试行简章(草稿)》(下称《简章》)。《简章》第一条规定："人民公社是劳动人民在共产党领导和人民政府的领导下，自愿联合起来的社会基层组织，它的任务是管理本范围内的一切工农业生产、交换、文化教育和政治事务。"①看上去，这个规定是关于人民公社的定义。但它毕竟植根于农村，因而带有浓厚的农村、农业色彩。再说，城市不同于农村，城市情况比农村要复杂得多，当城市人民公社还未出炉时给人民公社的定义，理性的成分会更多一点。所以在给城市人民公社定义的时候，必须要有城市的特点和属性。1958 年 12 月，中共八届六中全会通过的《关于人民公社若干问题的决议》(下称《决议》)作了明确规定。即"城市中的人民公社，将来也会以适合城市特点的形式，成为改

_____

① 中共中央文献研究室编：《建国以来重要文献选编》第十一册，中央文献出版社 2011 年版，第 337 页。

造旧城市和建设社会主义新城市的工具,成为生产、交换、分配和人民生活福利的统一组织者,成为工农商学兵相结合和政社合一的社会组织"①。

中央的这个定义,给各地开展城市人民公社运动提供了理论与宏观层面上的指导,而各地在制定自己所属区域内城市人民公社章程时,将其写在了首要的位置上(在此值得特别说明的是,笔者发现,在导师的城市人民公社档案文献数据库中有各地城市人民公社章程数十份,但不可能把它们一一列举。便于行文简洁,又能说明问题,仅从省、市、自治区所制定的章程中各选有关部分予以证实)。例如:

黑龙江省在章程中写道:第一条:城市人民公社是劳动人民在中国共产党和人民政府的领导下,依靠工人阶级团结社会各阶层人民,进行社会主义革命和社会主义建设,巩固人民民主专政和社会主义制度的社会基层组织,具体说来,它是改造旧城市和建设社会主义新城市的工具,是生产、交换、分配和人民生活、教育的统一组织者,是工农商学兵相结合和政社合一的社会基层单位,贯彻执行党的社会主义建设总路线,建成社会主义并逐步向共产主义过渡的最好的组织形式。它既是当前社会主义社会基层单位,也是未来共产主义社会的基层单位。②

北京市在章程中写道:第一条:城市人民公社是城市劳动人民在共产党和人民政府的领导下,自愿联合起来的社会基层组织。它是改造旧城市、建设社会主义新城市的工具,是加速社会主义建设并逐步向共产主义过渡的最好组织形式。③

宁夏回族自治区银川市在章程中写道:第一条:人民公社是劳动人民在共产党和人民政府领导下,自愿联合起来的,工(工业)、农(农业)、商(交换)、学(文化教育)、兵(民兵全民武装)五位为一体,政治、经济、文化、军事全面结合的社会基础组织。④

① 中共中央文献研究室编:《建国以来重要文献选编》第十一册,中央文献出版社 2011 年版,第 521 页。
② 哈尔滨市档案馆:XD001 号全宗,2 号目录,963 号案卷。
③ 北京市档案馆:1 号全宗,28 号目录,18 号案卷。
④ 银川市档案馆:1958 号全宗,长期号目录,162 号案卷。

上述规定,虽然属于理论层面的问题,但可从实践层面得出以下两点结论:一是党中央的精神,在各地得到了贯彻落实;二是在城市人民公社的定义上达成了高度的共识,即城市人民公社是城市社会基层单位——工农商学兵相结合和政社合一的城市社会基层政权组织。

(二) 建立"政社合一"的政权组织

城市人民公社政治建设的重要任务是政权建设,而政权建设的核心是要建立一个"政社合一"的政权组织,其权限是把一定区域内的政治、经济、文化事务统管起来。有了这样一个政权组织,才能实现"一大二公",才能由"集体所有制向全民所有制过渡,由社会主义向共产主义过渡"①。

"政社合一"起源于农村人民公社,它是指农业生产合作社与乡政权结合。河南省遂平县嵖岈山卫星人民公社于 1958 年 5 月中旬成立。三个月后,拟就了《嵖岈山卫星人民公社试行简章(草稿)》,该章程第十一条规定:"公社按照乡的范围建立,一乡一社。为了便利工作,实行乡社结合,乡人民代表大会代表兼任公社社员代表大会代表,乡人民委员会委员兼任公社管理委员会委员,乡长兼任社长,副乡长兼任副社长,公社管理委员会的办事机构,兼任乡人民委员会的办事机构"②。从规定的表述上看,它是针对农村人民公社的,而往后的实践证明,对城市人民公社的政权建设起了至关重要的示范作用。郑州市管城区红旗人民公社是全国第一个城市人民公社,1958 年 8 月 15 日成立,8 月 16 日出炉了名叫《郑州市管城区红旗人民公社情况介绍》(迄今为止被收集到的第一份城市人民公社文献)的档。该文件称:"8 月 15 日在清真寺街全办事处范围内正式组成了我区第一个社会主义的社会基本单位——人民公社。……这个公社,共有工农业厂社 63 个,其中:民办 58 个,骨干 5 个,长期固定性的 36 个,间断性的 27 个,生产性的 35 个,加工性的 28 个。8 月 15 日召开了人民公社成立大会。"公社下设 11 个部,即"工业部、农业部、文教

---

① 中共中央文献研究室编:《建国以来重要文献选编》第十一册,中央文献出版社 2011 年版,第 523 页。

② 中共中央文献研究室编:《建国以来重要文献选编》第十一册,中央文献出版社 2011 年版,第 340 页。

卫生部、内务部、治安保卫部、财务部、妇女工作部、青少年部、军事技术部、对外联络部、宣传鼓动部"①。

从以上情况介绍便知,城市人民公社是由"街道办事处"(基层行政组织)加上该区域内的"工农业厂社"(经济组织。公社成立前,不属于街道办事处)合并而成。这样,人民公社便取代了街道办事处,并"管理本社范围内的一切工农业生产、交换、文化教育和政治事务"②。它是个案,却具有普遍意义。就拿"政社合一"来说吧,根据笔者所掌握的档案文献材料看,凡是建立了城市人民公社的地方,其政权组织形式基本上是"政社合一"的。为什么如此肯定?下面的两节材料能证实这个问题。

1960年2月,全国妇联党组扩大会议在河南郑州召开,会上,有一份叫作《各地城市人民公社试办的情况》的参考文献,该文说:"据各地妇联及有关部门的材料看,从1958年下半年开始,河北、河南、黑龙江、吉林、辽宁、山西、四川、江西、山东、湖南、北京、武汉、宁波、呼和浩特等市都试办了城市人民公社,其中河南、河北、黑龙江三省试办得比较普遍。……在管理体制上大都是政社合一的,一般都是三级所有制,三级管理三级核算。"③可以看出,从1958年下半年开始到1960年2月,全国有14个省市试办了城市人民公社,其管理体制大都是"政社合一"的。

对于上述参考文献中反映的统计资料及判断,可能有人说它有被夸大的嫌疑(上引城市人民公社历史记述中就有"1958年在个别省市建立的城市人民公社,也被要求推广"的判断)。1958年各省市区成立城市人民公社的情况如何?有学者就此进行过专门考证(《关于城市人民公社历史记述中"个别省市"一词的考证》,此文发表在《湘潭大学学报(哲学社会科学版)》2015年第3期),其结果是截止到1958年底,全国27个省市区都试办了城市人民公社,只是多少不一,程度不同而已。

对于上述统计资料及判断,要说有问题,应该是对于"政社合一",用"大

---

① 郑州市管城区档案馆:1号全宗,3号目录,84号案卷。
② 中共中央文献研究室编:《建国以来重要文献选编》第十一册,中央文献出版社2011年版,第340页。
③ 福建省档案馆:134号全宗,1号目录,134号案卷。

都"一词修饰欠准确,准确的修饰应当是"全都"。因为除了"政社合一"外,再没有其他形式的政权组织了。再说,城市人民公社组建的过程,也就是政社合一的过程。城市人民公社一经建立,它的政权组织形式,便是"政社合一"。所以,"政社合一"是当时历史条件下城市人民公社的唯一政权组织形式。其实,政权的组织形式,是否"政社合一"无关紧要,把一定区域内的所有事务实施统管才是关键。不然,"一大二公"便无从谈起。

可以肯定,全国妇联统计的上述省份"在管理体制上大都是政社合一"的判断应当说没有被夸大。当然,即便如此,也只能说明狭义城市人民公社化运动时各公社"政社合一"的实施情况。而广义的城市人民公社化后"政社合一"的情况怎样,是否坚持下去了呢?如果说,全国的城市人民公社化只是一些豪言壮语,空喊口号,造造声势的话,那么"政社合一"无疑是"虚"的。而事实中的"政社合一"这个城市基层政权组织,与城市人民公社确实是相伴而行并互为依存的(除个别地方,如北京市的椿树人民公社于 1965 年把城市人民公社就定位为经济组织)。下面这节数据完全能够肯定地回答这个问题。

1961 年 6 月上、中旬,在毛泽东"号召全党大兴调查研究之风,要求 1961 年成为实事求是年、调查研究年"①的大背景下,全国总工会城市人民公社工作组在上海召开了全国城市人民公社问题座谈会。与会代表是各省市自治区领导城市人民公社化运动的负责人。会议的主要内容是畅谈、汇报、讨论城市人民公社的主要问题,而"政社合一"是本次会议的重要议题。各省发言的有山西、四川、浙江、江苏、河北、河南、湖北、黑龙江、陕西、辽宁、北京、上海等 12 省市。对此,全总城市人民公社工作组作了详细的《座谈纪要》(下称《纪要》)。根据《纪要》所反映的情况来看,座谈会上各代表的发言可谓情真意切,实事求是。这些省市实施"政社合一"有三种情况:

第一,黑龙江、河北、河南、陕西、山西、四川 6 省是完全的"政社合一"。黑龙江省代表李琛光介绍本省情况时说:"根据黑龙江的实际情况看,我们省的城市人民公社都已政社合一了。黑龙江省十个城市都建立了城市公社,其

---

① 薄一波:《若干重大决策与事件的回顾》(下卷),中共中央党校出版社 1993 年版,第902 页。

中有三个市(鹤岗、双鸭、北安)是一市一社;有一个市(安达)未定型,其余各市基本上都是在原来区的基础上建立起来,实行了政社合一。以区建社的公社党委相当于区委;公社管委会相当于区人委。实际上公社不仅承担了区政权的工作,而且增加了组织生产、协作、生活以及农业等方面的工作。公社的工作内容比区人委的工作更充实、更丰富了,政权工作也加强了。"①

河北郭茂桐代表也说:"河北省从组织城市人民公社一开始就是政社合一的。首先,它都是在街道办事处办工业、生活服务事业的基础上建立起来的。如天津市从1958年下半年开始组织街道生产、生活之后,建立了生产服务合作社,统一领导这些集体事业。街道办事处在实际工作上就领导了居民的集体事业,领导了生活服务合作社。其他城市虽然没有组织生产服务合作社,但是街道的生产和生活服务事业也都是在街道办事处的组织领导下兴办起来的。因此,在那时街道办事处已经作了政权工作、社会工作、经济工作,性质上有了变化。公社(或分社)在政权工作方面,承担了区人委(或街道办事处)的任务。由此可见,城市公社在组织上实行了区人委或街道办事处同公社的合一,在工作内容上实行了政权工作、社会工作、经济工作的结合。它是社会主义社会结构的基层组织,又是政权基层组织。"②

第二,辽宁、浙江、江苏、湖北4省组织了"政社合一",但不完整。辽宁省的宋振远代表说:"政社合一,主要表现在:在组织上公社已与街道办事处合一;公社不仅已经承担了办事处的工作,而且大大超过了,特别是在专政和社会主义改造方面;现阶段公社已开始起着六中全会决议中指出的三个'成为'的作用,特别是改造旧城市建设新城市的作用。它已经成为社会基层单位,统一了地区性的统一活动。公社是政社合一的,但又不完整,表现在:公社不是一级完整的政权组织,目前工作的主要对象是职工家属和其它劳动人民,还不能把辖区内所有的居民全部组织起来;三个'成为'的作用还没有完全实现。"③湖北省代表刘国珍也说:"湖北省城市是政社合一,但很不完备,非常

---

① 上海市档案馆:A20号全宗,1号目录,63号案卷。
② 上海市档案馆:A20号全宗,1号目录,63号案卷。
③ 上海市档案馆:A20号全宗,1号目录,63号案卷。

初级。"①

第三,北京、上海两市对"政社合一"定性模糊,做法各异。北京市的王瑛璞说:"当前公社的主要任务有以下几点:搞好生产、办好集体福利事业;加强对生产人员的教育工作,提高他们的政治、文化、技术水准,提高他们的觉悟程度和组织程度。当前还必须根据党的"八字方针",对公社的各项事业进行调整、巩固,为将来的公社打基础。这是从北京的实践中认识到的。

北京市共有 48 个公社,其中:街道公社 35 个,以大厂为中心的 3 个,在工矿区建立的以职工家属为主的 10 个。根据二龙路公社(街道公社)的调查,共组织了四千多街道闲散劳动力。90% 是妇女,建社以前,有一部分资产阶级分子及其家属参加了街道生产组织,建社时,没有吸收他们参加。

在组织公社时,没有打乱或取消公安派出所、街道办事处和居委会,公社是按街道办事处管理范围建立的。公社地区内的国营工厂、企业、机关、学校没有入社。

公社与街道办事处是一套干部、两块牌子,工作是有分工、有结合。办事处主任兼任公社主任,社管委会下设几个组(部),有一个办公室,配备了十来个干部专营原街道办事处的一套工作。党委是一个,统一领导公社工作和街道办事处工作。"②

上海市代表汤桂芬说:从上海情况看,街道委员会的任务比原来街道办事处加重了,但是,不是"政社合一"。因为:第一,上海还未成立公社。第二,街道里弄组织起来的只是少数人。根据典型调查,参加到街道里弄生产福利组织的居民只占城市居民的 15.28%。第三,街道居委会虽然代替了原街道办事处的任务,但它不是一级政权。城市是高度集中的。社会基层组织摆在哪一级,值得研究。③

与会代表对北京、上海的上述情况很感兴趣,并提出了自己的看法,如山西省代表赵拓认为:"一、香坊人民公社是政社合一的组织,统一组织生产、生

① 上海市档案馆:A20 号全宗,1 号目录,63 号案卷。
② 上海市档案馆:A20 号全宗,1 号目录,63 号案卷。
③ 上海市档案馆:A20 号全宗,1 号目录,63 号案卷。

活,又担负了政权的职能,取得了很大成绩;二、天津、沈阳等地,是区以下建社,按办事处组织公社,有很多好处;三、北京是区以下建社,没打乱原来的政权机构,这样做很稳重;四、上海不挂牌子,组织里弄居民搞生产、生活,做的也是公社工作。我认为这些城市实际上都实行了不同程度的政社合一。"①

以上数据显示,12 个省市在城市人民公社政权组织方面,确实存在着差异。但有一点能肯定,即基本上采用的是"政社合一",只是程度不同,做法不一而已。存在这种差异,是城市情况太复杂,再加上顶层没有出台城市人民公社政权组织方面的实施细节所致。因此有差异是正常的,倘若千篇一律就太不正常了,问题也会更严重。但必须指出的是,存在差异不等于"有名无实"。

(三) 城市人民公社化运动是一场政治运动

广义上讲,一切政治活动都是政治运动,社会每时每刻都在运动,人们既在不停顿地进行着经济交往,也在不停顿地进行着思想交往和政治交往。但这里所说的政治运动并不是指这种社会运动的常态,而是指社会运动的一种特殊形态,即由一定阶级的政党或政治集团为了实现某种政治目的所发动与领导的具有明确的目的、严密的计划性和组织性的社会活动。"城市人民公社化运动"(广义上的,下同)就是这样一种社会活动。单从城市人民公社化运动领导和发动者的身份就可以证明这一点。因为城市人民公社化运动是"党中央、毛主席"亲自发动和组织起来的。目的是要把人民公社这种组织形式作为过渡到共产主义的桥梁和纽带。

全国农村人民公社化运动从 1958 年 8 月中旬开始,到 1958 年 11 月底结束,农村普及人民公社的速度之快,广大农民群众向往人民公社的热情之高,实属历次运动所罕见。相比之下,人民公社在城市的普及就要逊色多了,即全国的城市人民公社化不像农村人民公社化那样一气呵成。原因是局部的省或城市普及人民公社后,农村人民公社的形势相当严峻,城市人民公社的发展因此遇到了不少阻力。正是在这样的背景下,中共八届六中全会召开前夕,毛泽东审时度势,作出了试办城市人民公社的指示。于是,方兴未艾的城市人民公

---

① 上海市档案馆:A20 号全宗,1 号目录,63 号案卷。

社运动进入了试办阶段。

试办期内,对于早在 1958 年下半年就已经实现了城市人民公社化的河北、黑龙江、河南等省来说,其任务就是力争试办成功并取得优异的成绩,以此向"党中央、毛主席"报喜、请功。

城市人民公社经过一年多的试办后,上述三个省份从 1959 年 12 月到 1960 年 2 月先后向"党中央、毛主席"呈报了《河北省委关于城市人民公社问题向中央的报告》《关于哈尔滨市香坊人民公社的发展情况的报告》《关于河南省城市人民公社巩固和发展情况的报告》。这三份报告,总体反映了试办城市人民公社一年多来所取得的辉煌成就,这就证明了人民公社在城市的试办是非常成功的,也有力地证明毛泽东"试办城市人民公社"论断的正确与英明。

以上三份关于城市人民公社试办成功的报告,对坚定党中央、毛泽东在城市大办人民公社的信心和决心起了极其重要的作用。1960 年 3 月 6 日,刘少奇为中央起草了关于城市人民公社问题的指示稿。该稿说:"中央认为对于城市人民公社的组织试验和推广,应采取积极的态度。待全国各城市普遍进行了试验后,中央将总结各地的经验,规定一些办法。……由于城市人民公社目前还处于试办阶段,各地关于组织城市人民公社的消息都不要登报,也不要组织群众性的庆祝游行。"[1]1960 年 3 月 8 日,毛泽东对其进行了修改并加以批示。批示说:"看起来,以大工厂、以街道、以机关学校三种为中心,而又有各种所有制(国有制,社有集体制,社以下集体所有制)同时存在于一个公社内,是不可避免的,也是很好的。"[2]"在北京、上海、天津、武汉、广州五个大城市,也不要在一个时期满街挂上人民公社的牌子(过去已经挂上者不取消)。但是一切有关城市人民公社的实际工作,都应当放手发动群众去进行,慢慢挂上公社牌子是可以的。除这五个大城市外,其他一切城市则应一律挂牌子,以一新耳目,振奋人心。"毛泽东还要求:"最好有一位书记专管城市人民公社。中央希望今年上半年全国城市普遍试点,取得经验,下半年普遍推广。各城市应派

---

[1] 中共中央文献研究室编:《建国以来毛泽东文稿》第九册,中央文献出版社 1960 年版,第 56—57 页。

[2] 中共中央文献研究室编:《建国以来毛泽东文稿》第九册,中央文献出版社 1960 年版,第 54—55 页。

一位书记率领几个干部到哈尔滨、天津、郑州等处去参观那里的人民公社。"①

3月9日,中共中央将毛泽东修改过的指示稿及其批语以《关于城市人民公社问题的批示》为题,连同《关于哈尔滨市香坊人民公社的发展情况的报告》《关于河南省城市人民公社巩固和发展情况的报告》等下发到县团级。人民公社在城市的普及(城市人民公社化)工作便拉开大幕。

1960年3月23日到24日,毛泽东在天津就城市人民公社化问题作了几次重要讲话。3月23日下午在与河北省委负责人林铁②、刘子厚③、万晓塘④等谈到城市人民公社问题时说:"城市人民公社对于发展工业,发展集体福利,提高政治觉悟,提高文化程度,改造资本家,改造坏人大有作用。至于说天津、北京、上海、广州这几个大城市的人民公社要不要挂牌子,我想了这个问题,恐怕还是挂为好。"⑤次日,毛泽东在中共中央天津会议上谈到人民公社在城市的普遍化时又强调:"不管大城市,中等城市,小城市,一律搞人民公社。……河北提出挂牌、登报问题,现在我变成左派了,我倾向于登报,我倾向于挂牌"⑥。

考察毛泽东3月8日修改过的"指示稿"与在天津关于城市人民公社的几次重要讲话,不难看出,毛泽东在15天内对城市人民公社问题的态度作了两个重大的改变:第一,改变了原来"上半年普遍试点,下半年推广"的计划,主张马上大搞。从1958年第一次郑州会议,到1960年3月初,毛泽东在城市搞不搞人民公社,怎样搞法的问题上,确实很纠结,很矛盾,存在"想办"又"怕办"的矛盾心理。之所以"想"是城乡一起跑步进入共产主义,让全国人民都过上幸福美满的大同生活,实现前人未曾实现的"乌托邦梦想",完成马克思主义经典作家们设想的共产主义宏伟大业,当然想。想的同时又有

① 中共中央文献研究室编:《建国以来毛泽东文稿》第九册,中央文献出版社1960年版,第54—55页。

② 时任中共河北省委书记。

③ 时任河北省省长。

④ 时任天津市委书记。

⑤ 中共中央文献研究室编:《毛泽东年谱(1949—1976)》第四卷,中央文献出版社2013年版,第357页。

⑥ 中共中央文献研究室编:《毛泽东年谱(1949—1976)》第四卷,中央文献出版社2013年版,第360页。

"三怕"。一怕搞不成。早在1958年11月,党中央召开的第一次郑州会议上,鉴于农村人民公社的乱象与城市的骚动,毛泽东曾说"人民公社城市恐怕搞不了"①。二怕部分人思想不通,只能试着办。1958年12月上旬,毛泽东在审阅中共八届六中全会《关于人民公社若干问题的决议》时写了批语,说:"目前城市中的资本家和知识分子中许多人的资产阶级思想还相当浓厚,他们对于成立公社还有顾虑,对于这一部分人,我们也应当有所等待。因此,在城市中应当继续试点,一般不忙大量兴办,在大城市中更要从缓,只作酝酿工作。要等到经验多了,原来思想不通的人也通了,再大量兴办起来。"②三怕"出事"。出什么事?毛泽东担心各城市趁建立人民公社之机,大刮"共产风"。1960年3月23日在与河北省委负责人谈话时说出了当时的真实想法,他说:"我从前劝天津不要搞城市人民公社。去年三月郑州会议,只主张农村搞人民公社,城市不要搞,怕刮'共产风'。但是河南人不听这个话,他全部都搞了。黑龙江不听,他们没有出事。听说重庆也搞了。所以,我那个话你们不要听了。"③第二天,在天津会议上,毛泽东重申了这一观点,他说:"这个问题(城市人民公社普遍化——笔者注),我在郑州会议的时候是右倾机会主义,因为那个时候,农村刮'共产风'要挡一挡,城市暂时要压一压。"④但是后来的情况并没有像预期的那样,率先实现城市人民公社化的河南省并没有"出事",紧跟其后的黑龙江省、河北省也没有"出事"。所以,毛泽东认为,经过一年多试验的城市人民公社成功了,一块长期搁在他心里的"石头"终于落了地。这或许是毛泽东下令在城市马上大搞人民公社最直接的主观动因,也可谓客观依据。

　　第二,改变了先前大城市的人民公社不挂牌、城市人民公社运动消息不登报的纪律要求。毛泽东天津讲话后,关于城市人民公社的消息很快出现在各

---

① 薄一波:《若干重大决策与事件的回顾》(下卷),中共中央党校出版社1993年版,第809页。

② 中共中央文献研究室编:《建国以来毛泽东文稿》第七册,中央文献出版社1992年版,第570页。

③ 中共中央文献研究室编:《毛泽东年谱(1949—1976)》第四卷,中央文献出版社2013年版,第357页。

④ 中共中央文献研究室编:《毛泽东年谱(1949—1976)》第四卷,中央文献出版社2013年版,第360页。

主要报刊上。1960 年 3 月 31 日,《人民日报》头版头条刊载了国务院副总理李富春《关于 1960 年国民经济计划草案的报告》中关于"现在,全国各城市正在大办人民公社,大办街道工业,大办郊区农业,大办公共福利事业,大办公共食堂,广泛地组织起居民的经济生活,把城市人民进一步地组织起来,并且使成千上万的城市家庭妇女从家务劳动中解放出来,参加社会劳动。这一切,不仅有利于生产建设的发展,而且有利于城市社会生活的彻底改造"①的重要信息。同一天,《人民日报》发表了《一定要继续跃进 一定能继续跃进》的社论并断言:"事实已经证明,城市人民公社同农村人民公社一样,具有伟大的生命力,它们的成长是我们实现 1960 年以及今后的跃进与继续跃进的一个新的重大的积极因素。"②

4 月 10 日,《人民日报》又在其首要位置刊载了全国人大二届二次会议代表北京市委书记万里等人的发言,即"事实说明,城市人民公社不仅能促进生产高速度发展,而且还是彻底改造旧城市使之适合于现阶段的社会主义建设和未来的共产主义理想的重要工具……这 5 个城市今后首先办好以街道为中心的人民公社,同时逐步办好以厂矿、机关为中心的人民公社,逐步分批地实现全市的人民公社化"③。4 月 9 日,《工人日报》还刊登了全国总工会副主席李颉伯的发言摘要,即"目前,全国各省市自治区建立了一批城市人民公社,公社人口近 2000 万。河南、河北、黑龙江等省多数城市,已经基本上实现了人民公社化。现在,城市人民公社正在迅速地大量地成立起来,已经开始形成汹涌澎湃、波澜壮阔的群众运动。可以预料,在不太长的时间里,全国城市将基本上实现人民公社化。"④另外,《红旗》杂志、《新华月报》、《新华半月刊》也都刊载了城市人民公社的各种文章。

城市人民公社的消息在各种媒体上大张旗鼓地宣传,不仅说明一种宣传政策的转变,更重要的是向全国和全世界表明:中国(境内)在城市普及人民公社不会是一种冒险行为。

---

① 李富春:《关于 1960 年国民经济计划草案的报告》,《人民日报》1960 年 3 月 31 日。

② 《一定要继续跃进 一定能继续跃进》(社论),《人民日报》1960 年 3 月 31 日。

③ 万里等:《建立城市人民公社具有伟大历史意义——北京、上海、天津、武汉、广州五大城市人民群众欢欣鼓舞迎接人民公社》,《人民日报》1960 年 4 月 10 日。

④ 李颉伯:《歌颂城市人民公社蓬勃发展》,《工人日报》1960 年 4 月 9 日。

正因为毛泽东天津讲话作了这两个重大的改变，城市人民公社化运动的发展速度便异乎寻常的快，各地掀起了争先恐后、你追我赶、大办城市人民公社的热潮。1960年3月26日，全国总工会副主席李颉伯在全国省、市、自治区党委工业部长会议上作了极为形象的描述说：3月9日中央关于城市人民公社问题的批示发出后，已经出现了一个新形势。新形势表现有二：第一，现在全国都已经行动起来了，都在进行摸底、总结经验、制订计划，开始进行广泛的试验。有几个地方准备在"五一"节前全面实现城市人民公社化或基本实现城市人民公社化。第二，形势发展很快，比中央指示要求的要快得多。现在的形势就是中央说的"大量兴办起来"的形势。形势发展得很快，正如中央所指示的，"对这个形势要有足够的思想准备"①。

总之，中央发出城市人民公社问题指示，特别是毛泽东天津讲话后，城市中的人民公社化运动达到了白热化的程度，不到五个月的时间，城市基本上实现了人民公社化。据全国总工会党组统计，截止到1960年7月底，在全国一百九十个大中城市里，已经建立了一千零六十四个人民公社。其中，以国营厂矿企业为中心的四百三十五个，以机关、学校为中心的一百零四个，以街道居民为主体的五百二十五个。公社人口已达五千五百多万人，占上述城市人口总数的百分之七十七。城市中已有八百五十多万闲散劳动力组织了起来（其中妇女劳动力达五百八十多万人），约占上述城市闲散劳动力总数的百分之八十七。②

二、城市人民公社是承载经济建设职能的基层政权组织

城市人民公社作为城市基层政权组织，搞好本区域内的经济建设，不断增加公社的财富，改善城市人民的生活水平与质量，是城市人民公社的当然责任，也是城市基层政权组织得以巩固发展的生命线。城市人民公社的经济建设是在其统一号令下，以"一大二公"为宗旨，以发展生产为中心，全面组织城

---

① 贵阳市档案馆：61号全宗，8号目录，610号案卷。
② 中央档案馆：中央传阅档7/1076。

市居民的经济生活。生产和生活主要体现在四个大办,即大办工业、大办公共食堂、大办托幼组织,大办其他服务性事业。而这类活动的具体情况翔实地反映在当年的城市人民公社相关文献资料中。

(一) 社办工业大量兴办

城市人民公社工业简称"社办工业"。顾名思义,就是城市人民公社主(经)办,并由其经营管理的一种工业。社办工业有广义和狭义之分:广义上的社办工业是指公社里所有的工业,包括中央国营企业、地方国营企业、城市人民公社及社以下的集体所有制工业生产。狭义上的"社办工业"是城市人民公社建立过程中兴办起来的工业,不包括原有的国营工业(属全民所有制)。本文所说的是狭义上的"社办工业"。

社办工业是 1960 年 3 月中共中央发出大办城市人民公社的指示后大量兴办起来的,到 1960 年 7 月底止,城市人民公社的"社办(包括街办,下同)工业的生产单位已有九万一千多个,生产人员达三百二十余万人,今年一至七月份产值约为九十亿元左右。社办工业一般都贯彻执行了为大工业、为农业、为人民生活、为出口服务的方针,在促进工业生产、支持农业生产和供应人民生活需要等方面,发挥了积极的作用,成为我国工业战线上一支重要的新生力量"①。这节数据中的各项数据出自权威部门(全国总工会党组统计,中共中央认可),给人以宏观上的总体印象,但不具体。为此,下面就以 15 个省市区(27 个省市区的多数。同时,作为上述"政社合一"中未曾涉及省市区的补充)社办工业的有关资料具体说明其存在与发展状况(见表一)。

表一　15 省市区社办工业情况反映

省市区	文献制作时间	社办工业生产单位(个)	从业人员(人)	产值(元)	产值说明	注释序号
内蒙古	1960.5	3737	121674	—	—	②

① 中央档案馆:中央传阅档 7/1076。
② 内蒙古档案馆:17 号全宗,6 号目录,18 号案卷。

续表

省市区	文献制作时间	社办工业生产单位（个）	从业人员（人）	产值（元）	产值说明	注释序号
云　南	1960.5	1508	39725	11492132	仅 1960.4（缺 5 镇）	①
山　东	1960.5	4033	147072	109000000	1960.1—4 产值	②
安徽合肥市	1960.4	363	6511	—	—	③
江西南昌市	1960.8	1445	38000	7090000	产值仅 1960.4	④
福　建	1960.3	1630	—	1200927.5	（南平市）	⑤
湖　南	1960.7	6677	210000	—	—	⑥
广东汕头市	1960.4	176	16099	54540000	1959 产值	⑦
广　西	1960.7	2000 多	51000	—	同期增长 10%	⑧
吉　林	1960.6	3859	—	100000000	1960 计划	⑨
甘肃兰州市	1961.4	705	18400	62310000	1960 总值	⑩
贵州贵阳市	1960.5	1128	21537	20000000	产值统计指 1960.1—3	⑪
青海西宁市	1960.5	961	24386	12400000	—	⑫
宁夏吴忠市	1960.4	48	2750	251387	1959 吴忠市产值	⑬
新　疆	1960.4	127	—	—	包括建筑业等单位	⑭

① 昆明市档案馆:3 号全宗,1 号目录,2527 号案卷。

② 山东省档案馆:A145 号全宗,25 号目录,001 号案卷。

③ 合肥市档案馆:001 号全宗,01 号目录,0119 号案卷。

④ 南昌市档案馆:1001 号全宗,1960 号目录,0322 号案卷。

⑤ 福建省档案馆:101 号全宗,2 号目录,622 号案卷。

⑥ 湖南省档案馆:147 号全宗,1 号目录,224 号案卷。

⑦ 广东省档案馆:219 号全宗,2 号目录,287 号案卷。

⑧ 广西壮族自治区档案馆:X1 号全宗,27 号目录,401 号案卷。

⑨ 吉林省档案馆:现字 1 号全宗,1/16 号目录,114 号案卷。

⑩ 兰州市档案馆:029 号全宗,1 号目录,19610124 号案卷。

⑪ 贵阳市档案馆:1 号全宗,8 号目录,613 号案卷。

⑫ 西宁市档案馆:1 号全宗,419 号案卷。

⑬ 宁夏回族自治区档案馆:57 号全宗,永久号目录,202 号案卷。

⑭ 乌鲁木齐市档案馆:1 号全宗,3 号目录,476 号案卷。

（二）集体生活事业蓬勃开展

"集体生活事业"是指城市人民公社兴办的公共食堂、托儿所、幼儿园等集体组织。城市人民公社在大抓生产的同时，兴办了大量的公共食堂、托儿所、幼儿园。特别是1960年3月党中央下达大办城市人民公社指示后，公共食堂等的兴办工作呈现出热火朝天的状况，用时人的话说叫做"波澜壮阔，汹涌澎湃"。1961年6月，全国总工会党组城市人民公社工作办公室向党中央报告说："一九六〇年八月与三月比较，社街办食堂、托儿所、幼儿园都有很大的发展，入伙人数从五百三十三万增加到一千七百九十万，入托儿童从一百一十一万增加到三百四十一万。"①这节数据中的各项数据出自权威部门（全国总工会党组，中共中央曾批示），给人以宏观上的总体印象，但不具体。为此，下面同样以15个省市区（27个省市区的多数。同时，作为上述"政社合一"中未曾涉及省市区的补充）公共食堂、托儿所、幼儿园的相关资料用以证实其存在与发展状况（见表二）。

表二　15省市区公共食堂、托幼组织情况反映

省市区	文献制作时间	社办工业生产单位（个）	从业人员（人）	产值（元）	产值说明	注释序号
内蒙古	1960.6	1519	141800	2309	59736	②
云　南	1960.5	2718	795543	1111	52701	③
山　东	1960.5	6952	1661372	3403	183437	④
安　徽	1960.4	86	18323	108	4642	⑤
江　西	1960.8	1462	215000	916	30000多	⑥

① 广西壮族自治区档案馆：X001号全宗，029号目录，0004号案卷。
② 内蒙古自治区档案馆：17号全宗，6号目录，18号案卷。
③ 昆明市档案馆：3号全宗，1号目录，2527号案卷。
④ 山东省档案馆：A145号全宗，25号目录，001号案卷。
⑤ 合肥市档案馆：001号全宗，01号目录，0119号案卷。
⑥ 南昌市档案馆：1001号全宗，1960号目录，0322号案卷。

续表

省市区	文献制作时间	社办工业生产单位（个）	从业人员（人）	产值（元）	产值说明	注释序号
福　建	1960.3	602	142784	979	41738	①
湖　南	1960.11	12965	—	10044	—	②
广　东	1960.4	1062	246000	792	38000	③
广　西	1960.7	2523	610000	1430	69000	④
吉　林	1960.6	4089	占城市总人口的60%—70%	—	—	⑤
甘肃兰州市	1960.4	2907	395614	4113	89929	⑥
贵州贵阳市	1960.5	343	70716	191	—	⑦
青海西宁市	1960.4	254	17899	185	6095	⑧
宁夏吴忠市	1960.4	32	1930	16	308	⑨
新　疆	1960.4	474	—	244	—	⑩

（三）其它服务事业无所不包

所谓"其它服务事业"，是指除公共食堂、托儿所、幼儿园以外的社会服务事业，服务内容无所不包（上海市向中共中央的报告中已有阐释，在此不再重

---

① 福建省档案馆：101 号全宗，2 号目录，622 号案卷。
② 湖南省档案馆：147 号全宗，1 号目录，227 号案卷。
③ 广东省档案馆：219 号全宗，2 号目录，287 号案卷。
④ 广西壮族自治区档案馆：X1 号全宗，27 号目录，401 号案卷。
⑤ 吉林省档案馆：现字 1 号全宗，1/16 号目录，114 号案卷。
⑥ 兰州市档案馆：001 号全宗，1 号目录，19600022 号案卷。
⑦ 贵阳市档案馆：1 号全宗，8 号目录，613 号案卷。
⑧ 西宁市档案馆：1 号全宗，419 号案卷。
⑨ 宁夏回族自治区档案馆：57 号全宗，永久号目录，202 号案卷。
⑩ 乌鲁木齐市档案馆：1 号全宗，3 号目录，476 号案卷。

复),其组织名称,当时人们习惯地称之为"服务站"或"服务点"。在城市人民公社运动期间,服务站的多少直接反映了各城市人民公社对"闲散劳动力"的组织程度,也反映了公有化的高低程度。正因为如此,在各省市区的城市人民公社文献中,都有较为翔实的反映。下面以15省〈市〉区城市人民公社服务站点的相关情况(资料)作出统计(见表三)。

表三　15省市区服务站点相关情况反映

省市区	文献制作时间	服务站点(个)	服务人员(人)	备　注	注释序号
内蒙古	1960.6	1481	14907	—	①
云　南	1960.5	725	3862	—	②
山　东	1960.5	3976	33292	—	③
安　徽合肥市	1960.4	283	2328	—	④
江　西	1960.7	1258	—	—	⑤
福　建	1960.3	1918	5788	缺厦门	⑥
湖　南	1960.7	4446	210000	—	⑦
广州市荔湾区	1960.7	218	—	—	⑧
广　西	1960.7	86	62378	—	⑨
吉　林	1960.6	4381	18112	—	⑩
甘肃兰州市	1961.4	95	809	—	⑪
贵州贵阳市	1960.5	240	3275	—	⑫

① 内蒙古自治区档案馆:17号全宗,6号目录,18号案卷。
② 昆明市档案馆:3号全宗,1号目录,2527号案卷。
③ 山东省档案馆:A145号全宗,25号目录,001号案卷。
④ 合肥市档案馆:001号全宗,01号目录,0119号案卷。
⑤ 南昌市档案馆:1001号全宗,1960号目录,0322号案卷。
⑥ 福建省档案馆:101号全宗,2号目录,622号案卷。
⑦ 湖南省档案馆:147号全宗,1号目录,224号案卷。
⑧ 广州市荔湾区档案馆:47号全宗,1号目录,009号案卷。
⑨ 广西壮族自治区档案馆:X1号全宗,27号目录,401号案卷。
⑩ 吉林省档案馆:现字1号全宗,1/16号目录,114号案卷。
⑪ 兰州市档案馆:029号全宗,1号目录,19610124号案卷。
⑫ 贵阳市档案馆:1号全宗,8号目录,613号案卷。

续表

省市区	文献制作时间	服务站点（个）	服务人员（人）	备 注	注释序号
青海西宁市	—	2287	—	—	①
宁 夏	1960.4	13	—	—	②
新 疆	1960.4	52	—	—	③

以上3份表格里关于城市人民公社经济建设的统计数据显示:(1)空间上,长城内外、大江南北无一例外地投入到了热火朝天的城市人民公社化运动行列。(2)时间上,最早的统计资料反映在1960年3月,最后的统计资料反映在1961年4月,最多的统计资料反映在1960年4月至7月。(3)内容上,反映了城市人民公社所进行的经济建设活动集中在社办工业、公共食堂及其他服务性事业三项工作上。这三点证实了三个问题:一是证实了各地响应"党中央、毛主席""大办城市人民公社"号召的热烈程度。二是证实了显示城市人民公社经济活动的各项指标是随着城市人民公社化运动声势的扩大而增加。同时还证实,到1960年7月,城市人民公社化运动已告一段落。三是证实了城市人民公社进行的经济活动是全方位的,几乎无所不包。因此,用"办了一点服务性事业"或"有名无实"来概括表达客观存在的城市人民公社是缺乏事实根据的。

三、城市人民公社是承载文化
建设职能的基层政权组织

城市人民公社作为基层政权组织,搞好本公社范围内的文化事业是它义不容辞的责任。就这个问题,中共中央在《关于人民公社若干问题的决议》中规定:"公社还必须负责办好小学、中学和成人教育。……在成人中要认真地

---

① 西宁市档案馆:1号全宗,永久号目录,419号案卷。

② 宁夏回族自治区档案馆:57号全宗,永久号目录,202号案卷。

③ 乌鲁木齐市档案馆:1号全宗,3号目录,476号案卷。

扫除文盲,组织各种业余学校,进行政治、文化和技术教育。在劳动人民中间实行普及教育,并且逐步提高教育水平,这是缩小体力劳动和脑力劳动的差别的一个重大步骤,必须认真执行。"①党中央的指示,在各省市区的城市人民公社中得到了充分的贯彻与实施。其活动主要是三项:

(一) 学习毛主席著作,提高社员的文化与思想素质

妇女是城市人民公社的主要成员,也是城市人民公社化运动的有生力量,"党中央、毛主席"对此寄予厚望。但是,大多数妇女不仅文化素质低,思想素质更低,这与实现共产主义宏伟事业对社会成员的素质要求相距太远。因此提高妇女的文化及思想素质俨然成为城市人民公社化运动的当务之急。所以在城市人民公社化运动即将开启的 1960 年 2 月,全国妇联特别强调要加强对马列主义,特别是毛主席著作的学习。各地响应全国妇联的号召,随即在妇女中掀起了学习毛主席著作的热潮。据资料反映,北京市北新桥人民公社有 1600 位社员、哈尔滨市有 21 万妇女参加了毛主席著作的学习。在学习毛主席著作的热潮中还出现了许多模范先进人物,成为妇女学习毛主席著作的好榜样。王佩霞老大娘就是其中之一,她是佳木斯市居民委员会的主任,一直坚持学习毛主席著作,她还经常阅读党的档、中央负责同志的文章。王佩霞大娘自己曾说,学习毛主席著作,使她思想越变越亮,干劲越来越大,工作办法越来越多。② 另外,上海市红旗里弄的许多妇女学习了毛主席关于《关心群众生活,注意工作方法》《矛盾论》等文章后,感受颇多并深刻认识到:"破洞不补要漏,武器不擦要锈,人不学习要落后。"③

通过学习,公社社员(不单只有妇女)不仅拓宽了知识视野,还提高了思想觉悟,政治情况发生了很大的变化。福建省福州市南街人民公社是1958 年 9 月成立的。该社在一份调查报告中这样说:城市人民公社为共产

① 中共中央文献研究室编:《建国以来重要文献选编》第十一册,中央文献出版社 2011 年版,第 535 页。

② 罗琼:《人民公社是我国妇女彻底解放的道路》,《新华半月刊》1960 年第 9 期。

③ 翁其荃等:《组织起来,走人民公社化道路——红旗里弄委员会调查报告》,《复旦大学学报(哲学社会科学)》1960 年第 6 期。

主义思想的不断扩大提供了十分有利的阵地。南街公社成立以来,组织了毛泽东思想的学习,以毛泽东思想武装干部和积极分子,大大提高了他们的觉悟。各工厂企业也普遍建立了政治时事学习和思想检查制度,举办红专学校,建立和加强党团组织生活和党团在群众中的活动,使广大社员在这里经常受到党的教育,克服形形色色的资产阶级思想影响,提高了共产主义觉悟和道德质量。①

(二) 开展多种文艺活动,丰富城市居民的文娱生活

1960 年 4、5 月,全国(境内,除西藏)城市人民公社化运动已是汹涌澎湃、波澜壮阔。为了丰富公社成员的文娱生活,激发社员的政治热情,以城市人民公社为题材的文艺创作与演出也达到了高潮。例如:北京市"在红五月的首都舞台上,我们看见了许多剧院剧团及时地上演了以城市人民公社为题材的戏剧,一个多月以来,先后上演的一批小戏有中国青年艺术剧院的《妇女服务站》、北京电影演员剧团的《万家春》、梅剧团的《高歌猛进》、中国戏曲学校的京剧《妇女跃进》、中国评剧院的《公社花开幸福来》等;多幕剧有中国评剧院的《生活的凯歌》、北京人民艺术剧院的《花开遍地万户香》和总政文工团话剧团的《幸福桥》等"。对此,著名剧作家田汉给予了高度的评价,他说,目前我国各大城市正在进行轰轰烈烈的城市人民公社化运动,这是一个引起世界注目的重大的革命。目前各个剧院都在最短的时间里,在舞台上热情地反映了这个重大的事件。他自己就看到了《生活的凯歌》《妇女服务站》《幸福桥》。这几个戏,能配合运动,迅速抓住当前最尖端的题材,在思想内容和而艺术处理上都取得了一定的成就。处理城市人民公社这个题材是我们今天戏剧创作活动中的新的领域。②

又如贵阳市南明区河滨人民公社也有类似情形。有数据记载:"随着公社生产的发展和社员政治觉悟、文化水平的提高,人人心情舒畅、斗志昂扬,精神生活极为活跃。全社有业余京剧团、川剧团、歌舞团各一个,社办文化馆,俱

乐部各一个,少年宫、老年之家各一个,博物馆、展览室各一个。社员做到了战斗化的生活,文化化的休息,一年来,社员自编自唱的节目达四十余个,创作的民歌达 300 多篇,他们从内心深处,满腔热情地歌颂了党的领导、总路线、大跃进和人民公社。……

"由于各项工作获得了全面跃进,一年来,经过年终评比,全社共涌现出先进集体、先进单位共 14 个,先进个人 32 个,其中后进变为先进的有10 个。"①

(三) 兴办各级各类学校,提升公社成员的文化水平

城市人民公社文化建设方面的主要工作是兴办各级各类学校、各种类型的培训班,以提升公社成员的文化水平及工作技能。关于这个问题,在笔者所掌握的城市人民公社文献资料中有其翔实记载。例一:黑龙江省的"文教工作在公社化运动中也取得了很大成绩。全面就业使受教育的职工人数空前增长,现在城市中的文盲已经扫除,普及了初等教育。全省参加各级业余学校学习的人数,达到一百五十八万七千人,占青壮年职工总数的百分之九十,出现了哪里有社员,哪里就有学员,人人学文化,处处读书声的局面。职工群众经过大学毛泽东著作,大学文化和技术,进一步提高了政治觉悟,提高了文化技术水准,有力地推动了生产的发展。现在各工厂企业正在大办中等教育和高等教育,兴办半工半读和全日制学校;部分公社初步形成了业余教育四网化(学校组织网、师资培训网、教学研究网、学习辅导网)。在此期间许多中等以上学校也办起了工厂,使学生在学校学习中就获得了生产技术知识。由于工厂办学校,学校办工厂的迅速发展,为逐步消灭体力劳动和脑力劳动差别创造了有利条件。

"公社化运动以来,各公社普遍地建立起文化馆、图书馆、俱乐部、业余剧团等文化组织。群众性的文艺活动也空前活跃,群众的创作活动正在蓬勃发展。公社的卫生工作,已初步形成一个较为完善的医疗网,卫生面貌大为

---

① 贵阳市档案馆:61 号全宗,8 号目录,615 号案卷。

改观。"①

例二:河北省的城市人民公社文献数据记载说:"工业,财贸,文教,政法各个战线的基层力量,开始投入城市公社运动,有些单位并做了运动的急先锋。他们大办卫星厂,大办公社集体福利事业和文教事业。如唐山市……卫生局由局长挂帅,组织了办公室,在重点公社组织卫生医疗网,对公社的保教,炊事员进行体格检查和普遍训练;文化局按公社规划调整文娱场所,并将一部分文娱场所下放公社;教育局为公社培训懂得卫生,护理知识的教养员;市立医院帮助公社建立医院,妇产院,并抽大夫到公社作为公社医师的骨干;大中学校为公社培训业余教师。"②

另外,还有上海③、西北五省区(陕西、甘肃、青海、宁夏、新疆)④、内蒙古自治区⑤、福建⑥、辽宁⑦、河南⑧、湖南⑨等省市在相关文献中都作了类似记载,在此不再一一赘述。

总之,从各地资料反映的情况来看,城市人民公社的文化活动开展得如火如荼,且内容丰富、项目纷呈。而这些活动均属于城市人民公社文化建设的范畴。

综上所考,上引历史记述中关于"但是城市人民公社除了挂个牌子,有的用平调的办法办一点服务性事业外,大多有名无实"的论断,确系误判。同时也以确凿的证据证明,城市人民公社不仅是城市基层政权组织,且最大限度地履行了其职责,开展了"波澜壮阔、声势浩大"的政治、经济、文化三方面的实际建设工作。

《中国共产党历史》(第二卷上下册)自 2011 年出版以来,四年间为学术

① 哈尔滨市香坊区档案馆:1 号全宗,1 号目录,427 号案卷。
② 河北省档案馆:855 号全宗,5 号目录,1977 号案卷。
③ 湖北省档案馆:SZ1 号全宗,2 号目录,649 号案卷。
④ 西宁市档案馆:1 号全宗,419 号案卷。
⑤ 内蒙古自治区档案馆:17 号全宗,1 号目录,6 号案卷。
⑥ 福州市档案馆:1 号全宗,4 号目录,44 号案卷。
⑦ 沈阳市档案馆:5 号全宗,193 号案卷。
⑧ 乌鲁木齐市档案馆:1 号全宗,3 号目录,476 号案卷。
⑨ 湘潭市第二档案馆:2 号全宗,1 号目录,36 号案卷。

界人士、在校中共党史专业硕士研究生的专业学习、史料查阅、学术研究等方面提供了便利和帮助。笔者从中受益匪浅。在此,表示由衷的感谢。话说回来,如果该书关于城市人民公社的上述误判得不到纠正的话,不免带来一些负面影响。就学术而言,可能会对学习者、研究者造成一定误导或以讹传讹,甚至对方兴未艾的城市人民公社研究泼上一桶冷水,画上句号;就历史而言,轰轰烈烈、如火如荼的城市人民公社历史可能会随着时光的流逝而永远消失与淹没在历史的长河中。此乃大事,决非危言耸听。

作为一名涉世未深,知识浅陋的中共党史专业硕士生来说,要完成如此重要的考证任务,深知责任与使命同在,困难与挑战并存。正因为如此,我也时刻告诫自己,研究党史要本着一种态度,认真学习、仔细推敲、刻苦钻研,竭心尽力做好这一工作;本着一个原则,求实求是,绝不盲从,以科学严谨的态度还原党史真实;本着一个目的,指正瑕疵,求教商榷,以完善中国共产党历史史学典籍的规范完美。基于此,考证如上问题。然水平有限,数据也不十分齐全,加上笔者确系初生牛犊,恐班门弄斧,诚惶恐恐不安。好在毛泽东早就说过:"百花齐放是一种发展艺术的方法,百家争鸣是一种发展科学的方法。百花齐放、百家争鸣这个方针不但是使科学和艺术发展的好方法,而且推而广之,也是我们进行一切工作的好方法。这个方法可以使我们少犯错误。有许多事情我们不知道,因此不会解决,在辩论中间,在斗争中间,我们就会明了这些事情,就会懂得解决问题的方法,各种不同意见辩论的结果,就能使真理发展。"毛泽东的教导使我豁然开朗,而俄国作家契诃夫"大狗叫,也得让小狗叫,咱们把自己当做小狗就是了。没有大狗凶猛,声音也比大狗小,可不能拿小狗不当狗啊!"的名言又令我如释重负。我就是这么一只"小狗",将自己学习城市人民公社历史记述中所发现的所谓问题予以提出并考证,仅仅表示"小狗"的小声叫喊而已。一孔之见,如有不妥,敬请专家及各位同仁批评指正。

上海城市人民公社化运动研究[*]

1960 年 3 月 9 日,中共中央下发《关于城市人民公社问题的批示》后,上海城市人民公社化运动正式启动,并逐渐进入高潮。但上海的城市人民公社别具一格,并全国唯一。以里弄委员会为城市社会基层组织单位,组织居民参加集体劳动、大办街道工业、大办公共食堂、大办服务性事业、大搞"文化革命"等城市人民公社的实际工作方面,均可谓轰轰烈烈,如火如荼。尽管如此,却没有哪一个街道、哪一条里弄挂上过"城市人民公社"的响亮招牌,是典型的"有实无名"。迄今为止,学术界还没有这方面的学术论文对此进行过全面的梳理与深入的探讨。正因为这样,本文主要以上海市档案馆、静安区档案馆的档案数据为依据,对上海城市人民公社化运动开展的历史条件、政治举措、经济活动、文化行为等进行梳理与初步探讨,旨在还原上海城市人民公社的历史真貌。

一、上海城市人民公社化运动开展的历史条件

上海城市人民公社化运动是全国城市人民公社化运动的重要组成部分,1960 年 3 月正式开展。之所以如此,具备了下列条件:

(一) 继续"大跃进",城市蕴藏巨大潜力

1958 年 5 月中共八大二次会议,提出了"鼓足干劲,力争上游,多快好省

---

* 作者:阳文书,湖南科技大学 2013 级中共党史专业硕士研究生。该文为其硕士学位毕业论文之压缩修改稿。

地建设社会主义"的总路线,"一天等于二十年"便成为当时最响亮的口号。北戴河会议之后,农村人民公社化运动达到白热化的程度。不到两个月的时间,全国农村实现人民公社化,99%以上的农户被赶进了"共产主义天堂"。俗话说,心急吃不了热豆腐。可想而知,这种背景下组建起来的人民公社,问题成堆就不足为怪了。当时的问题突出表现在"两个急于过渡",即集体所有制向全民所有制过渡与社会主义向共产主义过渡。

为了纠正农村人民公社化运动过程中出现的"左"倾错误,中共中央召开了几次重要会议,如第一、二次郑州会议,八届六中、七中全会等。这些会议解决了一些问题,但没有从根本上认识到"左"倾错误发生的原因与症结所在,问题依然存在,且比较严重。1959年7月2日到8月16日,中共中央政治局扩大会议和八届八中全会在庐山召开。会议旨在总结1958年以来经济建设的经验教训,进一步纠正错误,讨论下半年和以后几年的经济任务。会议的前期是继续纠"左"。但后期却因彭德怀给毛泽东的一封信,使会议急转直下,会议由纠"左"迅速转为反右。① 随即错误地开展了对彭德怀和持有相同意见的黄克诚、张闻天、周小舟等人的批判。党的八届八中全会通过了《中国共产党八届八中全会关于以彭德怀同志为首的反党集团的错误的决议》,还通过了公开发表的会议公报和《人民日报》的社论稿《为保卫党的总路线、反对右倾机会主义而斗争》。会后,在全党范围内开展了历时半年左右的反对所谓"右倾机会主义的斗争",错误地批判和处分了一些对"左"倾错误提了正确意见的同志。

庐山会议后期及会后开展的"反右倾"斗争,造成了严重的后果。政治上提出了1960年要"继续大跃进"、"开门红,满堂红,红到底"②等不切实际的"左"倾口号。1960年1月上海召开的中央政治局扩大会议又设想在连续两年"大跃进"的基础上,1960年实现"比上年更好的大跃进"③。经济上的严重后果,就是打断了纠"左"的积极进程,掀起了继续"大跃进"高潮,曾在1958

① 胡绳主编:《中国共产党的七十年》,中共党史出版社1991年版,第377页。
② 《开门红 满堂红 红到底》(社论),《人民日报》1960年1月2日。
③ 中共中央党史研究室:《中国共产党历史第二卷(1949—1978)》(下册),中共党史出版社2011年版,第557页。

年红极一时、响彻云霄的大办口号被重新提了出来,并一拥而上,如大办钢铁、大办粮食、大办社街工业、大办城市人民公社等。

上海市作为全国五大城市之一,工业集中,工人队伍庞大,全民所有制在上海国民经济中优势突出,但还有逾百万的城市闲散劳动力没有被组织起来。如果把这些有利因素充分利用起来,将是全国城市人民公社化运动浓墨重彩的一笔。所以,响应党中央号召,遵循毛泽东旨意,乘继续"大跃进"的强劲东风,把城市人民公社全面推广开来,实现上海的城市人民公社化已义不容辞,责无旁贷。

(二) 城市公社试办成功,上海急起直追

1958 年 8 月 17 日至 30 日,中共中央在北戴河召开的政治局扩大会议制定和通过了《中共中央关于在农村建立人民公社问题的决议》,9 月 10 日的《人民日报》公布了此文献。此后,农村进入了全面公社化的高潮,"到 10 月底,全国农村建立的人民公社达到 26000 多个,入社农户占农户总数的 99%以上"①。也就是说,不到两个月的时间,全国农村普遍建立了人民公社,实现了人民公社化。

受农村人民公社化运动的影响与推动,城市人民公社在一些地方办起来了。1958 年 8 月 15 日,河南省郑州市管城区清真寺街,率先举起了城市人民公社的红旗,组织建立了以城市居民为主体的人民公社——管城区红旗人民公社。以后的三天里,即 8 月 15 日至 17 日,整个郑州市就公社化了。河南省在农村人民公社化运动中行动最快,城市人民公社化也是一马当先。"据河南省办公厅 1958 年 10 月 1 日报告:到 9 月底,全省 9 个直辖市共建立人民公社 482 个……参加公社的人数占 9 个城市总人口的 97%。"②

继河南省之后,其他省市也先后建起了一些城市人民公社。黑龙江省共有中等以上城市 8 个,办了城市人民公社 40 个,入社人数达 294 万,占 8

---

① 中共中央党史研究室:《中国共产党历史第二卷(1949—1978)》(下册),中共党史出版社 2011 年版,第 496 页。
② 薄一波:《若干重大决策与事件的回顾》(下卷),中共中央党校出版社 1993 年版,第 755 页。

个城市总人口的 68%①（从这组数字中可以看出，黑龙江省在农村完成公社化的同时，城市的公社化也基本实现）。武汉市于 1958 年 8 月中旬开始试办，至 11 月底止，"全市共试办了 9 个人民公社"②。北京于 1958 年 8 月建立了石景山中苏友好人民公社，这是首都的第一个人民公社。之后相继在北京四个城区各试办了一个公社，即宣武区椿树人民公社、崇文区体育馆路人民公社、东城区北新桥人民公社、西城区二龙路人民公社。天津市第一个人民公社于 1958 年 9 月 19 日在鸿顺里诞生。到 1958 年 12 月，各省、市、区实际上多少不一、程度不同地建立了各种类型的城市人民公社。

按照常理，在农村人民公社化后，城市即将实现人民公社化。先农村后城市，这是中国革命的规律。但这次人民公社化运动不同，在农村全面公社化的大趋势下，毛泽东却提出了城市中人民公社只能试办。试办的主要原因是城市的情况比较复杂，尤其是一些人思想不通，有阻力。试办不是不办，见机行事，把思想不通的人搞通了，城市人民公社可以继续办下去。

河北省、河南省、黑龙江省正是在上述思想的指导下，将城市人民公社化的路坚定地走下去的，他们认为在试办城市人民公社这条路上取得了巨大"成功"。1959 年 12 月 17 日，《河北省委关于城市人民公社问题向中央的报告》中说，城市人民公社具有无比的优越性并取得了很多成功经验。中央对此给予充分肯定说："河北省委关于这个问题所作的分析及其所提出的方针、政策、方法和步骤，基本上是正确的"③。并将河北省委向中央的报告连同批语转发各地，以效妨尤。1960 年 2 月 28 日，中共河南省委（向中央并主席递交试办报告的还有中共黑龙江省委）也向中共中央与毛泽东主席递交了《关于城市人民公社巩固和发展情况的报告》。该报告内容与河北省委向中央的报告如出一辙，大讲特讲城市人民公社的优越性与成功经验。毛泽东阅此报告后的心情应当说非常好，立即批示本件"可登党刊"④，并特别批示上海等五

---

① 哈尔滨市档案馆：XD001 号全宗，2 号目录，963 号案卷。
② 武汉市档案馆：83 号全宗，1 号目录，523 号案卷。
③ 吉林省档案馆：党字一号全宗，60 号目录，145 号案卷。
④ 中共中央文献研究室编：《建国以来毛泽东文稿》第九册，中央文献出版社 1996 年版，第 54 页。

大城市可以"慢慢挂上公社牌子"①。

城市人民公社在上述省份试办成功,使毛泽东吃了"定心丸",先前搁在心中"怕出事"的"大石头"终于落地。这样使得上海等大城市更加义无反顾,急起直追,迎头赶上,决心大办城市人民公社。1960年4月10日,五大城市的书记(北京、上海、天津、武汉、广州五市的市委书记分别为万里、曹荻秋、万晓塘、宋一平、朱光——作者注)在第二届全国人民代表大会第二次会议上的联合发言中满怀豪情地说:"一年多来的实践证明,人民公社这种组织形式在大城市也是完全适合的,为广大人民所热烈欢迎。"②1960年4月15日,曹荻秋在上海市第三届人民代表大会上所作的报告中表示:"当前,一个波澜壮阔的城市人民公社运动正在全国范围内蓬勃发展。上海和全国各地一样,也要大办城市人民公社。"③

(三) 上海为城市的公社化奠定了基础

上海的城市人民公社化,是1960年3月9日中共中央下发《关于城市人民公社问题的批示》后才全面启动的。虽然,"大跃进"开始以来的一年多里,在全国城市人民公社的榜单上没有上海城市人民公社的身影,但这并不说明上海市就"独善其身"了。数据显示,在过去的一年多里,上海为城市人民公社的建立作了大量的准备工作,奠定了雄厚的基础。

1. 开展了以改革居民委员会为主的基层政权建设。新中国成立初期建立起来的居民委员会,经过连续大跃进的1958年和1959年,已经发展成为全面组织居民的生产、生活的里弄委员会。里弄委员会比原来的居民委员会,不论在性质上、职能上、组织规模和活动范围上都已经开始发生了本质的变化。经过两年来的逐步发展,"里弄委员会已经成为里弄居民的经济生活、政治生活

---

① 中共中央文献研究室编:《建国以来毛泽东文稿》第九册,中央文献出版社1996年版,第55页。

② 中共中央文献研究室编:《建国以来毛泽东文稿》第九册,中央文献出版社1996年版,第154页。

③ 钟民:《为实现上海城市人民公社化的伟大任务而斗争!》,《文汇报》1960年4月15日。

和文化生活的统一组织"①。

2. 积极动员,组织居民踊跃参加共同劳动、集体生活的经济活动。从1958 年以来的近两年里,上海市委始终以生产为中心,动员居民积极参加生产,引导里弄居民走上共同劳动、集体生活的道路。到 1959 年底,已参加各项社会劳动和生产组织的里弄居民有 856000 人。其中:参加里弄新办的生产组织的 125000 人;参加修路、运输等临时性劳动的 35000 人;组织到工厂企业做临时工和艺徒的 240000 人;参加里弄办的文教、福利、服务事业的 60000 人;以大部分精力从事里弄工作的里弄委员会小组长以上干部 68000 人;动员支持外地建设的 148000 人;还有原未归口管理和尚未集体化、现正分别加以组织的个体劳动者 18 万人。

全市里弄已经举办了 4600 个加工生产组,3270 生活服务组,1667 个食堂,2117 个托儿所,643 个里弄办的小学,282 个街道、里弄办的业余中学,还举办了文化站、图书馆、卫生站等组织。②

3. 开展政治思想教育和文化教育工作。从 1958 年 5 月中共八大二次会议以来,上海结合国内外形势及各项政治运动,大规模地进行了关于"三面红旗"(总路线、大跃进、人民公社)等一系列宣传教育工作,使大多数居民在提高政治觉悟,澄清糊涂思想方面成效显著,因而使各项中心任务都得到顺利的开展。

在开展政治思想教育的同时,开展形式多样的文化教育活动。比如互教互学、包教包学的办法,大搞识字扫盲,在里弄居民中扫除文盲二十七万人,不少里弄已成为无盲地区,同时采取全民办学、因陋就简、白手起家的方针,举办业余中学。

上海的城市人民公社化运动(政治、经济、文化建设)就是在上述条件下开展起来的。

二、上海城市人民公社化运动之政治举措

政治举措是团体、组织极其重要的活动,也是首要活动。上海市是大陆五

① 河北省档案馆:SZ1 号全宗,2 号目录,649 号案卷。
② 河北省档案馆:SZ1 号全宗,2 号目录,649 号案卷。

大城市之一，理所当然为城市人民公社化运动的重中之重。在上海城市人民公社化运动全面铺开与进程中的政治举措主要有如下几项：

（一）订规章谈打算，描绘公社化蓝图

章程，是组织、社团经特定的程序制定的关于组织规程和办事规则的法规文书，是一种根本性的规章制度，具有纲领的性质。它是属下所有组织和成员承认与遵守的共同准则。由此可见章程的极其重要性，当然这是理论上的。在实践中又何尝不是这样呢？在人民公社化运动中，毛泽东非常重视章程的作用。当他得到农村人民公社第一份章程——《嵖岈山卫星人民公社简章（草案）》时，如获至宝。1958 年 11 月初的郑州会议上，毛泽东听取上海市委书记柯庆施汇报上海市思想混乱的情况后说："北京现在也混乱得很，我们没有章程，天下大乱。"①由此可见，公社章程在毛泽东心目中的地位。

1960 年 3 月 9 日，中共中央下发《关于城市人民公社问题的批示》后，上海市借鉴《嵖岈山卫星人民公社简章（草案）》与其他城市人民公社的章程思路，根据上海的实际情况与特点制定和颁发了《上海市××城市人民公社试行章程（草案）》，其要点摘录如下：

公社性质：是本地区人民群众在党和政府领导下自愿组织起来的政社合一的社会组织，它是人民群众的政治、经济和文化生活的统一组织者，是改造旧城市和建设社会主义新城市的有力工具。②

指导思想：公社必须贯彻执行党的"鼓足干劲、力争上游、多快好省地建设社会主义"的总路线；以发展生产为中心，全面组织人民的经济和文化生活；随着生产的不断发展，逐步提高社员的物质和文化生活水平。③

经济形式：公社的经济以社会主义全民所有制为主体，同时存在着社和社以下的集体所有制，这种集体所有制和全民所有制经济有密切的联系，它的必

---

① 薄一波：《若干重大决策与事件的回顾》（下卷），中共中央党校出版社 1993 年版，第809 页。

② 上海市档案馆：A20 号全宗，1 号目录，81 号案卷。

③ 上海市档案馆：A20 号全宗，1 号目录，81 号案卷。

然趋势是逐步发展为全民所有制。①

社员条件:(1)凡在当地有正式户口,年满十六周岁以上的人民,自愿参加,拥护社章,履行社员义务,由本人申请,经过批准,可以成为社员。(2)地富反坏右分子及其他依法被剥夺政治权利的人一律不得成为社员。公社应组织他们参加合适的劳动,监督改造。已经依法改变成分的地、富分子和摘掉帽子的反、坏、右分子,如本人申请,可根据其表现情况和群众意见,经过严格审查,决定是否吸收为社员。②

组织机构:公社的最高权力机关是社员代表大会,每届任期两年;社员代表大会闭会期间,由管理委员会行使代表大会职权;……里弄委员会下面按照生产劳动组织分别划分社员小组,没有入社的居民,按 15—25 人组成居民小组,由里弄委员会领导。③

公社任务:必须积极发展工业生产,大搞废物料的综合利用,为工厂企业进行加工生产;普遍建立与积极办好公共食堂、托儿所、幼儿园、哺乳室,不断提高服务质量和管理水平;大力兴办服务站、公共浴室、热水站、理发室、洗衣、修补等服务组织,以适应生产和生活的需要。……④

积累分配:根据具体情况,规定积累与分配的适当比例。随着生产的发展,积累部分应该逐步增长;工资水平一般应低于工厂、企业同行业的工资水平。生产任务不稳定的单位,可以采取"死级活值",按实际工作日计算应得工资;公社下属的里弄委员会是一级核算单位,应该实行"统一核算,适当积累,按劳分配"的办法,处理各项事业的收入分配。……⑤

从章程的内容来看,可谓十分周详。描绘了一幅上海城市人民公社的宏伟蓝图。章程虽好,但毕竟是纸上谈兵。为了表明上述城市人民公社宏伟蓝图的可行性与上海市委建立城市人民公社的坚强决心,1960 年 3 月下旬,上海市委向"中央、主席"呈送了《上海市委关于里弄居民工作情况和今后建立

---

① 上海市档案馆:A20 号全宗,1 号目录,81 号案卷。
② 上海市档案馆:A20 号全宗,1 号目录,81 号案卷。
③ 上海市档案馆:A20 号全宗,1 号目录,81 号案卷。
④ 上海市档案馆:A20 号全宗,1 号目录,81 号案卷。
⑤ 上海市档案馆:A20 号全宗,1 号目录,81 号案卷。

城市人民公社打算的报告》。该报告提出："今年一月中央政治局上海扩大会议提出城市人民公社问题后，市委进行了讨论，一致认为中央及时地提出建立城市人民公社问题是完全正确的。……市委决心按照中央指示的精神和要求，以十分积极的态度，奋起直追"①。上海市委作出了实现上海城市人民公社化的打算：

1. 继续整顿和提高里弄委员会的工作。进一步提高里弄委员会的组织作用；要摸出一套适合上海特点的组织里弄居民参加生产的办法；大办集体福利事业、社会服务事业和文化教育事业，全面组织人民群众经济生活；要大力调整房屋，作为一项重要任务进行。首先必须继续调整距离工作地点过远，每日上下班来回需时两小时左右的二十万职工的宿舍，使他们的宿舍靠近工作点。同时，从多方面设法，调整一部分房屋给街道、里弄，以便举办集体福利、社会服务和文化教育等事业，并结合城市改造规划，新建和改建一批房屋。②

2. 建立和健全街道委员会。考虑到上海城市较大、人口较多这些因素，上海市委认为，在老市区以区为单位建立城市人民公社比较适宜。区以下设街道委员会，一般可按原区人委办事处范围，包括五六万人口左右。街道委员会类似公社的分社，它领导各个里弄委员会的工作；它管理街道范围内的某些工厂、某些商店、某些学校、某些影剧院和地段医院；它还经营一些为全体街道居民服务的集体福利、社会服务事业，培养中心公共食堂、中心托儿所、中心幼儿园和中心学校等，树立旗帜，推动全盘，共同提高。

在建立街道委员会的同时，建立街道党委。街道委员会和街道党委都必须建立一个坚强有力的领导核心。街道委员会主任和街道党委书记应由相当区委书记、常委或至少区委部长一级干部担任。③

3. 卫星城镇建立以工厂为中心的人民公社。闵行、吴淞等卫星城镇是新建的工业区，绝大部分居民是职工和他们的家属，情况比较单纯，居住比较集中，适宜于建立以工厂为中心的城市人民公社，并且可以领先挂出人民公社的牌子。由于它们靠近农村，还可以划入一部分农村人民公社的生产队。

---

① 湖北省档案馆：SZ1 号全宗，2 号目录，649 号案卷。
② 湖北省档案馆：SZ1 号全宗，2 号目录，649 号案卷。
③ 湖北省档案馆：SZ1 号全宗，2 号目录，649 号案卷。

经过调查研究和反复讨论,市委认为上述三项工作都可以在今年国庆节前完成。具体的规划和有关的政策问题,正在拟定。①

上海市委的这份报告,实际上是对上述"章程"的具体化,是上海城市人民公社化的"精细化工程"。中共中央对这份报告非常重视,充分肯定并批示:"同意上海市委关于里弄居民工作情况和今后建立城市人民公社打算的报告。其中关于建立城市人民公社的步骤和各项政策的规定,特别是关于资产阶级和资产阶级知识分子的家属加入公社,以及对他们的房屋、家具不要主动借用的一些规定,对各大、中城市都是适用的。"②

(二) 领导机构的建立、职能及撤销

列宁说过:"没有革命的理论,就不会有革命的运动"。这是颠扑不破的真理,它说明理论或思想在行动中的重要指导意义。理论或者思想要指导行动,还必须要有组织,要有领导机构,否则也是无法开展革命运动的。上海城市人民公社化是要使上海城市社会基层政权组织由人民公社代替,这是一场规模浩大的社会改革运动,更是一场严肃的政治运动。城市人民公社在上海的全面建立,离不开坚强有力的组织领导。

1. 市、区城市人民公社领导小组的建立。1960 年 3 月 25 日上海市委下发了成立城市人民公社领导小组的通知。之所以要成立这样的组织,"通知"明确指出:"为了进一步加强里弄居民工作的领导,积极准备建立城市人民公社"③。一并下发的还有城市人民公社领导小组成员名单。即:

组长:王一平(时任中共上海市委常委);

副组长:钟民、张敬焘、郭建;

组员:王克、王致中、白彦、刘光耀、李研吾、李伟、陈琳瑚、林德民、赵庆栋、高华杰、夏明芳、张文豹、彭斌、潘文铮、韩劲草。④

1960 年 4 月 1 日,市委城市人民公社工作领导小组办公室下设了秘书、

---

① 湖北省档案馆:SZ1 号全宗,2 号目录,649 号案卷。
② 湖北省档案馆:SZ1 号全宗,2 号目录,649 号案卷。
③ 上海市档案馆:A20 号全宗,1 号目录,2 号案卷。
④ 上海市档案馆:A20 号全宗,1 号目录,2 号案卷。

宣教（包括文体卫生）、生产劳动工资、生活福利服务、政策研究五个组和二个工作队。这"五组二队"的干部是市委组织部从市委的各个部门抽调而来。所调干部都是"政治水平较高、思想作风正派、能联系群众的党员干部。其中处长级干部系担任办公室各组正副组长或者工作队正副队长的"①。

直到 1960 年 6 月 15 日，市委城市人民公社工作办公室配备的干部共 57 人，其中部长以上 3 人，处级 14 人，科级 28 人，一般干部 12 人。党员 54 人，群众 3 人。② 应当说，这是一支精明能干、结构合理的干部队伍，它将在上海城市人民公社化运动中起着坚强的领导作用。

市委城市人民公社领导小组成立后，上海市辖区（黄浦、卢湾、徐汇、长宁、静安、普陀、闸北、虹口、杨浦等）于四月上中旬相继成立了城市人民公社领导小组。以杨浦区为例，组长由区委书记宋文担任；副组长 2 名，一名由区委书记兼区长傅一夫（时任昆明路街道党委书记）担任，另一名副组长兼办公室主任由副区长、区委妇委书记兼妇联主任、区委常委夏良珍担任。组员 10 人，均来自该区各部门负责人。③

2. 城市人民公社领导小组的职能。中共上海市委城市人民公社领导小组自成立之日起，在上海的城市人民公社化运动中担负起了重要责任，为城市人民公社化运动的有序进行作出了贡献，功不可没。其职责是：（1）上传下达。所谓"上传下达"一般用在秘书身上，"上传"指及时向领导和上级传达单位内外工作，"下达"则指将领导和上级的部署和意图传达到应知的对象。这里需要说明的是上海城市人民公社领导小组是单位组织，并非个体，但却有秘书功能。该组织的上级部门有两个，一个是中共上海市委的派出机构，所做工作直接向市委负责。另一个是中华全国总工会城市人民公社工作组（中共中央的派出机构，有时署名为中华全国总工会党组，是专门研究城市人民公社问题的组织）。上海城市人民公社领导小组的任务之一就是及时向领导和上级传达反映上海城市人民公社工作及相关情况，下达两级领导关于城市人民公社部署和意图到应知的对象。力求做好这一工作，当好上级领导的有力助手。

---

① 上海市档案馆：A20 号全宗，1 号目录，1 号案卷。
② 上海市档案馆：A20 号全宗，1 号目录，1 号案卷。
③ 上海市档案馆：A20 号全宗，1 号目录，1 号案卷。

（2）了解全国城市人民公社的信息,掌控上海城市人民公社化进程,适时出台上海城市人民公社化的各项措施。为了做好这一工作,领导小组从成立的次月起,主办了一个叫《情况反映》的半月刊物。该刊物为内部刊物,有时还标有"机密"字样,其信息和情况专供"领导参考"。刊物的信息来源是小组调查研究的结果,是上海城市人民公社化过程中各个时段上的情况和问题反映。其特点是求真务实。据作者从上海市档案馆搜集到的资料判断,此刊物到1962年上半年停刊,总共办了约50期。另外,城市人民公社领导小组还接收来其他省市区城市人民公社典型材料,用以参考、借鉴,指导本市城市人民公社化运动。（3）对外宣传上海城市人民公社化运动情况,尽量扩大上海城市人民公社影响。在第二届全国人民代表大会第二次会议上除曹荻秋书记作了重要发言外,民主党派代表赵祖康也作了题为《把城市人民进一步组织起来 把家庭妇女进一步解放出来》①的发言,介绍了静安区张家宅妇女在城市人民公社化运动中的出色表现。在上海市第三届人民代表大会上,上海总工会副主席钟民代表作了题为《为实现上海城市人民公社化的伟大任务而斗争!》的发言,介绍了"大跃进"两年来上海为城市人民公社化所作的充分准备,以及今后上海城市人民公社化的方针、步骤、措施等情况。在《解放日报》上登载上海城市人民公社化运动的情况和信息。如到1960年3月底,全市参加集体生产和劳动服务组织的里弄居民已达85.6万人,共办起各种集体生产组织4600多个等信息就登载在这家报纸上。值得注意的是,在此登载传播这类信息极为少见。

　　3.城市人民公社领导小组的终结。自上海城市人民公社领导小组于1960年3月下旬组建以来,它的一项重要任务就是要为上海的城市人民公社化而忘我工作。原计划是要在1960年10月实现全市人民公社化的目标,即全上海的各个里弄委员会全部挂上城市人民公社的牌子。事实上这个目标一直未能如愿,哪怕是局部的、个别的都不曾有过。也就是说,上海市没有一个里弄委员会,没有哪条街道真正挂上"城市人民公社"的牌子。为什么会这

---

① 赵祖康:《把城市人民进一步组织起来　把家庭妇女进一步解放出来》,《新华半月刊》1960年第9期。

样,在此不作探讨。但城市人民公社领导小组所遇窘境不得不提。这个窘境是 1961 年初中共中央提出以调整为中心的"八字方针"后,城市人民公社处在整顿、削弱、瓦解、消失的状况中。还有一点必须提及,即毛泽东对城市人民公社的态度又来了 180 度的转变,由热变冷。坦率地说是不理不睬,不闻不问。这两种情况加大了对城市人民公社领导的难度,进退维谷。城市人民公社究竟何去何从,人们简直束手无策,无所适从。

在人们为城市人民公社的前途担忧,进退两难之际,1962 年 8 月 28 日上海市委城市人民公社领导小组向市委组织部提交了一份人事安排意见书。"意见书"称:"根据市委关于精简组织机构的决定,市委城市人民公社工作领导小组办公室予以撤销。"并对办公室的 21 名干部作了妥善安排,即调到市委办公厅 2 人、市人委办公厅 11 人、总工会 3 人、市民政局 1 人、市商业二局 1 人、市劳动局 1 人、市卫生局 1 人、市人委文教办公室 1 人。①

从以上"意见书"中可以获得这样的重要讯息,确切些说是结论,即上海市委城市人民公社领导小组办公室的撤销,人员另作安排,意味着上海的城市人民公社运动走到了终点,画上了句号。

(三)"有实无名"的上海城市人民公社

1. 里弄委员会的确立。受农村人民公社的影响和推动,全国第一个以居民为主体组建起来的城市人民公社,于 1958 年 8 月 15 日在郑州市管城区清真寺街道办事处问世。此后,其他城市相继试办了一些人民公社。上海市也不甘落后,1958 年 8 月下旬,在全市选择了 16 个居民点进行了试点。到 10 月下旬,全市被组织起来的里弄妇女和职工家属已达 10 万人,共建起公共食堂 800 多个,同时还办了各种扫盲班、文化站、医疗站、图书馆、业余大中学校和民办小学。

为了适应"大跃进"需要,积极为建立城市人民公社准备条件,上海市委又根据以职工家属和其他劳动人民为主体的原则,以组织生产为中心,全面地进一步地开展了组织里弄居民的工作,整顿了里弄组织,调整了里弄骨干,树

---

① 上海市档案馆:A20 号全宗,1 号目录,76 号案卷。

立了以职工家属和退休工人为主的领导核心,从大跃进前平均五百户左右的二千三百二十五个居民委员会,合并扩大成为平均一千五百户左右的九百四十七个里弄委员会。到 1960 年 3 月,上海城市人民公社化运动来临之际,里弄委员会比原来的居民委员会,不论在性质上、职能上、组织规模和活动范围上都已经发生了本质的变化,已经成为里弄居民的经济生活、政治生活和文化生活的统一组织者,"实质上是城市人民公社的一种基础组织"①。1960 年 5 月 6 日,中共上海市委城市人民公社领导小组在一份叫作《建立公社有关几个内部掌握原则》的文件中进一步确认"公社的基础组织是里弄委员会",再一次明确:"里弄委员会的范围一般为一千五百户左右……下设劳动生产、生活福利、文教卫生、治安保卫、调解及财务审查等委员会。"②

2. 为城市人民公社的挂牌而努力。如果参照其他城市人民公社的做法,上海市成立城市人民公社已是水到渠成,瓜熟蒂落。但是,上海市委认为成立公社的条件还不完全成熟,因为同社会主义所有制的工厂、企业以及党政机关相比较,里弄居民工作还是城市的一个薄弱环节,在全市一万一千多条里弄中,除去工厂、企业、机关、学校等部门的职工、在校学生和已经合作化的手工业者、摊贩外,尚有 60 多万十六岁以上的里弄居民未组织起来,参加社会劳动;资产阶级、资产阶级知识分子的家属还有待于继续加强改造;一部分个体经济尚未完全走上集体化道路;一小部分居民委员会的组织还不纯。

鉴于这些情况,上海市委遵循"要有内容,不要急于挂牌"③的指示,提出分期分批建立城市人民公社。安排普陀区曹阳新邨、普陀路街道;闸北区开封路、烽火街道;静安区北京西路、梵皇渡路等为第一批挂牌城市人民公社的里弄委员会。这些地区为此作了大量的准备工作。具体情况为:(1)组织程度。三个区的组织程度,以普陀、静安两区较高,而参加生产人员的比例,则以闸北区为高,但基本上都达到了市委的要求。(2)组织生产方面。三个区的工业都有一定的规模,其中以静安区的两街道,普陀区的烽火街道的情况较好,内容比较充实。(3)生活方面。三个区的集体生活福利事业有迅速发展。普陀

---

① 湖北省档案馆:SZ1 号全宗,2 号目录,649 号案卷。

② 上海市档案馆:A20 号全宗,1 号目录,81 号案卷。

③ 上海市档案馆:A20 号全宗,1 号目录,2 号案卷。

区曹阳新邨烽火街道办大小公共食堂 58 个,普陀路 54 个,搭伙人数达 45388 人。托儿所曹阳新邨 38 个,收托儿童 7081 人。普陀路 55 个,收托儿童 4501 人。集体生活福利事业有一定的规模,制度也比较健全。并且都搞了一些革新,比如建起了"万能灶"。北京西路举办了一个可供 8000 人吃饭的主食品加工场,梵皇渡路举办了一个可供 15000 人吃饭的主食品加工场。(4)文教卫生事业方面。三个区的文教卫生事业都有相应发展。其中尤其以静安、闸北两区发展较为迅速。普陀区曹阳新邨举办业余中小学 8 所,普陀路举办业余中学 2 所,学生 221 人,业余小学 6 所,学生 1066 人,建立图书馆 6 所,并培养卫生员 823 人。两个街道还组织参加毛主席著作的学习(曹阳新邨 2400 余人,普陀路 1720 人)。(5)收入和分配情况。三个区经济收入情况的增长,以静安区、闸北区烽火街道的收入较高。普陀区和闸北区有增加。①

3. 定格在里弄委员会。常言道,"人算不如天算"、"谋事在人,成事在天"。这两句话用在上海城市人民公社的挂牌上,应当说是非常恰当的。正当各个区的干部群众为公社挂牌欣欣鼓舞、不亦乐乎之时,却得到了出乎他们意料的消息。1960 年 9 月 3 日,中华全国总工会党组在一份关于城市人民公社问题向中共中央的报告中提出:"城市人民公社一般应暂时停止发展,集中力量在今后四五个月时间内认真地进行整顿巩固工作"。中共中央同意此意见并批示:"各省、市、自治区党委,中央各部委、各党组:全总党组关于整顿和巩固城市人民公社问题向中央的报告很好,现在发给你们参照办理,并且可以印发给有关党委阅读。"②对于上级的这些指示精神,上海市委立即作出了响应,决定推迟挂牌或"不挂城市人民公社的牌子"③。于是,上海城市人民公社挂牌的事被搁置下来。据笔者掌握的资料,上海市城市人民公社为积极准备挂牌的事发生在 1960 年 4—10 月间,此后,一再推迟挂牌,直至上海市委城市人民公社领导小组解体,挂牌一事成为上海城市人民公社化运动永远的"遗憾"。这样,"里弄委员会"就成了上海城市社会基层政权组织,代行城市人民公社的职权,但"有实无名"。

① 静安区档案馆:28 号全宗,2 号目录,3276 号案卷。
② 中央档案馆:中央传阅档 7/1076。
③ 静安区档案馆:28 号全宗,2 号目录,2669 号案卷。

三、上海城市人民公社化运动之经济活动

上海在城市人民公社化运动过程中,主要从事了街道工业、集体生活(公共食堂、托儿所、幼儿园)、服务事业等三大经济活动。

(一)街道工业遍地开花

1. 街道工业的由来与定位。所谓"街道工业"是指在城市人民公社化运动中组织起来由居民参加的生产单位。一般来说,在总路线公布实施后,城市人民公社建立前办的工业都叫作"街道工业",城市人民公社建立后,"街道工业"顺理成章叫作"社办工业"。这不仅是赶时髦,当然也是名实相符。上海在城市人民公社化运动中办起来的工业始终叫作"街道工业",是因为上海市确实没有哪一个里弄委员会挂上"城市人民公社"的响亮招牌。但在筹备建立城市人民公社的时候,曾经有过将里弄生产组织提升为社办工业的初步想法,其理由是"里弄生产组织,经过一年多来的发展,原来设备简陋,产值较低的加工场,有不少已初具规模,成为中小型的生产工厂了。但是这些工厂现有组织领导、管理制度,远不能适应日益发展的需要,亟须加强。为了便于管理,加强领导,挖掘潜力,更好地发挥现有工厂作用。将原有规模较大,生产正常的加工工厂提升为社办工业,就显得必要了"。并明确提升的对象为"原属街道办事处直接领导的加工工厂"①。随着城市人民公社挂牌的一再延期或流产,街道办的工业被定格在原始的称谓上——街道工业。

2. 街道工业发展概况。上海市的街道工业起源于 1958 年 8 月。曾在筹办城市人民公社化时达到高潮。到 1960 年 5 月,已有 346000 多里弄居民参加各种劳动组织。参加街道工业的有 278000 多人,占 80%。共组织了近 10000 个生产工厂、生产小组,比 1959 年底增长了一倍以上。②

到 1961 年下半年,街道里弄工业生产单位 7098 个,生产人员 226606 人;

---

① 上海市档案馆:A20 号全宗,2 号目录,6 号案卷。
② 上海市档案馆:A20 号全宗,2 号目录,436 号案卷。

建筑队 188 个,从业人员 5251 人;运输组织 228 个,从业人员 10444 人。在街道里弄 7098 个工业生产单位中,街道工厂(场)有 801 个,生产人员 65931 人;里弄生产组 6297 个,生产人员 160675 人。这 7098 个单位中,为国营企业加工的有 6410 个,占 90.3%;自产包销的 456 个,占 6.4%;自产自销的 232 个,占 3.3%。①

3. 收入与分配(以 1961 年 1—5 月为例)。1961 年 1—5 月,街道里弄生产单位的加工费收入和部分产销收入共为 69550000 多元。1961 年 1—5 月向国家缴纳工商统一税、所得税和上缴利润合计为 9144000 万元。5 月份街道工厂人员平均工资为 23.86 元,街道里弄工业生产人员平均为 21.32 元,里弄生产组人员平均为 19.07 元。②

4. 对街道工业的评价。街道工业是上海城市人民公社的经济基础,又是上海城市人民公社的支柱。经过几年来的逐步发展和不断整顿,多数街道里弄生产组织已成为大工业的一支重要的辅助力量,帮助不少工厂企业完成了他们的生产计划。街道里弄生产的发展,使废旧物料得到利用,为工厂企业增产了原材料,为人民生活生产出一些需要的小商品,在一定程度上支持了工厂的生产,补充了市场的需要,同时,也使参加街道生产的里弄居民增加了收入,改善了生活,受到了集体劳动的锻炼,学会了生产技术,改变了精神面貌。

但是,街道里弄生产组织还存在一些问题。(1)街道里弄工业办得多了一些,出现了盲目发展的现象。有些国营和合营工厂不宜下放的下放了,民政、劳动部门组织的生产自救性质的生产单位,不宜下放的也下放了。江宁路街道的原民政、劳动部门下放的生产人员,平均工资在 40 元—45 元之间,而里弄妇女平均仅 25 元左右。妇女反映:"为啥一个工厂两样制度?"③(2)兴办了一些不宜街道举办的生产组织。有的地区办了一些技术比较复杂、缺乏设备、原料又没有保证的生产,造成严重浪费现象。(3)对妇女的特殊困难照顾不够,组织妇女们参加了某些不适宜于妇女参加的劳动,影响了她们的健

---

① 上海市档案馆:A20 号全宗,1 号目录,65 号案卷。
② 上海市档案馆:A20 号全宗,1 号目录,65 号案卷。
③ 上海市档案馆:A20 号全宗,1 号目录,39 号案卷。

康。有的从事高温操作,如在新村街道有 461 个里弄妇女为上海带钢厂运钢材,把钢材送到炉前,把刚出炉的带钢搬出车间,温度一般是摄氏 60—80 度,炎夏时高达 130 度,而且还没有劳动防护用品,以致经常烧坏衣服,灼伤皮肤,发生一些骨折、流产等工伤事故。有的从事笨重的体力劳动,劳动强度太高,如唐山路六利冷铸钢厂,有 13 个里弄工从事短途扛铁劳动,引起咯血的 3 人,扭伤腰的 3 人,子宫下垂的 1 人,月经不调的 1 人,被钉子刺伤脚的 1 人,共合 9 人,占 69.2%。叫妇女拉劳动车也很成问题。劳动车每车一般有六百至七百斤,重的达一千多斤,搬运时有的还远至龙华、漕河泾、闵行等地。由于妇女体力不足,上桥下坡把握不住,时常发生跌伤、撞伤和扭伤事故。丽园街道二里委会运输组 16 个妇女,1960 年以来已发生较大的工伤事故 17 起,停工休息达 129 个劳动日。有的还从事有毒害气体的生产,如延安西路街道 39 个生产组织中,有五个单位的原料和辅助材料带有毒性,如苯、硫酸以及山奈等。街道第二屯镀厂的生产人员,由于硫酸和山奈毒雾的侵蚀,普遍感到头晕、乏力、牙齿酸痛,21 人中有 7 人的牙、鼻时常出血。[1]

(二) 里弄公共食堂无处不在

1. 公共食堂是"大跃进"的产物。上海市第一批 800 多个公共食堂就出现在 1958 年 10 月全民炼钢的大环境中。区区几百个食堂,还不到 10 万人入伙,对于偌大的上海市来说,算是小打小闹。公共食堂的大发展、大普及是在 1960 年 4、5 月间,这时候的"里弄公共食堂达到 2800 多个,比 1959 年底增加了 1271 个,入伙食堂的人数增加了 36 万多人"[2]。这是在中共中央提出 1960 年继续大跃进、毛泽东发出"大办城市人民公社"(天津会议)号召之后发生的事。以静安区公共食堂发展为例,更能说明里弄公共食堂发展确实是迅速的。1960 年 1 月底止,全区共有食堂 158 个,搭伙人数 44301 人,工作人员 1259 人。截至 4 月上旬,食堂就增加到 212 个,比 1 月增加了 54 个。搭伙人数增加到 73428 人,比 1 月增加了 29000 多人,增加了将近 70%。

---

① 上海市档案馆:A20 号全宗,1 号目录,65 号案卷。
② 钟民:《为实现上海城市人民公社化的伟大任务而斗争!》,《文汇报》1960 年 4 月 15 日。

2.建章立制,希望食堂能健康发展。对于来势凶猛的里弄公共食堂,中共上海市委给予了高度重视,积极帮助支持其蓬勃健康发展。(1)明确发展目标。要求"一九六〇年十月以前市区在公共食堂搭伙人数从原来占总人口的百分之三十逐步发展到百分之六十"。(2)设法解决场地与设备问题。将"一般饮食店和饮食摊贩逐步调整改组为公共食堂"①。(3)对于公共食堂的经费来源也作了安排:"里弄委员会举办的食堂,托儿所和幼儿园,对于参加里弄生产劳动的人员,除收伙食费、点心费外,可以免收或减少搭伙费和托儿费,其应缴款项由里弄委员会从公益金中如数拨交食堂、托儿所和幼儿园。"②(4)保证食堂工作人员纯洁可靠。公安部门严把政治关,对食堂的炊事员、财务人员、会计员严格审查其历史和政治态度。③

1960 年 6 月上旬,上海市委城市人民公社工作领导小组办公室针对里弄公共食堂发展"极为迅速"时"领导管理水平及工作制度"跟不上的问题,制定和下发了《关于里弄公共食堂的几项规定》(下称《规定》)。提高领导管理水平方面,《规定》要求:"食堂在里委会范围内或以中心食堂为单位,成立一个以退休工人、职工家属及其他劳动人民为核心的民主管理委员会,成员应由里弄干部、食堂工作人员、搭伙人员代表及粮店等有关部门的人员组成,领导食堂工作"。民主管理委员会的任务是:"对食堂工作人员及搭伙群众进行政治思想教育,宣传与贯彻党的政策,制订食堂工作计划,讨论食堂重要问题,定期审核食堂账目,及时听取群众意见"④。《规定》特别要求食堂领导工作人员要由政治可靠、身体健康、品行端正、工作负责的人担任。

工作制度方面,《规定》要求采取灵活多样的服务方式,"可以按户参加,也可以按人参加,可以在食堂吃,也可以打回家吃。但须制订必要的简易的用餐办法,做到既方便群众,又有计划的供应。对于老人、小孩、病人、孕妇和产妇,食堂要想尽办法,在饭菜上给予照顾,或代烧营养饭菜,尽量在各方面给予方便"。

---

① 上海市档案馆:A20 号全宗,1 号目录,65 号案卷。
② 上海市档案馆:A20 号全宗,1 号目录,65 号案卷。
③ 静安区档案馆:28 号全宗,2 号目录,44 号案卷。
④ 上海市档案馆:A20 号全宗,2 号目录,135 号案卷。

《规定》要求食堂要坚决贯彻勤俭节约的方针,食堂工作人员要精打细算,节约用粮、用煤和各项开支,防止铺张浪费。食堂要大搞技术革新。根据食堂本身的需要,首先改革费劳动力最多的炊具,坚持土法上马,土洋结合,以土为主的方针,进行炊具革新和炉灶的改革,逐步做到炊具机械化,充分利用工厂企业废气与锅炉设备逐步做到烧饭蒸汽化。在街道范围内有条件的可搞主食品加工站。

《规定》在建章立制方面要求,必须建立和健全各项必要的管理制度,中心食堂要有管理员、会计员、保管员。财务账目要清楚,实行每日结算公布,每旬盘存。食堂的物品要有专人负责保管,每月清查一次;特别对粮食的管理,要严格执行定量计划供应,要掌握计划用粮,节约粮食。

《规定》特别强调街道里弄党组织必须加强对公共食堂的领导,这是搞好食堂的根本保证,要做到"政治到食堂,书记下伙房",使公共食堂成为真正的、牢固的"社会主义阵地",成为共产主义的参天大树。

由于上述规章的出台,并落实到各个里弄食堂的实际操作中,克服了因大发展而带来的管理上的许多漏洞,制度上的缺失现象。为里弄食堂的健康有序发展起到了一定作用。

3. 里弄公共食堂的缺粮问题。农村公共食堂粮食的严重短缺,其后果是饿死了很多人。较之农村公共食堂,上海里弄公共食堂却幸运多了,不仅没有饿死人的记载,就连因营养不良而导致"浮肿病"之类的疾病都很少有反映。当然,里弄公共食堂在粮食问题上比农村公共食堂幸运一些,并不是说它没有问题。问题在于缺粮现象普遍存在。如黄浦区四川南路街道的 4 个营养食堂,从 1960 年 5 月至 8 月就缺粮 5968 斤。4 个月内每个食堂缺粮将近 1500 斤。[1] 又如静安区的 216 个食堂,1960 年 5 月缺粮的就有 102 个,占全部食堂的 47.2%,缺粮数为 71297 斤。[2] 他们认为,造成缺粮的根本原因是出饭率低,所以改变粮食增量,提高出饭率是解决粮食短缺的有效办法。

---

① 上海市档案馆:A20 号全宗,1 号目录,20 号案卷。
② 静安区档案馆:028 号全宗,02 号目录,03273 号案卷。

"增量蒸饭法"是"粮食增量法"中的一种,经营养专家的权威论证并在高级别的会议上隆重推荐,而后得到中共中央与毛泽东的充分肯定被广泛应用于城乡人民公社公共食堂。上海市静安区五个街道的 107 个食堂对此进行了尝试。1960 年 5 月采用传统技术蒸饭,一斤米出饭在 36—40 两(老计量单位:1 市斤等于 16 两)的占食堂总数 31.77%,到 7 月底减低为 13%,而原来出饭率 49 两以上的占 3.7%,到 7 月底提高到 28.1%。[1] 结果显示,采用增量蒸饭法,出饭率有了显著的提高。从形式上缓解了粮食短缺的矛盾。

但是,据后来的实践表明,"增量蒸饭法"其实就是增加饭内水的分量,吃了这种饭很不中饿,得不偿失,是一种很大的浪费,比如说"水",对于南方农村不是什么问题,只不过是增加一些挑水工而已。而对于大上海来说,水就弥足珍贵。再说,用此法要双蒸,同样一锅饭要蒸两次,它不仅程序繁杂,浪费了许多劳动力,而且要大增燃料,其幅度应该是成倍增长。所以,增量蒸饭法是一种费力不讨好,徒劳无益,甚至是有百害而无一利的事情。

虽然,里弄公共食堂是大跃进的产物,不可避免地出现过这样那样的问题。但是,较之其他城市的公共食堂,尤其是农村公共食堂,里弄公共食堂算是公共食堂中之幸运者,为降低因上海城市人民公社化运动所造成的各方面损失,作出了不小的贡献。

(三) 服务性事业无所不包

1. 服务性事业的特别含义。何为"服务性事业"? 在《现代汉语词典》(第 6 版)(下称《词典 6》)中,找不到此词条,只能找到与此相近的词,即:"服务业"。对此,《词典 6》解释为:"国民经济中在流通、生产生活、科学文化教育、社会公共需要等领域提供各种劳务的部门或行业。"[2]这种解释通常理解为第三产业。《词典 6》对"第三产业"的解释是:"为生产和消费提供各种服务的行业和部门,如交通运输、通信、商业、餐饮业、物资供销、金融、保险、房地产、

---

[1] 静安区档案馆:028 号全宗,02 号目录,03273 号案卷。

[2] 中国社会科学院语言研究所词典编辑室编:《现代汉语词典》(第 6 版),商务印书馆 2013 年版,第 399 页。

公用事业、旅游业、文化教育、科学研究事业等。简称三产。"①当然,这两者不能完全画等号,但也不难看出,《词典6》中无论是"服务业",还是"第三产业",应当说是从广义或现代意义上予以界定的。

而上海城市人民公社化运动中,"服务性事业"有着特别含义。"公共食堂、托儿所、幼儿园、敬老院等集体福利事业"属于服务性事业,这是中共中央在《关于人民公社若干问题的决议》中有明确规定的。除此以外,浆洗缝补、扶老携幼、修旧利废等公共层面上所进行的社会服务事业是上海城市人民公社"服务性事业"的另一组成部分。

2. 服务性事业的种类。服务性事业迅速兴起,而且深入到居民日常生活的每一个角落,甚至是细微之处,内容无所不包。

(1)修补服务,包括修理水电卫生设备、修理各种日常用具、修补衣服、皮鞋等业务。(2)专业性服务,包括理发室、浴室、热水站、房屋养护等。里弄的理发室给予居民很多方便,有的为儿童理发,理好后还送他们回家去,有的上门为年老残疾的人服务。里弄房屋养护小组协助房管部门修理了那些墙壁风化剥落、门窗地板破损的房屋,发挥了积极作用。(3)家务劳动服务。服务项目多种多样,从洗衣服到管理全部家务;从帮老人梳头到给小孩洗脚;从收拾屋里到打扫屋外;从种菜烧饭到缝新补旧。(4)经营代办业务的综合服务。包括代办储蓄、保险、邮政、电讯、戏票、车船票、书报杂志以及废品回收等。(5)机动零星服务。除了上述几种比较专门的服务外,里弄委员会还组织了九千多人经常参加商店、菜场的一些临时性突击性劳动,协助商业部门按户分发肉、油、糖等计划供应券,进行某些商品和副食品的分配工作,在春节、国庆节等节日供应时,协助商业部门把副食品送到居民家中。②

3. 对服务性事业的评价。服务性事业的广泛开展,对促进生产,帮助居民解决日常生活中的某些困难起了一定作用。如家务劳动服务中帮助有困难的职工,让他(她)们的困难得到了照顾,他(她)们表示很感激。申新五厂女工

---

① 中国社会科学院语言研究所词典编辑室编:《现代汉语词典》(第6版),商务印书馆2013年版,第288页。

② 湖北省档案馆:SZ1号全宗,2号目录,649号案卷。

王阿娣一次吐血和一次小产都在深更半夜,得到服务员的亲切帮助,把她送到医院,又帮她照顾孩子,王阿娣感动地说:"真是毛主席领导得好。"①另外,还弥补了辅助商业服务网的某些不足。从服务性事业的发展方向上来看,应当说也有部分合理因素。不能因为人民公社化运动的失败而全盘否定。

　　服务性事业的广泛开展在某些方面的作用,应当予以肯定。但也必须承认问题的存在。(1)集中过多。服务形式和方法缺乏灵活多样,居民们反觉得不方便,不适应。有些居民形容当时的那些服务站是:"慢(交货期长);乱(收发混乱,容易搞错衣物);伤(硬刷搓伤衣服);变(用皂粉、石碱洗衣,各种颜色的衣物又混在一起洗,容易变色);烦(送站洗衣,往返麻烦)"。(2)统得过死。服务站采取集中管理,统一分配的形式,不利于发挥工作人员的积极性和改善经营管理。管理上从服务小组到服务站都由里弄委员会包下来统负盈亏,这种办法不利于服务站经营管理的改善。由于服务站的盈亏由里弄委员会包下来了,从站长到服务人员都存在着严重的依赖思想。有些服务人员说:"亏本赚钱我们不晓得,我们只晓得按月拿工资。"②从分配方式上采取统一分配的方式,不利于调动服务人员的积极性。由于亏本赚钱与服务人员毫无关系,使得不少人不努力提高工效,增加收入。如蒙一服务站的洗衣组人员认为:"收入多少与己无关","衣裳来多少,我们汰多少"。另外,实行固定的日工资制也不利于发挥不同手工劳动的服务人员的积极性。有些服务人员在未实行固定工资制时,劳动积极性很高,实行固定工资后,积极性显著下降。(3)办得过多。盲目地举办了一些不适宜里弄办的服务项目,增加了不必要负担。丽园街道 8 个服务站的 35 个服务项目中,属于不适宜里弄办的有 11 个项目,占 31.43%。如送信送报本来是邮局邮递员的任务;1960 年 5 月由于大办,把邮递员这个活也包了下来,苏北里委会每月要替邮局贴出工资 9 元,而邮递员却闲着没事做。还有蒙一服务站组织了 4 个人捡垃圾,每人每月工资 15 元,而废品收入并不多,月月要亏损。③

---

①　湖北省档案馆:SZ1 号全宗,2 号目录,649 号案卷。

②　上海市档案馆:A20 号全宗,1 号目录,39 号案卷。

③　上海市档案馆:A20 号全宗,1 号目录,39 号案卷。

四、上海城市人民公社化运动之文化行为

1958 年 3 月 24 日至 4 月 8 日,教育部第四次教育行政会议在北京召开,会议提出了"反对右倾保守,促进教育大跃进"的口号。会后,教育战线上的"大跃进"突飞猛进,与工业战线上的大跃进遥相呼应。1958 年 9 月,中共中央、国务院发布的《关于教育工作的指示》明确提出"党的教育方针,是教育必须为无产阶级的政治服务,教育与劳动生产相结合"。1958 年 12 月中共八届六中全会通过的《关于人民公社若干问题的决议》,对人民公社在文化建设方面的要求是:"公社还必须负责办好小学、中学和成人教育。……在成人中要认真地扫除文盲,组织各种业余学校,进行政治、文化和技术教育。在劳动人民中间实行普及教育,并且逐步提高教育水平,这是缩小体力劳动和脑力劳动的差别的一个重大步骤,必须认真执行。"[1]

中共中央与教育部关于教育工作的一系列指示,在上海城市人民公社化运动中得到了全面的贯彻。主要进行了如下几方面的工作。

(一) 扫盲运动成效显著

扫除文盲,掌握一定的文化知识,为本地区的城市人民公社化,为"一天等于二十年"的社会主义建设添砖加瓦,俨然成为广大里弄居民在参加社会劳动以后,文化翻身的迫切要求。但是,里弄居民中,尤其是青壮年中,文盲不在少数。例如,普陀区曹阳新村,共有 8 个里弄委员会,11609 户职工家属,总人口 61725 人。到 1959 年底,全村的青壮年文盲就有 3849 名,占总人口的 6.23%。[2] 鉴于这种情况,上海市在城市人民公社化运动开展的几年里,采取互教互学、包教包学的办法,大搞扫盲运动,在里弄居民中扫除文盲 27 万人,不少里弄已成为无盲地区。[3] 上述曹阳村里的 3849 名青壮年文盲在 1960 年

---

① 中共中央文献研究室编:《建国以来重要文献选编》第十一册,中央文献出版社 2011 年版,第 535 页。

② 上海市档案馆:B105 号全宗,7 号目录,1077 号案卷。

③ 湖北省档案馆:SZ1 号全宗,2 号目录,649 号案卷。

的"五一"节前夕完全脱盲,曹阳村从此成为无盲区。这一点得到了上海市一位人民代表的高度评价,他说:"你们不仅是个无盲村,而且是个文化村"①。何以见得? 这个村的一妇女脱盲后还写诗歌颂新村文化大翻身,以表自己的深刻感受。诗曰:

> 太阳照到曹阳村,村村家里无闲人。
>
> 家庭妇女大翻身,既能文来又能武。
>
> 加工组里显本领,业余学校读学声。
>
> 万户一家满城春,公社花开更茂盛。②

扫盲运动中,妇女是最大的受益者,她们不仅为之感动,热情也随之增高。不少妇女说:"毛主席来了,不但生活安定,还把文化送上门,如果再不好好学习,就对不起毛主席。"46 岁的家庭妇女丘小妹,是 8 个孩子的妈妈,主动参加扫盲学习,决心大,态度认真,她学习用的书、笔、本子和老花眼镜,从不离开身边,开会前在会场写,到食堂在饭桌上写,回家就在床上写,她不但自己学得快,学得好,还主动帮助其他人学习。③ 有些妇女对于自己的文化翻身满意地写道:"从前妇女文盲多,如今妇女写诗歌,写出诗歌千百篇,篇篇都是跃进歌。"④

(二) 重点兴办业余教育

城市人民公社化运动开展以来,上海市把里弄文化建设的重点放在对里弄居民的业余教育上,为此办起了一批又一批的业余学校。到 1961 年 5 月,为一般居民举办的业余中学有 195 所,业余小学 738 所。⑤ "普陀区曹阳新村的市民业余学校从初期的 4 所发展到高潮时的 8 所,拥有 1900 多名

---

① 上海市档案馆:B105 号全宗,7 号目录,1077 号案卷。

② 上海市档案馆:B105 号全宗,7 号目录,1077 号案卷。

③ 上海市档案馆:B105 号全宗,7 号目录,1077 号案卷。

④ 钟民:《为实现上海城市人民公社化的伟大任务而斗争!》,《文汇报》1960 年 4 月 15 日。

⑤ 上海市档案馆:A20 号全宗,1 号目录,34 号案卷。

学员,建立了一整套从小学到高中的业余教育体系。学生出席率经常保持在 90% 左右。并开办了业余师范学校、幼儿师范、保健、综合服务技术、艺术和会计等六所专业学校。"①这些业余学校,根据城市人民公社化运动的需要,秉着教育为无产阶级政治服务、与生产劳动相结合的指示精神,对里弄居民进行了形式多样的教育活动,为适应城市人民公社需要培养了大批技术业务人才。

1. 学习马列主义,特别是毛泽东著作,旨在"不断提高干部群众的共产主义觉悟"。普陀区的普陀路组织了毛泽东著作学习小组 86 个,参加学习的居民有 1700 多人,曹阳新邨街道参加学习毛泽东著作的人员更多,有2400 多人。② 参加学习的都是被组织起来,参加集体生产劳动的里弄居民,其中大多数为妇女同志。学习的内容是:毛泽东的《愚公移山》《关心群众生活,注意工作方法》《矛盾论》《反对本本主义》等文章。学习的热情很高,有的还组织讨论。学习效果显著,甚至立竿见影。例如红旗里弄的许多妇女学习了毛主席的文章后,感受颇多并深刻认识到:"破洞不补要漏,武器不擦要锈,人不学习要落后。"③有的解决了工作上的一些实际问题。青年妇女张××原来工作上挑肥拣瘦,不愿参加筑路工作,学习后,感到自己思想不对,第二天就愉快地服从了分配。还有个叫徐佩玉的妇女学习了《愚公移山》后说:"组织生产和生活后,我们工作忙起来了,新的问题也就多了,毛主席说愚公移山,就是讲做事要有决心,现在我们组织城市人民公社虽然事情很多,但只要有愚公移山的决心,就一定能搞好人民公社。"④总之,通过学习,用毛泽东思想武装了里弄的干部和群众,特别是青年妇女,不仅提高了文化素质,思想境界也大有提高。

2. 根据生产、生活的需要,开展各种形式的技术教育。在业余学校里,开办水电、木工、缝纫、珠算、理发等班级,培训这些行业的技术人员。培训老师

---

① 上海市档案馆:B105 号全宗,7 号目录,1077 号案卷。
② 静安区档案馆:28 号全宗号,2 号目录,3276 号案卷。
③ 翁其荃等:《组织起来,走人民公社化道路——红旗里弄委员会调查报告》,《复旦大学学报(哲学社会科学)》1960 年第 6 期。
④ 上海市档案馆:B105 号全宗,7 号目录,1077 号案卷。

是聘请那些退休的工人师傅。例如,金庙街市民业余学校找到了72岁的退休老工人沈秋泉老伯伯。当请他出来当教师时,他很高兴地说:"我人老心不老,一定把所有技术拿出来教大家。"还说,"能把技术教给大家,那是最大的幸福。"①并且,他还带来了两位70多岁有木工和缝纫技术的老师傅。这样,不仅解决了技术课的师资问题,而且把这些老人的积极性也调动起来,为城市人民公社化运动服务。金庙街市民业余学校培训出来的技术人员学以致用。里弄食堂因食堂搭伙人数增加,幼儿园、托儿所的入园入托人数大大增加,所需要的凳子、桌子都是由木工班的学员用旧木料改做成的。水电班的学员学会了接电线与拆装冷热设备的技术。理发班的学员学会了独立理发的技术,免费包下了静安区1300多名幼儿园、托儿所小朋友的理发任务。② 缝纫班的学员学会了裁剪裤子、衬衫和中山装的技术,为集体福利事业培养了人才。

3.围绕城市人民公社主题,不断更新讲课内容。文化课的教学紧密结合城市人民公社化运动各个时段上的中心工作,量体裁衣,对症下药,更新教学内容。刚开始组织的时候,语文课讲解了"组织起来好""人民公社是枝花"等课程,宣传城市人民公社的优越性。组织起来后就讲解"妇女翻身显英才"、"万紫千红才是春",用以激发学员的劳动积极性。语文课的教学还结合城市人民公社运动的发展,通过作文课,大搞诗歌创作。据统计,业余学校的学员们创作的诗歌有1500多首。其内容是歌颂城市人民公社的优越性与妇女的劳动热情,既抒发了革命情怀,又提高了写作能力。

(三) 其他文化事业的兴办

上海市城市人民公社化运动的文化事业除了上述的扫盲与市民业余教育外,还有里弄办的小学教育,成立少年宫、少年之家和少年儿童活动室,组织少年儿童参加科学文化活动;建立文化站、图书馆等文化服务设施;开展群众文艺和体育活动等方面的内容。这些内容是上海市委在给

---

① 上海市档案馆:B105号全宗,7号目录,1011号案卷。
② 上海市档案馆:B105号全宗,7号目录,1011号案卷。

中央和毛泽东的报告中关于文化建设方面所作的打算。那么在筹划建立城市人民公社的过程中兴办情况究竟怎样？略举几例基层文化事业发展资料。

例一，静安区张家宅居委会文化建设发展情况的数据记载："有民办小学一所，学生 192 人……建立了一个文化站，一个政治理论学习小组，一个图书馆，29 个读报组，有 700 多人参加，有 38 人组成的歌咏队，建立了体育协会，经常有 300 余人参加广播操及其他体育活动。"①

例二，据江宁区的数据记载，城市人民公社化运动以来，"里弄中文体活动也有很大开展，全区有近二万居民写出诗歌 10 万余篇，剧本 760 余篇。很多里弄还组织了越剧、沪剧、合唱队等文艺组织，居民已演出自己编导的剧本，团结村里弄委员会文教主任沈红霭，今年已 58 岁，一年多来，一共编写了 6 个剧本，12 个话剧，1 只相声，1 只舞蹈，30 只小调，200 篇诗歌"②。

例三，长宁区法华地区的数据记载："现有民办小学 12 所，教职员 81 人，学生有 2487 人……里弄图书室 8 个，地段医院 1 个，篮球队 1 个，卫生站 11 个，卫生员 33 人。"③

以上三则资料反映了这三个地方在城市人民公社化运动中关于文化教育事业的开展概况。综合起来看，可以说是上海城市人民公社文化教育事业开展情况的缩影。但值得注意的是，这些数据记载的是各地为准备建立城市人民公社时的兴办情况，因为受大环境的影响，不可避免地反映出时世局限——夸张。如第二则数据中反映的情况，严重存在着这方面的嫌疑，但又无从考证。在此摆出来，仅供读者参考。

幸喜，党中央把 1961 年确定为"实事求是年、调查研究年"。在此背景下，上海城市人民公社工作领导小组对全市在城市人民公社化运动中里弄的文化建设情况作了比较实事求是的调查统计。据数据记载，到 1961 年 5 月底止，街道里弄为学龄儿童举办的中学有 15 所，小学 448 所，入学学生 206000 多人。居民参加学习的有 130000 多人。另外，还举办了文化站、图书馆、少年

---

① 静安区档案馆:28 号全宗,2 号目录,2632 号案卷。
② 静安区档案馆:28 号全宗,2 号目录,2632 号案卷。
③ 长宁区档案馆:37 号全宗,11 号目录,310 号案卷。

之家等文化组织 2446 个;卫生站、红十字会等组织 1363 个。① 这些文教事业在开展地区群众性的文教工作和提高居民的政治、文化水平方面起了一定的作用。

结束语

　　人民公社化运动是共和国历史上沉重的一页,它的影响超出了国界,是国际共产主义运动史上的大事件。城市人民公社化运动作为人民公社化运动的重要组成部分,是中国共产党人早期探索社会主义建设道路,寻求共产主义梦想过程中的一次不成功尝试,它给人们留下太多的思考,也有很多的深刻教训。所以研究城市人民公社历史,还原其历史真面目,对我们建设社会主义现代化强国,实现中华民族的伟大复兴具有特别重要的意义。

　　上海城市人民公社化运动是城市人民公社化运动不可或缺的元素,和整个城市人民公社化运动是打断骨头还连着筋,联系千丝万缕。但上海是五大城市之一,工业集中,人口稠密,地位特殊。而它在城市人民公社化运动中扮演的角色特殊,办社特色极其明显,有如下特点:(1)"跟",即紧跟中央。对于中央关于城市人民公社的决策及大政方针,不偏不倚地执行。比如,上海市城市人民公社可做实际工作,要有实际内容,城市人民公社暂缓挂牌,停止发展等均是贯彻党中央决策,落实毛泽东指示的结果。(2)"实",即有实无名。有人说,许多城市人民公社只办了一点服务性事业,仅挂了块牌子,彻头彻尾的有名无实。这一论调暂且不论。但上海的城市人民公社却是另外一番景象——有实无名。就是说,上海在推进城市人民公社化的过程中,没有哪条里弄,哪个街道,曾几何时挂上过"城市人民公社"的响亮招牌,自始至终都是中共上海城市人民公社领导小组及区委城市人民公社领导小组对外行文。里弄委员会是城市人民公社的基层组织并代行城市人民公社的职权。但是,城市人民公社的实际内容,如组织街道居民参加集体劳动,以生产为中心大办街道工业,大办公共食堂等集体福利事业,大办服务性事业,大闹文化革命等,每一

---

　　① 上海市档案馆:A20 号全宗,1 号目录,34 号案卷。

项都开展得轰轰烈烈,如火如荼。(3)"稳",即稳打稳扎,有条不紊。根据中共中央关于城市人民公社是五位(工农兵学商)一体、政社合一的城市社会基层政权组织,同时还是改造旧城市、建设社会主义新城市的有力工具的定位,在城市人民公社组建的过程中,打乱了原来的区划与格局;所以每个城市的人民公社一般有三种类型,即以工厂、企业为中心,以机关、学校为中心,以街道居民为主体,用以满足上述定位。城市人民公社组建初期的社会秩序用一个字可以形容,那就是"乱"。而上海不是这样,城市人民公社只有一种形式——以街道居民为主体。工厂、企业、机关、学校原封不动。正因为如此,上海城市人民公社化运动从兴起到终结,过渡自然,局势稳定。(4)"小",即损失较小。人们在诟病"大跃进"的严重后果时,常常把公共食堂同三年困难相提并论。其实,这种说法有不周全之处。因为公共食堂有农村公共食堂与城市公共食堂。农村公共食堂对中国境内的大多数农民来说确实是一场劫难,不堪回首。而城市公共食堂并非如此,上海市的公共食堂更不是这样。就拿粮食来说,根据现有资料反映,上海市的公共食堂只有缺粮的记载,之所以缺粮,是因公共食堂管理经营不善所致。而居民的粮食指标在最困难的 1960 年没有减少供给。上海市每月都是如数分配到居民手中,有些行业不仅没减,反而增加了几斤一月。要说有损失,那就是上海市减少了粮食库存,仅 1960 年就从国库中拿出"4905 万斤"①用以满足居民的基本生活需求,维护上海的稳定。

乍看起来,笔者似乎在为失败的城市人民公社化运动美言,为狂热的"大跃进"运动颂歌。但不得不提出的是,上海市在城市人民公社化运动中表现出来的出污泥而少染,狂热中保持几分冷静的品质,令人由衷地赞叹。这也就是研究上海城市人民公社化运动的价值所在。

---

① 转引自丁杰:《国家控制与城市底层社会——以上海城市人民公社化运动中的里弄改造为例》,华东师范大学硕士学位论文,2014 年。

街道人民公社"单位制"
治理与当代启示 *

街道人民公社是三种类型(大工厂、街道居民、机关学校)城市人民公社中的一种,是以一街或几街的居民为主体组成的一个基层单位。在治理上自然采用"单位制"管理体制。城市社会基层治理体制由建国初的"街居制"①到城市人民公社时期的"单位制"②,是党和国家从生产关系上变革城市基层治理的一次大规模尝试与探索。这种探索虽未达预期,但它是城市基层治理发展史上不可或缺的重要部分。然而,迄今为止对此的学术研究却极少涉及,即便有也是一笔带过,或点到为止。故此,本文以街道人民公社"单位制"治理为视角,梳理街道人民公社"单位制"形成确立的历史脉络,探讨分析其治理特点及利弊得失,期翼予当下城市社区基层治理提供有益启示。

一、街道人民公社"单位制"格局的形成确立

街道人民公社"单位制"管理体制,是以新中国成立后城市基层"街居制"为基础,并在党中央强有力的政策指导下,通过城市人民公社化运动确

---

* 作者:刘洋,湖南科技大学 2017 级博士生。本文原刊于《湖南科技大学学报》(哲学社会科学版)2020 年第 2 期。

① "街居制"指的是街道管理主要通过街道办事处和居民委员会这两个行政建制的组织开展工作。转引自何海兵:《我国城市基层社会管理体制的变迁:从单位制、街居制到社区制》,《管理世界》月刊 2003 年第 6 期。

② "单位制"是新中国成立后社会管理的产物,单位是适应计划经济体制而设立的一种特殊的组织形式,具有政治、经济与社会三位一体的功能。转引自何海兵:《我国城市基层社会管理体制的变迁:从单位制、街居制到社区制》,《管理世界》月刊 2003 年第 6 期。

立起来的。

（一）街道人民公社"单位制"形成的历史背景

其一，新中国初期有相当多的居民处于"散漫无组织"的状态。新中国成立前夕，毛泽东在《中国人民大团结万岁》一文中提出，我们应当将全中国绝大多数人组织在政治、军事、经济、文化及其他各种组织里，克服旧中国散漫无组织的状态，用伟大的人民群众的集体力量……建设独立民主和平统一富强的新中国。毛泽东的论断为新政权探索如何将人民群众组织起来进行单位化管理，集中一切力量建设新中国提供了根本遵循。事实上，新中国建立之初，国家已通过单位把工厂、商店、机关、学校等有组织的居民，实行了"单位制"管理。尽管如此，仍有很多无组织的街道居民，主要包括家庭妇女、无业游民、个体商贩、自由职业者等，没有参加各种单位集体组织活动。比如福州市南街共有"五千七百七十七户，二万六千三百八十七人，除机关干部、工厂企业职工、中小学师生共一万四千多人外，居民有一万一千多人。"①因此说，街道社会还有相当多的居民在建国后还处在"散漫无组织"的状况中，这些居民仍然游离于"单位"管理之外。将这类地区、这类人员纳入到国家的统一管理体系内，是新中国建立后党和政府一直努力的目标。

其二，"街居制"为街道人民公社"单位制"提供了组织区划参考。为了加强城市政权和城市管理工作，新中国建立伊始，全国很多城市尝试建立街道一级组织和居民委员会组织。1950年3月，天津市按照街道区划建立的居民委员会，开启了我国城市居民委员会组织的序幕。随后，全国70多个城市陆续建立了居民委员会。1952年国庆以后，彭真根据毛泽东"还是把市民组织起来好"②的指示，开始负责研究如何把工厂、商店、机关、学校等单位组织以外的街道居民组织起来的问题。1953年6月，彭真向毛泽东并中共中央递交了《城市应建立街道办事处和居民委员会》的报告。1954年12月第一届全国人

---

① 福建省档案馆：205号全宗，2号目录，222号案卷。

② 转引自何海兵：《我国城市基层社会管理体制的变迁：从单位制、街居制到社区制》，《管理世界》2003年第6期。

大常委会第四次会议分别通过并颁发了《城市街道办事处组织条例》《城市居民委员会组织条例》。两个"条例"第一次以法律条文的形式对街居组织的性质、任务、组织结构等作了明确规定。"条例"规定街道办事处是市、区人民委员会的派出机关,居民委员会也不是一级政权组织,而是群众自治性的居民组织;规定街道办事处的任务是:交办上级人委有关居民工作事项,指导居民委员会工作,反映居民的意见和要求。居民委员会的任务是:办理有关居民的公共福利事项,反映居民的意见和要求,动员居民遵纪守法,调节居民间的纠纷等;居民委员会的组织结构是:居民委员会下设居民小组。① 街居条例的颁布,极大地推动了城市居民委员会建设工作的全面展开,到 1956 年,全国绝大多数城市的居民委员会已经建立。同时"条例"也表明,我国城市基层"街居制"管理体制,成为国家力量渗入到城市基层社会方方面面的重要"组织依托",也为之后街道人民公社"单位制"的确立提供了组织区划参考。

（二） 街道人民公社"单位制"形成的政策依据

由"街居制"到街道人民公社"单位制"的转变,是城市社会生产关系上的一次重大变革,而中共中央、毛泽东为变革提供了强有力的政策指引。

1958 年 7 月 16 日,陈伯达发表在《红旗》杂志上《在毛泽东同志的旗帜下》一文,传达了毛泽东关于一种新的社会基层组织的构想,即"我们的方向,应该逐步地有次序地把'工(工业)、农(农业)、商(商业)、学(文化教育)、兵(民兵,即全民武装)'组成一个大公社,从而成为我国社会的基本单位。"②这为人民公社作为我国城乡社会的基本单位,实行"单位制"管理指明了方向。

1958 年 8 月上旬,毛泽东到河北、河南、山东等地视察,与当地负责人谈到"小社"并"大社"的问题,对陪同视察的山东省委书记处书记谭启龙说:"不要搞农场,还是办人民公社好,和政府合一了,它的好处是,可以把工、农、商、学、兵合在一起,便于领导。"③毛泽东对陪同视察的河南省委书记吴芝圃肯定

---

① 《解放日报》,1980 年 1 月 19 日。

② 陈伯达:《在毛泽东同志的旗帜下》,《红旗》1958 年第 4 期。

③ 逄先知、金冲及主编:《毛泽东传(1949—1976)》(上),中央文献出版社 2003 年版,第836 页。

地说:"看来,'人民公社'是一个好名字,包括工农兵学商,管理生产,管理生活,管理政权。"显然,毛泽东对谭、吴两书记的讲话进一步强调了城乡社会基本单位——人民公社建立的必要性及所在优越性。

1958年12月19日,中共八届六中全会通过的《关于人民公社若干问题的决议》明确规定:"城市中的人民公社,将来也会以适应城市特点的形式,成为改造旧城市和建设社会主义新城市的工具,成为生产、交换、分配和人民生活福利的统一组织者,成为工农商学兵相结合和政社合一的社会组织。"①此论断描绘了城市社会基层组织——城市人民公社的近期目标与远景规划。

1960年3月9日,中共中央下发了《关于城市人民公社问题的批示》(下称《批示》),《批示》指出:"城市人民公社实际上是以职工家属及其他劳动人民为主体,吸收其他一切自愿参加的人,在党委领导和职工群众的积极赞助下组织起来的。它是以组织生产为中心内容,同时组织各种集体生活福利事业和服务事业。它能够大大改变城市特别是广大家庭妇女的面貌。"②从《批示》中不难看出,党中央对城市人民公社的适用范围(街道)、领导主体(党委)、组织对象(职工家属、闲散人员,其中主要指家庭妇女)、公社职能(行政与经济)、主要任务(集体生产、集体生活福利事业及集体服务事业)等都作了明确具体的规定。这就为街道的人民公社化及其治理明确了行动指南。

(三) 街道人民公社化标志着"单位制"治理格局的确立

《批示》的下发,特别是毛泽东3月24日"天津讲话"后,全国(大陆,除西藏)城市掀起了人民公社化运动高潮,到1960年7月,在全国190个大中城市里建立了1076个城市人民公社,其中以街道居民为主体的城市人民公社525个。③ 一个公社等同于一个单位,从这个意义上说,街道人民公社化也就是街道社会的单位化。

为了加强街道人民公社"单位制"治理,各城市在中央决策的引导下制定

---

① 中共中央文献研究室编:《建国以来重要文献选编》第十一册,中央文献出版社1994年版,第600页。
② 湖南省档案馆:141号全宗,1号目录,1708号案卷。
③ 中央档案馆:中央传阅档7/1076。

了针对本地区情况的公社章程。以天津市的"章程"为例(值此说明的是,天津市在新中国成立后不久,率先建立了街道居民委员会。在城市人民公社化运动中,对于街道人民公社的构建与治理方面独树一帜,颇具典型意义),"章程"是组织、社团经特定的程序制定的关于组织规程和办事规则的法规文书,是一种根本性的规章制度。《天津市街道人民公社示范章程(草案)》不仅阐明了天津市街道人民公社的组织规程,而且规定了其办事规则(治理规则)。(1)公社性质:街道人民公社是在中国共产党和人民政府领导和组织起来的工农商学兵相结合、政社合一的社会基层组织,是改造旧城市和建设社会主义新城市的工具,并将逐渐成为生产、交换、分配和生活福利的统一组织者。(2)公社的组织机构:公社是社会主义社会结构和将来的共产主义社会结构的基层单位;按照基层行政区划(即按街道办事处管辖范围)建立,一街一社。按地区设立若干个分社,分社是公社派出的管理机构,不为一级政权组织。(3)公社经济:公社目前是全民所有制、公社集体所有制和分社集体所有制并存。收益实行按劳分配,并积极创造条件,逐步过渡为公社所有制,实行计划管理。在国家经济计划指导下,根据公社的具体情况,制定长期的建设规划和年度的计划。各项计划都必须经过国家计划及有关部门审核平衡,然后付诸实现。(4)公社的任务:公社应以组织生产为中心,大办公社工业,组织全民劳动,奠定经济基础。同时组织各种集体生活福利服务和文教卫生事业,把街道闲散劳动力在自愿的基础上组织起来参加力所能及的社会劳动,把街道居民按照社会主义原则组织起来,并逐步实现生活集体化,家务劳动社会化。(5)公社的管理体制:公社实行集中领导、分级管理。根据有利于生产和便于管理的原则。公社管理委员会是社的执行机关。公社管理委员会设社主任一人,副社主任若干人,主持社务。并根据工作需要设立日常办事机构:办公室、工业部、财贸部、财务计划部、社会福利部、文教卫生部、武装保卫部等,协助社长分掌有关事务。①

　　以上《章程》中所述要点,既展示了街道人民公社的构架蓝图,又明确了街道人民公社的治理途径。至此,街道人民公社"单位制"治理格局已确立。

---

　　①　上海市档案馆:A20 号全宗,1 号目录,64 号案卷。

二、街道人民公社"单位制"治理的特点

根据中共中央及毛泽东的指示与上述章程中的规定,街道人民公社"单位制"治理,主要具有如下几个显著特点:

(一)治理主体的一元化

"治理主体的一元化"是指治理主体在实践社会治理过程中将社会几乎所有组织与成员纳入自身的控制体系中,使之成为社会治理中唯一的权力主体。具体到街道人民公社,这个单一的权力主体即为公社党委。中国共产党通过建立党的基层组织,使自己的管理渗透到基层社会的方方面面,实现对城市基层社会的全面掌控。具体说来,街道人民公社从两个方面实施对城市基层社会的全面管控。一是从组织结构上看,街道人民公社"单位制"取代了原街居管理体制中的"街居制"。街道人民公社成立时均设立公社管理委员会(实际上的党委会)且管理委员会主任任社长。公社实行"政社合一",实际上是"党、政、社"高度合一。公社管理委员会下设1室8部:包括办公室、工业部、农业部、财贸部、文教卫生部、治安保卫部、福利部(如北京市还设立了监察部,其实),以及街道妇女联合会、共青团委员会。这些部门和组织均在公社党委的统一领导下工作,公社党委成为基层权力的唯一拥有者;二是从权力运行的逻辑来看,街道人民公社党委不仅对公社实行全面绝对的领导,而且包办代替公社的行政工作,凡属行政上的日常业务工作,由公社管理委员会和所属相关职能部门处理,概括起来就是"党委决策,部门实施"。事实上也是如此,据笔者所掌握的城市人民公社档案资料记载显示,自上而下的发文机关都是中共中央、中共某省(直辖市)、市(地)、区(县)委,或是相应各级城市人民公社领导小组(或办公室),公社本身召开的各种会议以及自下而上的各种文献,落款署名都是中共某某人民公社党委。而以政府(人民委员会,下同)名义颁发的关于城市人民公社的文献基本没有。这充分说明城市人民公社是一种"以党代政,包揽一切"的权力运行模式。正是由于公社"党政合一"的集权体制,保证了中国共产党对城市基层社会形成自上而下的一元化管理和控制。

（二）治理方式的行政化

"治理方式的行政化"是指国家政权组织在社会治理过程中发挥决定性的主导作用，并主要运用国家政权力量推动社会治理有效运行的方式。街道人民公社既是城市基层政权的组织者，又是城市居民经济生活的统一组织者，这种"政社合一"政权体制，促使了街道居民的生产、生活资源直接纳入代表国家权力的公社单位体制中，接受行政权力直接管理。在某种程度上，街道人民公社组织居民的生产生活更多的不是经济性、服务性的，而是政治性的。

其一，在组织生产方面，作为街道人民公社中心工作的街道工业，是靠"白手起家、因陋就简"办起来的。"没有资金大家凑，没有房子大家让，没有设备大家找，没有技术刻苦学。"①是街道工业的真实写照。由于街道工业的生产设备简单、原料主要来源于大厂的边脚废料、生产人员基本是一些没有文化的家庭妇女和部分闲散劳动力，所以，社办工业不仅劳动生产效率低，而且产品质量也很难达标。在这样的环境下，相当部分街办工业如果没有行政权力的强力支撑，随时都有散伙的可能。

其二，在组织生活方面，作为街道人民公社集体生活福利事业重要组成部分的公共食堂，尽管它在解放妇女劳动力，促进生产发展起到了一定的积极效果，但它在组织街道居民参加集体活动中逐步暴露出了种种弊端：一方面，一些干部中饱私囊，利用职权搞贪污、搞特殊化，造成公共财产的流失和浪费；另一方面，参加食堂的居民又普遍存在吃不好、吃不饱、饭菜贵等现象。即便如此，各地公社领导者仍把公共食堂当成"必须固守的社会主义阵地"②而加以推广，采取强有力的行政手段，限制居民购粮自由。比如四川省自贡市粮食局规定居民只能到街道食堂购买粮食，不在食堂搭伙的不得直接到粮店购粮。③郑州市红旗街道公社通过没收购粮本的方式，限制居民购粮自由。④ 这样，城

---

① 《以生产为中心把街道居民组织起来》，《人民日报》1960 年 4 月 5 日。

② 中共中央文献研究室编：《建国以来重要文献选编》第十三册，中央文献出版社 2011 年版，第 41 页。

③ 四川省档案馆：1 号全宗，11 号目录，4035 号案卷。

④ 郑州市管城区档案馆：1 号全宗，5 号目录，228 号案卷。

市居民的生产生活被牢牢的限制在公社单位体制中,他们只有全面的依附所在的单位——街道人民公社,才能维持基本生计。

(三) 资源配置的计划化

"资源配置的计划化"是指在社会经济活动中所需的资源按照国家的计划进行配置,服从国家的计划管理。街道人民公社资源配置的计划化,就是将城市街道社会中的人、财、物资源纳入到国家高度集中的计划经济管理体系,然后在计划经济大政方针指导下,针对公社的实际情况,统筹安排人、财、物,用以发展公社的各种生产,组织改善街道居民的集体生活以及集体服务性事业。1958 年 12 月,中国共产党八届六中全会通过的《关于人民公社若干问题的决议》指出:"人民公社的生产、交换、消费和积累,都必须有计划。人民公社的计划应当纳入国家的计划,服从国家的管理。"[1]这为街道人民公社必须在国家计划体制下配置资源提供根本政策与实践依据。天津市鸿顺里人民公社是街道人民公社的旗帜之一,建立于 1958 年 9 月。该社在《天津市河北区鸿顺里人民公社章程试行(草案)》(下称《章程》)中的规定更能反映计划资源配置的特征。《章程》规定:公社实行计划管理生产,在国家经济领导下,根据社内具体情况,制订长期的建设规划,建立生产责任制;公社商店在国营商业的领导下,按照上级规定价格公社办理日用品零售业务,供应本社需要,其中代销部分根据国家商业规定提取手续费;经营代销资金由上级国营部门拨付,工作人员工资由社统一分配;公社所有收入由社统一分配。为了贯彻勤俭办社、勤俭办企业的精神,加速社会主义建设,收益分配的原则是要保证扩大再生产的高速度发展,并随着生产的发展,逐步改善社员生活;公社按社员劳动力收入多少每月提取 5—10% 的积累,其分配比例是:公积金 65%,公益金 35%,用于文化教育、卫生、福利以及奖励金等;社员工资目前仍以按劳取酬的原则,采取标准劳动日记分工资办法,评定等级,实行工资制。[2]

随着街道人民公社的建立与普及,计划配置资源范畴在扩大,内容也不断

---

① 中共中央文献研究室编:《建国以来重要文献选编》第十一册,中央文献出版社 1994 年版,第 608 页。
② 天津市河北区档案馆:55 号全宗,1 号目录,1 号案卷。

细化。比如在积累分配方面,武汉市利济街道分社规定了"三三两两"利润分配制度,即上交手工业局 30%,用于企业扩大再生产 30%;上交税 20%,用于企业集体福利 20%。① 在食品供应方面,由于街道人民公社公共食堂的大量举办,过去一家一户起伙,单独购买的粮油、猪肉、牛羊肉、水产品等,转由公共食堂集体购买。由商业部门统一分配供应,供应方式也变为凭(证)票供应、定量供应,特需供应等。在社办工业的产供销方面,将其完全纳入了国家计划的轨道。

从上不难推断,街道人民公社在国家计划管理下进行的社会经济活动,其实质是国家以街道人民公社这一基层单位组织为载体,试图对城市基层社会各领域资源的集中调控,以推动国家工业化的快速发展。

三、街道人民公社"单位制"治理的利与弊

在国民经济大调整的背景下,到 1963 年前后,全国绝大多数城市的街道人民公社走到了终点。同样,街道人民公社的"单位制"治理也画上了句号。街道人民公社在这短短的 4、5 年时间里,无论从建立,还是治理,对整个城市社会乃至党的领导力都产生了深远影响。其中有积极因素,但也有负面影响。

就街道人民公社"单位制"治理的积极方面而言,主要如下:一是实现了党对城市基层社会的全面领导。街道人民公社作为国家政权组织的基层单位,而这个单位中的政治、经济、文化以及社会生活的方方面面一律处在公社党委的统一领导下,从而实现了基层党组织对城市基层社会的一元化管理,确保了党和国家意志及方针政策,通过自己的组织系统畅通无阻地、有效地贯彻到社会底层。二是彰显了社会主义集中资源办大事的优势。党和国家通过集人、财、物大权于一身的街道人民公社,实现了对城市基层社会资源的全面控制。这在我国社会主义建设初期,要尽快实现国家工业化,而社会资源总量又严重不足的情况下,为国家集中城市社会人、财、物资源,进行工业现代化建设发挥了积极作用。三是社办工业对国家经济发展起到了一定的积极作用。

---

① 上海市档案馆:A20 号全宗,1 号目录,62 号案卷。

(1)充分利用国营工厂边角废料和社会上的废旧物资进行加工生产,修旧利废,变废为宝,不仅节约了资源,而且增加了社会产品;(2)"大跃进"期间各地工业原料和商品供应渠道被割断的情况下,为国营工业服务、支援农业和供应市场方面起了一定积极作用;(3)也有一些企业改进了管理,提高了技术水平,生产了一些质量较好的产品;(4)组织家庭妇女与"闲散劳力"参加社办工业以及各项集体生活服务事业,既解决他们的就业问题,又是对当时国家大规模工业建设劳动力严重短缺的有力补充,尤其是极大的推动了妇女解放运动的进程。

尽管街道人民公社"单位制"在治理中发挥了一定的历史作用,但也有其弊端,主要如下:一是党委过多的包揽城市基层经济社会事务。街道人民公社基层治理主体的一元化,党委成为公社权力的唯一拥有者,由此形成党、政、社高度合一的街道人民公社集权体制。这种一元化的集权体制,使街道人民公社代表国家垄断了城市基层社会的一切权力和资源,城市基层社会各领域完全被国家权力吞没,公社单位体制外相对独立于国家权力的经济组织和社会组织难以产生,居民更没有自主选择的空间,所有社会需要和社会问题都集中于公社单位体制中,并直接依赖代表国家基层政权的公社来解决,居民平等的参与社会治理的权利更是无从谈起。二是忽视经济发展中市场机制与价值规律的作用。街道人民公社单位制管理体制,确保了国家对城市基层社会生产生活资源的计划管理与配置,但却忽视了市场机制和价值规律的作用。比如社办工业的产供销都在国家计划管理下进行,由于国家对社会经济统得太死,作为街道人民公社经济主体的社办企业缺乏生产经营自主权,不能根据市场需求的变化调整生产计划,导致生产的产品要么不对路,要么积压严重。即便是生产对路,能出售的产品也只能在国家计划指导下,由归口管理部门统一收购、销售。在积累分配方面,参加公社劳动人员的工资绝大部分是实行计时工资和低工资制度。如北京市城区街道公社,参加公社劳动的人,多半是公社按月发工资,实行计件工资的只是极少数。① 这种分配方式实际上带有浓郁的平均主义色彩,为个人吃企业、企业吃国家的大锅饭埋下了隐患,也助长了

---

① 吉林省档案馆:党字1号全总,60号目录,145号案卷。

"工作人员的依赖思想,不关心经济核算,许多单位赔钱"①的不良局面,更严重的是遏制了社会经济的发展与居民积极性主动性的发挥。三是强迫命令式的工作方法降低了社会治理的效果。强迫命令是街道人民公社采取行政手段调节和管理社会生产和集体生活福利事业的主要方式。这种简单粗暴的工作方式,不仅不能形成良好的基层治理,反而会激发矛盾,有时甚至会导致社会失序。比如在生产方面,街办工业生产与其说是靠"白手起家"与共产主义协作精神,不如说是在行政命令的压力下,企业共群众、国家之产。以上海市延西街道为例,街道和里弄中有的干部认为"里弄工厂是一家了"、"反正拿来也是给公家的,多拿一些,好一些",因此不管是否合乎手续制度,见物就要,见物就拿,有的甚至还不择手段,明拿暗偷。② 在集体生活福利事业方面,作为集体生活福利事业"重头戏"的公共食堂,违背自愿原则,采取没收购粮本、限制居民购粮自由等强迫手段要求社员参加公共食堂,并用同样的方法要求社员去坚守公共食堂这块"社会主义阵地"。由此可见,街道人民公社采取强迫命令调节与管理集体生产与生活福利事业的方法,必然引起居民对人民公社这座走向"共产主义金桥"的忧虑和抵触情绪,干群关系紧张,社会矛盾激化也就在所难免。

总而言之,街道人民公社"单位制"治理产生的效应有积极方面的因素,但是弊多利少,最终导致了城市人民公社的不了了之,"短命"也就成为历史必然。

四、街道人民公社"单位制"治理的当代启示

当今的城市社区是承接街道人民公社演变而来的城市社会治理基本单元,处于推进城市基层治理现代化的前沿阵地。习近平高度重视社区治理问题,明确提出"社会治理的重心必须落到城乡社区。"③以习近平新时代中国特

① 中共中央文献研究室编:《建国以来重要文献选编》第十五册,中央文献出版社 1995 年版,第 464—465 页。
② 上海市档案馆:A20 号全宗,1 号目录,58 号案卷。
③ 《习近平关于全面建成小康社会论述摘编》,中央文献出版社 2016 年版,第 141 页。

色社会主义思想为指导,反思和总结街道人民公社"单位制"治理的利弊得失,吸取其经验教训,为构建与完善新时代城市社区治理新的体制机制,促进城市社区治理现代化提供重要启示。

（一）完善党委领导、政府负责、社会协同、公众参与的城市社区治理新格局

街道人民公社治理主体的一元化,公社党委,特别是公社党委书记拥有绝对的权力,整个城市基层社会形成了以基层党组织为核心的党政社高度合一的治理格局。实践证明,街道人民公社事无巨细包揽城市基层所有经济社会事务的集权体制,不但没法将城市基层社会不同利益组织或群体的利益诉求全部"包下来",反而由于公社党组织一元化治理体制而产生了诸如影响政府机关职能发挥、影响调动城市居民行使民主权力的积极性、抑制社会各类组织功能失效等的弊端。进入改革开放新时期,为适应日趋复杂的社会局势,在总结历史经验的基础上,中国共产党不断改善自身领导,消除以党代政、党政社高度合一的管理体制弊病,并构筑社会组织、居民自主参与社会管理的平台。新时代国家要构筑一个怎样的城市社区治理格局呢？习近平关于"坚持系统治理,加强党委领导,发挥政府主导作用,鼓励和支持社会各方面参与,实现政府治理和社会自我调节、居民自治良性互动"[①]的论断为其指明了方向。具体说,在城市社区治理中,必须实现从过去党委拥有绝对领导权力的一元化治理体制,向党委领导、政府主导下多元主体参与的社区治理体制的转变;加强和改进街道、社区党组织对社区各类组织和各项工作的领导,确保党的路线方针政策在城市社区全面贯彻落实,推动管理和服务力量下沉,引导基层党组织强化政治和服务功能;要使基层政府在制定社会政策法规,管理和调节社会事务等职能方面发挥主导作用;积极培育社会组织发展,让社会各类组织积极参与到城市社区治理中来,充分发挥社会各类组织自我管理、自我调节的作用,使居民在城市社区治理中的主体地位和主人翁精神得到充分体现。从而确保多头发力,优势互补,形成合力,共同管理好经济社会事务,构建共建共治共享的

---

① 《十八大以来重要文献选编》(上),中央文献出版社2014年版,第539页。

城市社区共治新格局。

（二）构建法治与协商民主相结合的城市社区有效治理体制

街道人民公社资源配置的行政化，国家试图通过强有力的行政手段最大化的组织城市居民参加集体生产与生活，以达到城市基层治理有效运行之目的。实践证明，街道人民公社高度行政化治理机制，不但没能促进城市基层社会治理的有效运转，反而由于强迫命令导致社会民主权利丧失，居民切身利益受损，增加了社会不和谐、不稳定因素，从而加剧了社会治理的风险。

法治是规则之治，是最优的治理模式，协商民主是完善新时代城市基层社会治理的有效路径。通过协商民主的模式，可以充分调动社区各类行为主体积极性，以对话与协商为平台，开展理性的交流沟通，化解矛盾、激发活力、凝聚智慧、寻求共识，从而达到治理的有效性。加强社区治理，目的是实现人民对美好生活的向往，维护社会的和谐与稳定。在城市社区治理过程中，要改变过去过度依靠行政手段解决社会问题的做法，把社会问题和社会矛盾纳入法治轨道，"坚持依法治理，加强法治保障，运用法治思维和法治方式化解社会矛盾。"①同时，要充分尊重社区居民的主体地位和民主权利，切实维护居民最关心、最直接、最现实的利益问题，实现居民享有平等的参与社区治理的权利与机会，通过平等协商，调节公共利益与居民个人利益之间的关系，化解社会矛盾，维护城市社区的和谐稳定。

（三）完善城市社区基本公共服务均等化治理体制

街道人民公社资源配置的计划化，国家试图通过街道人民公社单位管理体制，使城市基层生产生活资源不断纳入单位体制中，接受国家权力集中调配。实践证明，街道人民公社这种高度集中的资源配置体制，不但没能促进社会经济的发展与城市居民生活的改善，反而因忽视市场机制与价值规律的作用严重阻碍了社会经济的发展。一方面国家对经济管得太死，公社单位体制外几乎没有流动的资源，整个社会经济没有活力；另一方面个人吃公社，公社

---

① 《十八大以来重要文献选编》（上），中央文献出版社 2014 年版，第 539 页。

吃国家大锅饭现象严重,整个社会生产效率普遍很低。改革开放以来,随着市场经济体制的建立与发展,打破了长期以来政府对资源配置的垄断,越来越多的单位体制内的资源流向城市社区,社会组织、经济组织、个人以市场为依托,在政府的主导下有了占有和利用资源的空间,社会创造力和发展活力明显增强,居民所创造的价值越来越得到充分合理的体现,社会经济持续健康增长。正反两方面的历史经验教训昭示我们,实现社会善治,构建适应社会治理所需的多样与合理的资源配置机制是非常关键的。习近平在党的十八届三中全会中指出:要"使市场在资源配置中起决定性作用和更好发挥政府作用"①。因此,在新时代的社区治理中,要实现由过去国家统一计划配置资源向政府主导下发挥市场机制在资源配置中的决定性作用的转变,完善政府购买基本公共服务制度,充分释放市场活力,构建政府与市场的合作网络,促进城市社区治理现代化,以满足城市社区治理中居民多样化的需求,推动经济社会健康发展。

---

① 《习近平关于全面深化改革论述摘编》,中央文献出版社 2014 年版,第 52 页。